कामायनी का रचना-संसार

प्रेमशंकर

वाणी प्रकाशन

वाणी प्रकाशन

4695, 21-ए, दरियागंज, नयी दिल्ली 110 002

शाखा

अशोक राजपथ, पटना 800 004

फ़ोन : +91 11 23273167 फ़ैक्स : +91 11 23275710

www.vaniprakashan.in
vaniprakashan@gmail.com

KAMAYANI KA RACHNA-SANSAR
by Premshankar

ISBN : 978-93-5229-255-4
Criticism

प्रथम (वाणी) संस्करण
मूल्य : ₹ 350

हर्ष प्रिंटर्स, दिल्ली-110 093 में मुद्रित

वाणी प्रकाशन का लोगो मक़बूल फ़िदा हुसेन की कूची से

'पुष्कर' के लिए.....

कामायनी : आज के सन्दर्भ में

मुझ जैसे व्यक्ति के लिए जो विद्यार्थीकाल से ही कामायनी का जिज्ञासु पाठक रहा है और बीस-बाईस वर्ष की अवस्था में उसके विषय में अपनी प्रतिक्रियाएँ व्यक्त की थीं, कामायनी पर नये सिरे से विचार करना एक प्रकार से आत्मपरीक्षा का क्षण है। हर गतिशील वस्तु विकास की प्रक्रिया से गुजरती है और ऐसी स्थिति में यदि कामायनी आचार्य शुक्ल, आचार्य वाजपेयी और डॉ. नगेन्द्र से होकर अनेकानेक शोधप्रबन्धों से गुजरती हुई मुक्तिबोध, डॉ. मदान, नामवर सिंह, रमेश कुन्तलमेघ और रामस्वरूप चतुर्वेदी तक को ललकारती रही है तो यह उसकी गत्यात्मकता का एक प्रमाण है।

आधुनिक परिवेश में, नयी कविता के युग में बैठकर, कामायनी पर एक दृष्टि दौड़ाने के पूर्व हमें संक्षेप में समीक्षा के उस इतिवृत को भी देख जाना चाहिए जो इस काव्य के इर्द-गिर्द उठता-गिरता रहा है। कामायनी का लेखन बीसवीं शती के द्वितीय शतक के उत्तरार्ध में कभी आरम्भ हुआ होगा, क्योंकि सम्पूर्ण 'चिन्ता' सर्ग 'सुधा' अक्टूबर 1928 में प्रकाशित हुआ। 1935 में इसका लेखन कार्य समाप्त हुआ और लगभग उसी समय इसका प्रकाशन। कामायनी को अपने आरम्भिक क्षणों में आचार्य शुक्ल जैसे प्रतिष्ठित आलोचक की सम्पूर्ण ममता नहीं मिली। साहित्य के इतिहास में कामायनी के कथानक ने कई पृष्ठ ले लिए हैं, जहाँ समीक्षक की वचनबद्धता नहीं मिलती। वे यह मानते हैं कि यह काव्य बड़ी विशद कल्पनाओं और मार्मिक उक्तियों से पूर्ण है पर वे इड़ा की तुलना में श्रद्धा का पक्ष लेने से इन्कार कर देते हैं। वे कामायनी में मधुचर्या का अतिरेक और रहस्य की प्रवृत्ति को मानवता की पूर्णतया सुव्यवस्थित योजना में बाधक मानते हैं (हिन्दी साहित्य का इतिहास : पृ. 604)। कामायनी पर उनका सबसे बड़ा आक्षेप है कि इस विशद काव्य में कोई अन्तर्योजना तथा कोई समन्वित प्रभाव नहीं है। आचार्य शुक्ल छायावाद से जिस आक्रामक मुद्रा में मिले थे और तुलसी को सर्वोपरि स्वीकारने के बाद आधुनिक रूमानी काव्य से संवाद स्थापित करने में उन्हें जो कठिनाई महसूस हुई थी, उसे देखते हुए कामायनी के सम्बन्ध में उनका विवेचन एक प्रकार से मध्यमार्ग की तलाश अथवा समझौते की चेष्टा है। आचार्य शुक्ल जैसा समीक्षक यकायक अपने कदम

पीछे नहीं हटा सकता था, पर कामायनी के जीवनदर्शन से अपनी असहमति व्यक्त करते हुए भी उन्होंने उसे सम्भावनाओं के द्वार खोलने वाली कृति का गौरव दिया, यह साधारण प्रशंसापत्र नहीं है।

कामायनी को एक अन्तराल का लाभ भी मिला और उस पर होने वाले आक्रमण काफी 'फ़्यूज़', हो गये क्योंकि हर समर्थ रचना पाठकों को सीधे सम्बोधित कर सकने की सामर्थ्य भी रखती है। जैसा कि छायावाद-सम्बन्धी काव्यविवेचन से स्पष्ट है आचार्य शुक्ल को पहली गम्भीर चुनौती उनके शिष्य आचार्य नन्ददुलारे वाजपेयी ने दी। इस बीच प्रसाद की और भी विवेचनाएँ देखने में आयीं पर इन प्रतिक्रियाओं को व्यक्त करने वाले आलोचक कामायनी से इतना अभिभूत थे कि उनकी बात प्रभाववादी आलोचना का संस्करण बनकर रह गयीं। आचार्य वाजपेयी ने कामायनी को छायावाद युग की स्थापना के रूप में प्रतिष्ठित करना चाहा इसलिए स्वभाव से आधुनिकता के समर्थक और जड़ शास्त्रीय नियमों के विरोधी होते हुए भी उन्होंने उसे केवल महत् काव्य ही नहीं प्रमाणित किया वरन् वे उसे महाकाव्य घोषित करने के लिए काव्यशास्त्र का भी सहारा अनजाने में ले बैठे। शायद वे शास्त्रियों को उन्हीं के अखाड़े में पछाड़ना चाहते थे, अन्यथा आचार्य वाजपेयी का मुख्य प्रदेय कामायनी को एक महत् काव्य के रूप में व्याख्यायित करना और उसके जीवनदर्शन और काव्यसौन्दर्य को सही परिप्रेक्ष्य में देखना-समझना है। 'जयशंकर प्रसाद' नामक उनकी पुस्तक यों तो प्रसाद-सम्बन्धी उनके समीक्षा-निबन्धों का संकलन है और अनेक स्थलों पर उसमें कामायनी का उल्लेख हुआ है, पर भूमिका अंश, प्रौढ़तर प्रयोग और कामायनी-विवेचन के निबन्ध इस दिशा में विशेष रूप में विचारणीय हैं। कामायनी की व्याख्या में आचार्य वाजपेयी सर्वप्रथम उसके मानवीय जीवनदर्शन का महत्त्व प्रतिपादित करते हैं, क्योंकि वे उसमें 'साहित्यिक प्रगतिशीलता' देखते हैं। वे यह भी मानते हैं कि यदि प्रसादजी में रहस्यवाद है भी, तो वह और उनकी आध्यात्मिक अनुभूति मानव-जीवन व्यापार की नींव पर खड़ी है (जयशंकर प्रसाद : भूमिका : पृ. 5)। मानवीयता की छानबीन करते हुए आचार्य वाजपेयी ने कामायनी को जीवन के गहरे बहुमुखी घात-प्रतिघातों और विस्तृत जीवनदशाओं में पद-पद पर आने वाले उद्वेलनों को चित्रित करने वाला, उन्हें सँभालने वाला और कला में उन सबको सजीव करने वाला काव्य माना है। उन्होंने प्रसादजी की शैली, वस्तु संघटन, कथा-निर्माण आदि की भी उत्कृष्टता प्रमाणित की है। आचार्य वाजपेयी ने कामायनी को भीतर-बाहर दोनों ओर से पकड़ने की चेष्टा की। बाहरी पकड़ के लिए शास्त्र तक का सहारा लिया और काव्य की भीतरी पकड़ तो उनकी मूल प्रवृत्ति ही है जिसके परिणाम से वे श्रेष्ठ स्वच्छन्दतावादी समीक्षक स्वीकारे जाते हैं। कामायनी को उसके आरम्भ काल से ही सर्वांग में समझने और उसे स्थापित करने में आचार्यजी ने ऐतिहासिक कार्य किया।

डा. नगेन्द्र के समीक्षाग्रन्थ 'कामायनी के अध्ययन की समस्याएँ' में कामायनी से सम्बद्ध पाँच निबन्ध संकलित हैं। कामायनी को परखने के लिए डा. नगेन्द्र ने दो मुख्य अस्त्रों का उपयोग किया : काव्यशास्त्र और मनोविज्ञान। कामायनी का महाकाव्यत्व विवेचित करते हुए वे भारतीय साहित्यशास्त्र और पाश्चात्य विचारक एबरक्राम्बी दोनों का आश्रय लेते हैं। वे उसे 'मानव चेतना का महाकाव्य' कहकर सम्बोधित करना चाहते हैं (कामायनी के अध्ययन की समस्याएँ : पृ. 23) और लाँजाइनस के ढंग पर उसके उदात्त तत्त्व की विशेष सराहना करते हैं। कामायनी के अंगीरस का प्रश्न काव्यशास्त्रीय है और समीक्षक की रसवादी दृष्टि का परिचायक। अन्यथा आज यह प्रश्न गौण माना जाता है कि काव्य का मुख्य रस क्या है। कामायनी के रूपक तत्त्व का सन्धान करते हुए डा. नगेन्द्र ने मनोविज्ञान, विशेषतया फ्रायड के असामान्य मनोविज्ञान का सहारा लिया और उसमें भारतीय दर्शन का भी प्रवेश कराना चाहा जिसका पूर्ण प्रतिफल उनके निबन्ध 'कामायनी की दार्शनिक पृष्ठभूमि' में हुआ है। इस प्रकार डा. नगेन्द्र ने कामायनी के कुछ पक्षों को उद्घाटित करने की सफल चेष्टा की है।

छायावाद की विवेचना के क्रम में अनेक समीक्षकों ने कामायनी पर टिप्पणियाँ कीं और प्रसाद-काव्य का अनुशीलन करने वालों ने तो इसका विस्तृत विवेचन भी किया। इनमें विश्वविद्यालयों द्वारा प्रस्तुत होने वाले शोधग्रन्थों की एक लम्बी सूची है। इसमें सन्देह नहीं कि इन प्रयत्नों से कामायनी के विवेचन-कलेवर में वृद्धि हुई और उसको समझने की दिशा में प्रगति हुई। पर आज भी कामायनी के बारे में अन्तिम शब्द देने का दावा कोई समीक्षक नहीं कर सकता। अब भी वह चुनौती बनकर हमारे सामने है, जो उसकी शक्ति का प्रमाण है। जब प्रस्तुत पंक्तियों का लेखक प्रसाद के काव्य से गुजर रहा था, तब प्रसादजी पर कोई शोधग्रन्थ उपलब्ध नहीं था और सम्भवतः शोध की दिशा में वह प्रथम प्रयत्न था। मैंने उस समय कामायनी को 'प्रसाद का काव्य' में तीन अध्याय दिए थे : ऐतिहासिक आधार और कथायोजना जो मूलतः शोधपरक है। कामायनी के चिन्तन पर विचार व्यक्त करते हुए उसे मनोविज्ञान, दर्शन, समाजशास्त्र की दृष्टि से देखा गया है। अन्त में काव्यत्व के अन्तर्गत काव्य-रूप में उसकी परीक्षा है। आचार्य वाजपेयी की छाया में निर्मित इस शोधप्रबन्ध में मैंने कामायनी को उसके सर्वांग में समझना चाहा और कोशिश की कि उसे भीतर-बाहर से पहचान सकूँ।

कामायनी के पुनर्मूल्यांकन की शुरुआत मुक्तिबोध ने की जब उन्होंने 1945-46 के 'हंस' में कामायनी पर नयी दृष्टि डालने का यत्न किया। 'कामायनी : एक पुनर्विचार' का पुस्तकाकार प्रकाशन 1961 में हुआ जिसमें प्रथमतः और अन्ततः के अतिरिक्त तेरह अध्याय हैं। मुक्तिबोध कामायनी को सामाजशास्त्रीय दृष्टि से देखते हैं और इसे मार्क्सवादी सौन्दर्यशास्त्र के आधार पर प्रस्तुत व्यावहारिक

समीक्षा कहा जा सकता है। उनके दो समीक्षाग्रन्थ 'नयी कविता का आत्मसंघर्ष' तथा 'नये साहित्य का सौन्दर्यशास्त्र' के अतिरिक्त 'एक साहित्यिक की डायरी' में भी मुक्तिबोध की समाजशास्त्रीय चेतना सक्रिय दिखाई देती है। इतिहास की भौतिकवादी दृष्टि के साथ-साथ मनोविज्ञान को लेकर चलने का प्रयत्न मुक्तिबोध में देखा जा सकता है और आगे चलकर रमेश कुन्तल मेघ ने मिथक और स्वप्न को कामायनी की मनस्सौन्दर्य सामाजिक भूमिका बताकर इसी पथ को प्रशस्त किया। मुक्तिबोध कामायनी को एक 'फैंटेसी' मानते हैं अर्थात् उसमें केवल कल्पना-भूमि है, यथार्थ नहीं। वे मनु के चरित्र को प्रसाद से एकाकार करने का हठ करते हैं। पर कोई भी कवि इस सीमा तक खुद को पात्र के रूप में घटित नहीं कर देता कि दोनों में पार्थक्य ही न रहे। तब तो काव्य का उन्नयन पक्ष ही समाप्त हो जाएगा। प्रसाद के जीवनी-सूत्रों के सहारे मनु का चरित्र खोलने की कोशिश मनोविश्लेषण के साथ भी ज़्यादती है। पर मुक्तिबोध जब श्रद्धा और इड़ा में बुद्धिवादी इड़ा का पक्ष लेते हैं तब उनके यथार्थवादी जीवनाग्रह स्पष्ट हो जाते हैं। इसमें सन्देह नहीं कि कामायनी के पुनर्मूल्यांकन में मुक्तिबोध काफ़ी गहराई तक गये हैं और उन्होंने इस काव्य के इर्द-गिर्द बनने वाले प्रशंसा-व्यूह को छिन्न-भिन्न करके उसके समाजशास्त्रीय मूल्यांकन की दिशा में एक साहसपूर्ण कदम उठाया। मुक्तिबोध का यथार्थवादी रुख उसकी रहस्यवादिता से रुष्ट है और वे इसे पलायनवृत्ति मानते हैं और इसीलिए श्रद्धावाद का विरोध करते हैं। पर मेरा विचार है कि कामायनी में प्रसादजी अनास्था को आधुनिक युग का एक अभिशाप मानते हैं और श्रद्धा अथवा आस्था के द्वारा वे एक जटिल प्रश्न का उत्तर पाना चाहते हैं। यहाँ उनका आशय अन्ध श्रद्धा अथवा मध्यकालीन धार्मिक भक्तिभावना से नहीं है, यह ज़रूर है कि उनका रुख आदर्शवादी है, रूमानी है।

कामायनी से समाजशास्त्रीय अध्ययन की जो शुरुआत मुक्तिबोध ने की, उसमें नामवर सिंह, रमेश कुन्तल मेघ आदि ने योग दिया। कामायनी का ही नहीं, किसी भी कृति का समाजशास्त्रीय विवेचन एक उपादेय अध्ययन बन सकता है, बशर्ते किसी शास्त्र को उस पर अतिरिक्त आरोपित न कर दिया जाय। मुक्तिबोध की समीक्षा कई स्थलों पर बहुत नकारात्मक हो गयी है, इससे लाभ उठाकर कुन्तल मेघ ने समाजशास्त्र और मनोविज्ञान की दुहरी पगडंडियों पर साथ-साथ चलने की कोशिश की और मिथकीय अध्ययन किया। उनका कार्य काफ़ी अकादमिक भी है और वे कई दृष्टियों से कामायनी को देखना-परखना चाहते हैं। डा. मेघ काव्य रूप में इसे महान् मानते हुए भी शिकायत करते हैं कि इसमें इतिहास को विकृत कर दिया गया है और मिथक एक स्वप्नजगत अथवा कल्पना-भूमि में पर्यवसित हो जाते हैं। ज़ाहिर है कि समीक्षक एक प्रतिबद्ध सामाजिकता की माँग कामायनी से करता है जो रूमानी कवि के लिए सम्भव न थी। नामवर सिंह और कुन्तल मेघ

मुक्तिबोध की तुलना में कामायनी के प्रति अधिक सहिष्णु हैं। इन सभी की इस शिकायत में समानता है कि प्रसाद आधुनिक संघर्ष से बचकर निकल गये हैं। मैं समझता हूँ कि कामायनी के एक अधिक तटस्थ समाजशास्त्रीय विवेचन की गुंजाइश अब भी बनी हुई है।

कामायनी के पुनर्मूल्यांकन की कड़ी में दो नाम मुख्य रूप से और लेकर, उस पर नये सिरे से कुछ कहना चाहूँगा। वे दो प्रयत्न हैं : इन्द्रनाथ मदान और रामस्वरूप चुतर्वेदी। डा. मदान कामायनी को एक असफल कृति कहते हैं। वे एक ओर तो यह मानते हैं कि कामायनी के आमुख में कवि ने जो कुछ कह दिया था, उसे प्रमाण मानकर चलने के कारण समीक्षा में कई पूर्वाग्रह उभरे हैं, दूसरी ओर वे स्वयं सबसे पहले 'आमुख' की दस महत्त्वपूर्ण बातों को लेकर चर्चा आरम्भ करते हैं। वे मनु के व्यक्तित्व के विकास से बहुत सन्तुष्ट नहीं प्रतीत होते और उसकी भावुकता पर एतराज करते हैं। डा. मदान का आरोप है कि कामायनी को कवि सँभाल नहीं पाया है, उसमें एक लड़खड़ाहट है जिसके कारण सृजन-प्रक्रिया अनेक स्थलों पर अवरुद्ध हुई है। उन्होंने एक महत्त्वपूर्ण संकेत किया है कि कामायनी की अब तक की समीक्षाओं में समीक्षकों ने खुद को आरोपित भी करना चाहा है जिससे उसकी ठीक पहचान नहीं हो सकी। वे आन्तरिक संरचना के अभाव में इसे एक असफल कृति घोषित करते हैं यद्यपि वे उसे असाधारणत्व भी देते हैं, जो उसके महत्त्व की सहज स्वीकृति है। रामस्वरूप चतुर्वेदी कामायनी के पुनर्मूल्यांकन को एक अनिवार्य प्रक्रिया मानते हैं। डा. चतुर्वेदी का आग्रह है कि किसी कृति को खंड-खंड करके देखने की तरकीब ठीक नहीं होती और उसे उसकी समग्रता में पकड़ना चाहिए। वे कामायनी को संश्लिष्ट काव्य-विधान का काव्य मानते हैं और उसे महाकाव्य के रूप में परीक्षित करना आवश्यक नहीं समझते (कामायनी का पुनर्मूल्यांकन : पृ. 19)। वे उसके अर्थबोध, बिम्ब-विधान, सांस्कृतिक संकट, जीवन-बोध और भाषा-संरचना आदि पर विचार करते हैं और कामायनी के प्रति हमारी समझ को बढ़ाते हैं।

आज जब हम नये हिन्दी काव्य के दौर के बीच कामायनी से साक्षात् करना चाहते हैं तो बदले हुए परिवेश में उससे सम्पूर्ण सहानुभूति प्रकट करना कठिन हो जाता है। कामायनी छायावाद युग की कृति है जिसमें हिन्दी स्वच्छन्दतावाद की दो प्रमुख मुद्राएँ देखी जा सकती हैं, सांस्कृतिक और रूमानी। यह स्वीकारते हुए भी कि छायावाद मध्यवर्गीय मनोवृत्ति के उदय का काल है, हमें मानना होगा कि उन्नीसवीं शताब्दी के नवजागरण से उसे जोड़ना अधिक उचित है। इस सांस्कृतिक नवजागरण में सामाजिक सुधार की भावना केवल उसका बाह्य पक्ष है जो राष्ट्रीयता से भी गहरे ढंग से जुड़ी है। पर इस सांस्कृतिक अभियान का अधिक सूक्ष्म स्वरूप भी है जब भारतीय मनीषा ने अपने इतिहास, धर्म, संस्कृति, साहित्य, कला को नये ढंग से पहचानने की कोशिश की। कामायनी में कवि की यह सांस्कृतिक दृष्टि

निराला के समान विद्रोही न होकर किसी सीमा तक परम्परा के पुनर्मूल्यांकन पर आधारित है। प्रसाद एक नितान्त प्राचीन कथानक उठाते हैं, जिसके पात्र मनु, श्रद्धा, इड़ा का उल्लेख ऋग्वेद तक में प्राप्त होता है। मनु में वैदिक ऋषि के साथ-साथ मनुस्मृतिकार का रूप भी समाया है। विशेषतया जब वे सारस्वत प्रदेश का नियमन करना चाहते हैं। इसी प्रकार कामायनी की कथा पुराणों तथा शतपथ ब्राह्मण का भी सहारा लेती है। इसी प्रकार कामायनीकार के सामने बराबर यह प्रश्न था कि इस प्राचीन कथा को आधुनिक परिप्रेक्ष्य में कैसे प्रस्तुत किया जाय। इसके लिए उन्होंने सर्वप्रथम मानवीय आधार पर कार्य करना आरम्भ किया और प्राचीन काव्यों की उस प्रचलित परम्परा का निषेध किया जिसमें समस्त चरित्रों का चित्रण पुण्य-पाप, शुभ-अशुभ, देवता-दानव के आधार पर विभक्त कर दिया जाता था और संघर्ष के अन्त में देव-पक्ष विजयी माना जाता था। यहाँ तक कि वर्ग-संघर्ष को लेकर चलने वाली समाजवादी कृतियों में भी इसी परम्परा का निर्वाह दूसरे ढंग से किया जाता है जिसमें सर्वहारा की विजय घोषित करने की अनिवार्यता है।

कामायनी देव-दानव संघर्ष का सांकेतिक चित्रण तो करती है पर दोनों को अपूर्ण संस्कृति मानती है। आरम्भ में देवताओं की विलासी संस्कृति का चित्रण यद्यपि पुराणों में वर्णित देव-संस्कृति का भी सहारा लेता है, पर प्रसाद उसके भयावह परिणाम की अपनी व्याख्या करते हैं। जो लोग आक्षेप करते हैं यह 'सामन्तवादी चित्रण है, उन्हें जान लेना चाहिए कि स्थिति की भयावहता दिखाने के लिए यह आवश्यक है। कामायनी में देव विलास के चित्रण में अतिरिक्त शृंगारी पक्ष उभारे गये हैं और चिन्ता सर्ग में सुरभित अंचल से जीवन के मधुमय निश्वास चलने का वर्णन है तथा अभिसार तक के चित्र हैं :

अब न कपोलों पर छापा-सी
पड़ती मुख की सुरभित भाप
भुजमूलों में शिथिल वसन की
व्यस्त न होती है अब माप।

पर कामायनी देवताओं को 'विकल वासना का प्रतिनिधि' कहती है और यहाँ हम प्रसाद को प्रलय को, उसके पौराणिक अर्थ से हटाकर, उसे एक नयी व्याख्या देने का प्रयत्न करते देख सकते हैं। प्रलय नियति अथवा प्रारब्ध मात्र नहीं था, देव-संस्कृति का विलास उस सीमा तक पहुँच गया था जहाँ उसका विनाश एक अनिवार्य परिणति है। जैसे पूँजीवाद अपने चरमोत्कर्ष पर जाकर साम्राज्यवाद में बदलता है, महायुद्ध होते हैं। कामायनीकार मानता है कि देव-संस्कृति अपने ही विलास-भार और अहंकार में समाप्त हो गयी जैसे मत्स्य-न्याय में बड़ी मछलियाँ छोटी मछलियों को सजातीय होते हुए भी निगल जाती हैं : भक्षक या रक्षक जो समझो, केवल अपने मीन हुए।

कामायनी देव-संस्कृति के विलास का विस्तृत चित्रण करके उसका पराभव दिखाने में एक नाटकीय स्थिति उत्पन्न करना चाहती है। अजर-अमर तथा स्वयं को चिरन्तन युवा माननेवाली देव-संस्कृति कामधेनु, कल्पवृक्ष, उर्वशी, रम्भा आदि के जगत में स्वयं को परिपूर्ण मानती थी और प्रसादजी की व्याख्या में उसकी अहंवादी प्रवृत्ति का यही मूल कारण था। मनु प्रलय के अनन्तर मानव-संस्कृति का पिता बनकर भी अपने अहं से मुक्त नहीं हो पाता, वह उसके अवचेतन पर छाया है और बराबर उसका पीछा करता है। देव-संस्कृति का विलास और अहंकार दोनों मनु को कई बार भटकाते हैं। वह किलात-आकुलि के साथ हिंसा, आखेट और सोम-पान में प्रवाहित होता है। 'ईर्ष्या' सर्ग में गर्भवती श्रद्धा पर भी वह वासनाभरी दृष्टि डालता है। इतना ही नहीं, इसी सर्ग में उसे अपने भावी शिशु से ईर्ष्या होती है। वह इसे 'द्वैत, द्विविधा अथवा प्रेम' बाँटने का प्रकार मानता है और 'पंचभूत की रचना में एक तत्व बनकर' रमण करना चाहता है। 'मन की परवशता को महादुख' कहता हुआ वह अपने ही अहंकार में बन्दी है और गर्भवती श्रद्धा को छोड़ कर चला जाता है।

मनु के अहं-परिचालित व्यक्तित्व की मनोवैज्ञानिक व्याख्या सरलता से की जा सकती है जो एक ओर उसके पुराने देवत्व संस्कार के कारण है, दूसरी ओर प्रसाद उसके माध्यम से आधुनिक मानव को भी बिम्बित करना चाहते हैं। देवत्व और दानवत्व को कामायनी में दो संस्कृतियों और जीवन-दृष्टियों के रूप में चित्रित किया गया है। प्रसाद दोनों को अपूर्ण संस्कृति मानते हैं और मेरा विचार है कि इड़ा सर्ग में इसके संघर्ष का चित्रण इस आशय से भी किया गया है कि सारस्वत प्रदेश में जो नयी सभ्यता पनपे वह इतिहास से शिक्षा लेती हुई इन दोनों अतिवादों से मुक्त रहे। प्रसाद ने देव-दानव की अपूर्णता के विषय में संक्षिप्त, पर सार्थक पंक्तियाँ लिखी हैं :

था एक पूजता देह दीन
दूसरा अपूर्ण अहंता में अपने को समझ रहा प्रवीण
दोनों का हठ था दुर्निवार, दोनों ही थे विश्वासहीन

यदि दानव संस्कृति शरीर को अन्तिम सत्य मानकर 'प्राणों की पूजा' में लगी हुई थी तो देवता खुद को 'स्वयंसम्पूर्ण' समझकर उच्छृंखल हो गये थे। देव संस्कृति की अपूर्णता दिखाकर उसकी नयी व्याख्या करना कामायनी की एक मौलिक और साहसपूर्ण उद्‌भावना है जो उसे आधुनिकता देती है। प्रसाद की यह मानवीय दृष्टि आदर्शवादी है, रूमानी है, पर अबौद्धिक और नैतिकतावादी नहीं, इसे न जानने वाले समीक्षकों से कई भूलें हो जाया करती हैं। कामायनी की दृष्टि यथार्थवादी नहीं है, इसका सबूत यह कि जब प्रसाद सारस्वत प्रदेश के माध्यम से नयी औद्योगिक सभ्यता का चित्रण करना चाहते हैं तब वे उसके विस्तार में कम जाते हैं। वे बुद्धिवाद और भौतिकवाद को उसकी मूल प्रवृत्ति बताते हैं। हमें स्वीकार करना होगा कि आधुनिक

सभ्यता की जटिलताओं में प्रवेश करने में कामायनी को सफलता नहीं मिली और वह सांकेतिक दृश्य मात्र प्रस्तुत कर सकी है। काम का शाप आधुनिक मानव के जटिल परिवेश को पूरी तरह उजागर नहीं कर पाता और केवल कुछ संकेत भर कर जाता है। इसी प्रकार 'स्वप्न' सर्ग में श्रद्धा सारस्वत प्रदेश का जो जीवन स्वप्न में देखती है वह भी वस्तुपरक नहीं है। इसी सर्ग के अन्त में और आगामी 'संघर्ष' सर्ग में मनु और उनकी प्रजा का संघर्ष हल्के हाथों हुआ है, इसमें शक नहीं। कहने का तात्पर्य यह कि देव-दानव के स्थान पर मानव को प्रतिष्ठित करने का साहसिक यत्न तो कामायनी में है, पर आधुनिक मानव को उसके संश्लिष्ट व्यक्तित्व में प्रस्तुत कर सकने में अधिक यथार्थवादी दृष्टि अपेक्षित थी, जो कवि की रूमानी दृष्टि के कारण सम्भव नहीं।

समाजशास्त्र, विशेषतया द्वन्द्वात्मक भौतिकवाद और समाजवादी यथार्थवाद के आग्रही समीक्षक कामायनी में प्रसाद के पक्षपातपूर्ण रवैए पर आपत्ति करते हुए कहते हैं कि श्रद्धा को अतिरिक्त महत्त्व मिला है। काव्य का नामकरण कामायनी के आधार पर होने से श्रद्धा नायिका है और वह महत्त्वपूर्ण स्थान पर है। पर इस सम्बन्ध में यह ध्यान देने योग्य है कि श्रद्धा स्वयं के जीवनदर्शन की पूर्णता का दावा नहीं करती और अपने पुत्र मानव को इड़ा के पास इसलिए छोड़ जाती है कि उसका एक सन्तुलित समन्वित व्यक्तित्व निर्मित हो सके। 'दर्शन' सर्ग में वह मानव से कहती है, 'यह तर्कमयी तू श्रद्धामय।' ज़ाहिर है कि प्रसाद एक समन्वित जीवनदृष्टि का आग्रह करते हैं जिसे वे 'समरसता' द्वारा व्यक्त करना चाहते हैं। यह अलग बात है कि इस प्रकार का समन्वय कितना सार्थक है पर जिस समय कामायनी रची गयी थी भारतीय राजनीति में वह एक प्रभावशाली धारा के रूप में मौजूद था, इससे इन्कार नहीं किया जा सकता।

वास्तविक स्थिति यह है कि कामायनी यद्यपि एक कथा को लेकर रचा गया काव्य है पर कथा कहना उसका मुख्य आशय नहीं है। उसके लम्बे-लम्बे एकालाप स्वयं उसके प्रमाण हैं। 'संघर्ष' सर्ग के बाद अन्तिम चार सर्गों में तो कथा में ऐसा ठहराव आ गया है कि यदि मनु के आध्यात्मीकरण की ज़रूरत न होती तो काव्य में उनके बिना भी काम चल सकता था। कामायनी इतिहास के प्रामाणीकरण को लेकर नहीं चलती, इसलिए उसका इतिहासबोध सबल नहीं हो पाया। अनेक ऐसे अवसर थे जब एक सामाजिक स्थिति से दूसरी में प्रवेश करते समय कामायनी इतिहास के कोण उभार सकती थी, जैसा कि कुछ कहानियों में मामूली कोशिश भी हुई है। पर प्रसाद के मूल व्यक्तित्व की कठिनाई यह है कि वे प्रायः चीज़ों को रूमानी नज़रिए से देखने के अभ्यस्त हैं इसलिए 'आकाशदीप' और 'पुरस्कार' जैसी कहानियों में प्रेम-द्वन्द्व बाजी मार ले जाता है तथा इतिहास पिछड़ जाता है। 'चन्द्रगुप्त' नाटक तक में कार्नेलिया यवन-भारत सांस्कृतियों के संघर्ष को पूरा उभरने नहीं देती जबकि

उसके लिए अवसर था। अधूरा उपन्यास 'इरावती' दृश्य को स्वच्छन्दतावादी दृष्टि से प्रस्तुत करते हुए आरम्भ होता है जबकि कथानक सांस्कृतिक संघर्ष का है। यह इतिहास के प्रति रूमानी दृष्टि के कारण है, जिसने यथार्थ को पीछे छोड़ दिया है और अनेक स्थलों पर उसका स्थान एक मनोरम कल्पना और आदर्शवाद को मिल गया है। कामायनी के अन्तिम चार सर्ग काव्य की दृष्टि से उत्कर्षपूर्ण नहीं कहे जा सकते...पर प्रश्न है कि तब उनकी रचना क्यों हुई? प्रत्यभिज्ञा दर्शन को शास्त्रीय पद्धति से प्रस्तुत करना अथवा दार्शनिक मुद्राएँ दिखाना मात्र उनका अभीष्ट नहीं था। ऐसा होता तो काव्य वक्तव्य-बहुल हो जाता। 'त्रिपुरारहस्य' में इच्छा, ज्ञान, कर्म का त्रिकोण प्रसाद की समन्वयवादिनी दृष्टि के निकट पड़ता था, इसलिए उन्होंने इसका प्रतीकात्मक उपयोग किया। वे श्रद्धा को तत्त्व रूप में ढालकर उसे आध्यात्मिक गुरु जैसा बनाना चाहते हैं। और अन्त में मनु का भी 'मेटामार्फ़ोसिस' अथवा रूपान्तरण करना चाहते हैं कि वह कुछ-कुछ ऋषित्व पा जाय। अन्तिम अंशों में आध्यात्मीकरण के अनेक प्रसंग हैं जिन पर आपत्ति तक की जा सकती है क्योंकि वे आधुनिक स्थिति में बहुत प्रासंगिक नहीं प्रतीत होते। 'दर्शन' सर्ग में नटराज का नृत्य प्राचीन महाकाव्यों अथवा महानाटकों में दैवी-तत्त्व (सुपरनेचुरल) की तरह दिखाई देता है पर कामायनी में इसका मूल प्रयोजन आध्यात्मिक रंग भरना है। कामायनी की यह आध्यात्मिकता प्रसाद की आदर्शवादिता से सम्बद्ध है, वह मध्ययुगीन रहस्यवाद का संस्करण नहीं है और जीवन-सापेक्ष्य है। यही कामायनी के मानवीय पक्ष की शक्ति है और सीमा भी।

कामायनी के विन्यास में प्रसाद की वैयक्तिक अनुभूतियाँ भी सक्रिय रही हैं, यद्यपि उन्हें खोज लेना आसान नहीं है। वे निराला के समान निर्वैयक्तिक व्यक्तित्व के कवि नहीं हैं। उनकी निजी अनुभूतियाँ कहानियों को रूमानी बनाती हैं और नाटकों में गीतों और प्रेमिकाओं की योजना होती है। प्रायः कह दिया जाता है कि प्रसाद के नाटकों की नारी-सृष्टि तथा प्रेम-सम्बन्धी अन्तर्द्वन्द्व पाश्चात्य चरित्रचित्रण के समान हैं, पर वास्तव में यह प्रसाद के मूल रूमानी व्यक्तित्व के कारण है। कामायनी इसीलिए कथाप्रधान और वर्णनात्मक नहीं हो पाती। कार्नेलिया 'अरुण यह मधुमय देश हमारा' भारत-वन्दना गीत गाते-गाते अन्त में 'हेम कुम्भ ले उषा सबेरे, भरती ढुलकाती सुख मेरे। मदिर ऊँघते रहते जब जग कर रजनी भर तारा' की रूमानी पंक्तियों से गीत का समापन करती है। कामायनी का 'लज्जा' सर्ग कुछ समीक्षकों को कथा-विन्यास की दृष्टि से निरर्थक और असंगत प्रतीत होता है क्योंकि इससे कथा-क्रम में कोई अन्तर नहीं आता। एक प्रकार से वह कथा-विहीन सर्ग है। पर मात्र काव्य और वह भी गीतात्मकता की दृष्टि से यह कामायनी का सर्वोत्कृष्ट प्रसंग है। इसका कारण यही है कि यहाँ प्रसाद को अपनी स्वच्छन्दतावादी वृत्तियों के प्रकाशन की पूरी छूट थी और इसलिए वे अपनी सर्वोत्कृष्ट उड़ान पर पहुँच

सके। इतना ही नहीं, सर्ग के अन्त में वही आदर्शवादी समन्वयमार्गी रुख अपनाकर मनु-श्रद्धा में एकतरफा-जैसा समझौता करा दिया गया है। श्रद्धा हो अथवा इड़ा, प्रसाद की रूमानी मुद्राएँ, सक्रिय रहती हैं पर आदर्शवादिता को किसी सीमा तक साथ लेकर। मनु के रूमानी, स्वच्छन्दतावादी व्यक्तित्व का आध्यात्मीकरण प्रसाद को इसीलिए करना पड़ा, ताकि वह नायक होने योग्य बन सके और प्रसादजी का भी आदर्शवादी रुख सुरक्षित रहे। यदि मनोवैज्ञानिक स्तर पर सोचा जाय तो प्रसाद काव्य-संयोजन अथवा चरित्रसृष्टि के अवसर पर भी 'कामायनी' में इतना तटस्थ नहीं हो पाए हैं कि उन्हें पूर्णतया आत्ममुक्त कहा जा सके। इसी कारण कामायनी में एक गीतात्मकता आदि से अन्त तक काव्य पर आच्छादित रहती है। ऐसा लगता है कि कामायनी में 'आँसू' की प्रिया कवि का पीछा कर रही है, उसके अवचेतन पर उसका प्रभाव है। गीतात्मकता के कारण कामायनी के कुछ अंश खंड-खंड रूप में बहुत उत्कर्षपूर्ण प्रतीत होते हैं। वहाँ कवि अपनी सम्पूर्ण सर्जनात्मकता के साथ आया है, पर जब काव्य के समन्वित प्रभाव की स्थिति आती है तब कामायनी के बड़े-से-बड़े प्रशंसक को स्वीकारना पड़ता है कि काव्य-संघटन में शिथिलता है। इसीलिए उसे महाकाव्य प्रमाणित करने की चेष्टा जबरन नहीं की जानी चाहिए, क्योंकि आधुनिक युग में महाकाव्य महान् काव्य का पर्याय नहीं रह गया है। 'कामायनी' की महत्ता की तलाश ही पर्याप्त है, और वह बड़प्पन तो उसमें है ही।

कामायनी का रचनाकार उस वैविध्य का दावा नहीं कर सकता जो सम्बोधन प्रायः निराला के लिए प्रयुक्त किया जाता है। पन्त का काव्य भी दिशाएँ बदलता रहा है। इस दृष्टि से प्रसाद और महादेवी एकरस कवि भी कहे जा सकते हैं, जिनके अनुभूति जगत और भाषा में एक ही स्तर का निर्वाह प्रायः हुआ है। कामायनी का वैशिष्ट्य यदि प्रसाद के सम्पूर्ण व्यक्तित्व से सम्बद्ध करके देखा जाय तो सम्भव है उसके लिए एक नये समीक्षा-निकष की आवश्यकता पड़े, पर इससे उस कृति के साथ अधिक न्याय हो सकेगा। सचाई तो यह है कि कामायनी एक प्रकार से प्रसाद के सम्पूर्ण व्यक्तित्व के प्रतिफल की चेष्टा है, यह बात दूसरीं है कि उनके एकीकरण में कहीं कोई कमी रह गयी हो। हर महत्त्वपूर्ण कृति जिसमें रचनाकार अपने समग्र व्यक्तित्व को अभिव्यक्ति देना चाहता है और यदि संयोगवश वह व्यक्तित्व संश्लिष्ट अथवा विराट हुआ तो कृति बार-बार हमें ललकारती है, एक चुनौती बनकर हमारे सामने आती है। इसीलिए कामायनी अनेक प्रसंगों में जब अपना सम्पूर्ण अर्थ उजागर नहीं कर पाती, तब उसे केवल शिथिल अभिव्यक्ति कहकर छोड़ देने से काम नहीं चलेगा। यह रचनाकार का भीतरी उलझाव भी है जिसे व्यक्त करने के लिए वह बार-बार दुहरे-तिहरे बिम्बों का सहारा लेता है, फिर भी गाँठ पूरी नहीं खुल पाती। कामायनी एक प्रकार से छायावाद युग का समापन ग्रन्थ और निराला की आख्यान रचनाओं के अतिरिक्त छायावाद युग एकमात्र महत्त्वपूर्ण कथाकाव्य है। सन् 35 में

कामायनी को अन्तिम रूप देकर जब प्रसादजी प्रेमचन्द के निधन के कुछ ही समय बाद चल बसे, उसी के आस-पास स्वयं छायावादी काव्य का जगत बदलने लगा था। पन्त युगान्त, युगवाणी, ग्राम्या के दौर में थे (1936 - 1940) और निराला अपनी इकलौती बेटी सरोज को सन् 35 में खो देने के बाद आक्रोशभरी मुद्रा में आ गये थे। 1938 में प्रकाशित, द्वितीय अनामिका में 'सरोज स्मृति' जैसा शोकगीत है जिसमें करुणा के साथ निराला ने सामाजिक विद्रोह को भी अभिव्यक्ति दी है। सन् 37 में ही 'तोड़ती पत्थर' जैसी सामाजिक यथार्थ की कविता रची गयी जिससे प्रगतिवाद को शक्ति मिली। इस प्रकार, 35-36 के आस-पास हिन्दी स्वच्छन्दतावादी काव्य भी रूमानी परिवेश से हटकर यथार्थ की नयी भूमियों में प्रवेश करने लगा था। कहा नहीं जा सकता कि यदि इस दौरान प्रसाद जैसे एकरस कवि जीवित होते तो वे इस नयी धारा से कहाँ तक अप्रभावित रहते। पर जब हम कामायनी को छायावाद का समापन काव्य कहते हैं तो हमारा आशय यही है कि इसके बाद उसकी रूमानी वृत्तियों ने नयी दिशाएँ ग्रहण कीं। इसी कारण कामायनी काव्य की सीमाओं का ज़िक्र करते हुए हमें यह समझ भी होनी चाहिए कि हम जान लें कि वे प्रकारान्तर से छायावाद की भी सीमाएँ हैं। इनमें से कुछ को तोड़कर आगे जाने की चेष्टा उन्होंने की, जैसे कथा-काव्यों की दिशा में नये प्रयोग अथवा 'प्रलय की छाया' जैसे दीर्घ प्रगीतों की सृष्टि। पर कामायनी स्वच्छन्दतावादी काव्य की सारी चौहद्दी नहीं तोड़ पाती, यहीं उसकी सीमा है।

कामायनी का अनुभव-क्षेत्र सीमित है, इसमें सन्देह नहीं, पर यह बात तो प्रसाद के सम्पूर्ण काव्य के लिए कही जा सकती है। अनुभव की जो विविधता और विस्तार महाकाव्यों के लिए अनिवार्य स्वीकारे गये हैं उसकी पूँजी कामायनी के पास नहीं है, पर प्रसाद एक तल्लीन कवि हैं इसलिए वे विस्तार की क्षतिपूर्ति गहनता से करना चाहते हैं। इस क्रम में वे अनुभव-विस्तार की जगह अपनी अनुभूति को गहराकर काम निकालना चाहते हैं। कुछ तो अभिव्यक्ति की छायावादी सीमाओं के कारण तथा कुछ प्रसाद की अनुभूति की संश्लिष्टता और गहराई के कारण 'कामायनी' से दुरूहता की शिकायत की जाती है क्योंकि उसमें अर्थ ऊपर रखे हुए नहीं हैं। वहाँ कई प्रसंगों में अनुभूति-क्षण और वह भी संश्लिष्ट अनुभूति क्षण हैं जिसे प्रसाद ने बिम्बों में बाँधना चाहा है। 'काम' सर्ग में मनु एक जिज्ञासु की तरह नीले आकाश को देखता है और उस रहस्य-भरे आवरण को चीरना चाहता है। यह समस्त प्रसंग आसानी से पाठक की पकड़ में नहीं आता, पर इसलिए उस पर आक्षेप कर देना, कामायनी के साथ ज़्यादती होगी। कहीं-कहीं तो ऐसी स्थिति आयी है कि प्रसाद में कई अनुभूति-खंड एक दूसरे में समा गये हैं और वे उन्हें अलग-अलग नहीं करना चाहते क्योंकि इससे उसकी संश्लिष्टता का क्षरण होता है। ऐसे अवसर भी जल्दी पकड़े नहीं जा सकते और हमें ठहरने को बाध्य करते हैं। पर यह स्वीकारना होगा

कि अनेक स्थलों पर कामायनी इन्द्रजाल-सा रच देती है और हम उसमें प्रवाहित होते हैं। ऐसे ही अवसरों के लिए कॉडवेल ने 'हिप्नाटिज़्म' की बात स्वच्छन्दतावाद के प्रसंग में कही है। कामायनी की भाषा स्वच्छन्दतावादी काव्य को उसके शीर्ष पर ले जाने का प्रमाण है, यह भी विचारणीय है। कम शब्दों में बहुतेरी बातें कहने अथवा एक बड़े दृश्य को बाँधने की कोशिश में कामायनी की लाक्षणिक भाषा प्रसाद की सहायता करती है। पर वे जब अमूर्त का मूर्तीकरण करना चाहते हैं, तब भी उनकी रागात्मकता अमूर्तता से बँधी रहती है और व्यक्तित्व के इस द्वन्द्व के कारण चित्र साफ़ नहीं हो पाते। श्रद्धा का रूपवर्णन इसका एक उदाहरण है जहाँ कवि प्रायः अमूर्त विधान का सहारा लेता है। ऐसे अवसरों पर अनुभूति के साथ कवि का अध्ययन भी सम्मिलित दिखाई देता है और वह कल्पना का अधिकाधिक सहारा लेता है :

उषा की पहली लेखा कान्त
माधुरी से भीगी भर मोद
मदभरी जैसे उठे सलज्ज
भोर की तारक द्युति की गोद।
कुसुम कानन अंचल में मन्द
पवन प्रेरित सौरभ साकार
रचित परमाणु पराग शरीर
खड़ा हो ले मधु का आधार।

कामायनी कालजयी कृतियों में है और इसमें सन्देह नहीं कि हर युग में उसके कुछ पाठक अवश्य होंगे। उसे रामचरितमानस जैसे जनकाव्य के रूप में देखना भूल है क्योंकि इस प्रतियोगिता में तो कालिदास अथवा रवीन्द्र भी भाग नहीं लेना चाहेंगे। युग के बदलते सामाजिक परिवेश और उसके परिणामस्वरूप जनमने वाले आस्वाद और समीक्षा प्रतिमानों के आधार पर कामायनी बराबर नये विवेचन की माँग करती रहेगी। हिन्दी स्वच्छन्दतावाद, छायावाद के समापन काव्य के रूप में तो वह स्मरणीय रहेगी ही, पर उसमें कवि ने आधुनिक मूल्यों को पाने की सराहनीय चेष्टा भी की है और उसकी अपनी उपलब्धियाँ तथा सीमाएँ हैं। अपनी नयी पुस्तक 'हिन्दी स्वच्छन्दतावादी काव्य' में मैंने इसकी विस्तृत चर्चा की है।

अनुक्रम

कथाचक्र

चिन्तन पक्ष

कथाचक्र

'कामायनी' की कथा जलप्लावन से आरम्भ होती है : चारों ओर जल-ही-जल था और 'तरुण तपस्वी' देवताओं की श्मशानभूमि में साधना कर रहा था। जलप्लावन धीरे-धीरे उतर रहा था, नौका महावट से बँधी हुई थी। उस 'पुरुष' के हृदय में चिन्ता का उदय होता है और वह देव-दृष्टि का स्मरण करता है। इस अवसर पर कवि ने देवताओं की अपूर्णता का दिग्दर्शन कराया है। देवता केवल वासना के उपासक थे; वह वास्तविक सुख नहीं, उसका एक संग्रह मात्र था। उनका वह समस्त भोग-विलास एक स्वप्न की भाँति विलीन हो गया। मनु को आज केवल इतना ही याद आता है कि उस दिन जब भीषण प्रलय आया तो नौका ने उसका साथ दिया जिसमें डाँड़े, पतवार न थे। कितने ही दिनों के पश्चात् महामत्स्य के चपेटे से नौका उत्तरगिरि से आ लगी। मनु जीवन की प्रहेलिका पर विचार करने लगते हैं। अभी-अभी उन्होंने भीषण संहार देखा था, उसका स्मरण हो आया। आरम्भिक 'चिन्ता' सर्ग में जलप्लावन, अमरत्व की अपूर्णता, जीवन और मृत्यु की समस्या पर विचार किया गया है।

जलप्लावन

जलप्लावन और मनु की कथा शतपथ ब्राह्मण, पुराण, महाभारत आदि अनेक ग्रन्थों में बिखरी हुई है। इसके अतिरिक्त प्रायः विश्व के समस्त धर्मों में भी जलप्लावन की घटना का प्रचार किसी-न-किसी रूप में अवश्य है। इन्साइक्लोपीडिया आफ़ रेलिजन एंड इथिक्स में 'फ्लड' शीर्षक लेख में कहा गया है कि बाइबिल, अवेस्ता, ग्रीक, बेबीलोनिया, चीन आदि के प्राचीन धार्मिक ग्रन्थों में इसका संकेत मिलता है। एन्ड्री ने मिस्र, जापान आदि ऐसे भी देश बताए हैं, जहाँ इसका वर्णन प्राप्त नहीं। अफ्रीका में भी इस घटना का प्रचलन नगण्य-सा है। इस कारण सार्वभौमिक जलप्लावन को स्वीकार करना कठिन है। धार्मिक पृष्ठभूमि पर चित्रित होने के कारण जलप्लावन घटना को ईश्वरीय वस्तु स्वीकार किया गया। इसकी सूचना किसी प्रकार उस व्यक्ति को मिल जाती थी जो प्रलय के पश्चात् भी जीवित रहता था। विज्ञान के अनुसार इस जलप्लावन की पुष्टि हो जाती है। भूगर्भशास्त्र के विद्वानों का अनुमान है कि

"समय-समय पर पृथ्वी के विशेष खंड समुद्र में डूब जाते हैं। भूमि पर जल-ही-जल भर जाता है। इस प्रकार बहुत समय तक सागर रहते हैं। धीरे-धीरे पृथ्वी का ऊँचा भाग जल में गलने लगता है और सागर की तलहटी में तमाम तलछट जमा होती रहती है। तभी क्रमशः स्थिति में परिवर्तन होता है। इस प्रकार पर्वत खड़े हो जाते हैं, जहाँ युगों से भारी सागर थे।"[1] इस भाँति पृथ्वी पर सागर और उसके अनन्तर पर्वत का उदय होता है। इस प्रक्रिया के विषय में यद्यपि भूगर्भशास्त्र के विद्वानों के विभिन्न मत हैं, किन्तु उसका अस्तित्व सभी स्वीकार करते हैं। होम्स, वेगनर आदि कई विद्वानों ने इस वैज्ञानिक सत्य पर अनुसन्धान किया है।

भारतीय जलप्लावन के वैज्ञानिक आधार पर स्वयं प्रसादजी ने विचार किया और डॉक्टर ट्रिंकलर, होर्मसा आदि के मत उन्होंने प्रस्तुत किए। हिमालय से लौटे हुए डॉक्टर ट्रिंकलर की धारणा है कि बालुका में दबे हुए प्राचीन ध्वंसावशेषों के चिह्न स्वयं इसका प्रमाण हैं कि हिमालय और उसके प्रान्त में भी जलप्लावन अथवा ओघ अवश्य हुआ होगा।[2] वैज्ञानिक डॉ. वाडिया का कथन है कि "परमियन काल से ही हिमालय और तिब्बत के निकट समुद्र का मल एकत्र हो रहा था। क्रमशः वह ऊपर उठने से ऊँचा होने लगा। अन्त में सागर विलीन हो गया और उसके स्थान पर संसार का महान् हिमालय पर्वत दृष्टिगोचर होने लगा।"[3] इस भूगर्भ क्रिया से पृथ्वी का समय ज़ाइनर लगभग सात करोड़ वर्ष पूर्व मानते हैं।[4] मानवशास्त्र के विशेषज्ञ मानव का जन्म इसके पर्याप्त समय पश्चात् बताते हैं। मानव ने मौखिक कथाओं के रूप में इस कथा को जीवित रखा।

इतिहास, गाथा और विज्ञान में समन्वय स्थापित करने का प्रयत्न समय-समय पर किया गया। भारतीय दर्शन की पौराणिक गाथाओं के अनेक खंड आलंकारिक विधि से चित्रित किए गये। जल से आदि सृष्टि की कथा के विषय में वृहदारण्यक उपनिषद् में कहा गया है :

आप एवेदमग्र आसुस्ता आपः सत्यमसृजन्त सत्यं ब्रह्म
ब्रह्म प्रजापति, प्रजापतिर्देवान्, ते देवाः सत्यमेवोपासते॥५।५।१

आरम्भ में केवल जल-ही-जल था। जल से सत्य, सत्य से ब्रह्म, ब्रह्म से प्रजापति, और प्रजापति से देवता की उत्पत्ति हुई। ये देवता सत्य ही की उपासना करते हैं। इसी के लिए यूनानियों ने $\phi \times 6$ V S शब्द का प्रयोग किया। थेल्स आदि भी जल से संसारोत्पत्ति स्वीकार करते हैं।[5] विश्व उत्पत्ति के इस सिद्धान्त से भारतीय जलप्लावन का पौराणिक स्वरूप किंचित साम्य रखता है। विश्वकर्मा की कथा इसके निकट है। उन्होंने वृत्र का विनाश कर एक नवीन जाति को जन्म दिया था। उनकी प्रतिष्ठा ज्वालामुखी के देवतारूप में है। इसी के पश्चात् उन्होंने कश्यप को धरणी दान दे दी थी। तिलकजी ने 'आर्कटिक होम इन वेदाज़' में लिखा है कि इस कथा की प्रेरणा सभी ने एक ही स्थान से ग्रहण की।

जलप्लावन कथा सम्भवतः अधिक समय तक धार्मिक ग्रन्थों में स्थान पाती रही। साथ ही परम्परागत मौखिक गाथा के रूप में भी उसका प्रचलन रहा। आगे चलकर काव्य में भी उसे स्थान प्राप्त हुआ। इसी कारण प्राचीन साहित्यों में इसका उल्लेख है। होमर ने कहा है—"सूर्य सागर के प्रवाह की ओर भागा जा रहा है। सागर, निर्झर, सरोवर, सभी महासागर से निकले हैं जो पृथ्वी को घेरे हुए हैं। सूर्य स्वर्ण नौका में पश्चिम से पूर्व की ओर जा रहा है।" इसका अर्थ डॉक्टर वारेन ने यही निकाला कि संसार जलमय है।[6] सर्वप्रथम धार्मिक ग्रन्थों में इस जलप्लावन घटना का उल्लेख किया गया और तदनन्तर काव्य में उसे स्थान मिला। यूनानी जलप्लावन कथा के दो रूप हैं। डिजीजियन डेलूयूज के अनुसार अटिका जलमय हो गया था। अन्य कथा ड्यूकेलियन फ्लड की है। इसका वर्णन 140 ई. पू. अपालोडोरस ने अपनी पुस्तक बिब्लोथिका : 1/7/2 में किया है। ज्यूस ने अपने पिता की इच्छापूर्ति के लिए ताम्रयुग के व्यक्ति ड्यूकालियन का विनाश करना चाहा। अपनी रक्षा के लिए उसने एक कवच का निर्माण किया। उसी में वह अपनी पत्नी पायरा के साथ बैठ गया। ज्यूस ने भीषण जलवृष्टि से समस्त पृथ्वी को डुबा दिया और सभी कुछ विनष्ट हो गया। वे दोनों पति-पत्नी नौ दिन के पश्चात् पैरासस स्थान पर पहुँचे। उसी समय जलप्लावन कम हुआ। यहीं उन्होंने देवताओं के लिए अपने अंगरक्षक की बलि दे दी। प्रसन्न होकर ज्यूस ने उनकी इच्छा जानने का प्रयत्न किया। उन्होंने सन्तान की कामना प्रकट की। इस पर पत्थर फेंके गये, जो ड्यूकालियन ने फेंके वे पुरुष और जो पायरा ने फेंके वे नारी हो गये।

बाइबिल में नूह जल का देवता है। नूह को सूचना मिली कि जीवन के नाश के लिए पृथ्वी पर जलप्लावन होगा। प्रत्येक वस्तु विनष्ट हो जाएगी (जेनेसिस 6/17)। उसके पश्चात् पृथ्वी पर अपार जलराशि छा गयी। समस्त पर्वत आदि उसी में विलीन हो गये (जेनेसिस 7/19)। सभी चराचर विनष्ट हुए, केवल नूह और उसके साथी नौका में बच गये (जेनेसिस 7/23)। वह नौका अराकान पर्वत पर टिक गयी। धीरे-धीरे दसवें मास के प्रथम दिवस में जल कम हुआ। पर्वत-श्रेणियाँ दिखाई देने लगीं (जेनेसिस 8/5)। नूह से ही मानवता का विकास हुआ।[7] ईसाइयों की अन्य धार्मिक कथाएँ बाइबिल से प्रभावित हैं और इनके वैज्ञानिक आधार पर भी विद्वानों ने विचार किया है।[8]

बेबीलोनिया के साहित्य में जलप्लावन की अनेक कथाएँ प्रचलित हैं। उन सबका संग्रह पर्सी हैंडकाक ने किया है। प्रमुख कथा के अनुसार बेबीलोनिया में लगभग तीन सौ ईसवी पूर्व बेरोसस वेल का पुरोहित था। हस्तलिखित प्राचीन पुस्तकों के आधार पर उसने जलप्लावन का वर्णन करते हुए लिखा—"आर्डेट्स की मृत्यु के पश्चात् उसके पुत्र एक्सीथ्रोस ने लगभग अठारह सर (18 × 3600) वर्ष तक राज्य किया। उसी समय एक भीषण बाढ़ आयी। राजा को पूर्व ही स्वप्न में इसका आभास मिल

गया था। समस्त भू-भाग के जलमय हो जाने पर भी वह अपनी नौका में बना रहा। जल का वेग कम हो जाने पर उसने तीन बार पंछी उड़ाए। अन्तिम बार पंछी के न लौटने पर वह बाहर निकला। उसने देवताओं को बलि देकर पुनः बेबीलोनिया का निर्माण किया।'' इसके अतिरिक्त गिलगेश महाकाव्य में भी जलप्लावन का सजीव चित्रण है। शुरिपाक नामक नगर यूफ्रेट्स के किनारे स्थित है। वहीं भीषण जलप्लावन हुआ। सातवें दिन वातावरण के शान्त हो जाने पर मानवता का विकास आरम्भ हुआ।[9] बेबीलोनिया और बाइबिल की कथाओं में सामीप्य है। पहलवी ग्रन्थों के अनुसार सृजन के पूर्व एक वाद-विवाद हुआ। आकाश, जल-वायु आदि से दानवों का संघर्ष हुआ।[10] फारसी धार्मिक ग्रन्थों में देवताओं ने विचार-विमर्श के पश्चात् यह निर्णय किया कि अपार शीत के साथ ही हिमपात द्वारा एक भीषण बाढ़ ले आयी जाय। यीमा को संकेत कर दिया गया कि वह अपनी रक्षा का पूर्ण प्रबन्ध कर ले।[11] सुमेरियन ग्रन्थों में भी स्वप्न में जलप्लावन का संकेत जी-यु-सुदू को मिला। सात दिन वह रहा। उनके 'पीरनिपीश्त्तम्' जल देवता ही थे। सेक्रेड बुक आफ़ चाइना के अनुसार चीन में भी शीह पूजा के अन्तर्गत यू की बुद्धिमत्ता का वर्णन है जिसमें राजा बच जाता है।

इस प्रकार विश्व की जलप्लावन कथा में अनेक पारस्परिक साम्य हैं। सभी में जल के साथ झंझा, हिमपात, अन्धकार आदि भी आते हैं। इस भीषण बेला की सूचना एक व्यक्ति को पूर्व ही किसी-न-किसी प्रकार मिल जाती है। धीरे-धीरे जलप्लावन कम होता है, वह पुरुष बच जाता है। इसी व्यक्ति से आगे चलकर मानवता का विकास होता है। भारतीय साहित्य में जलप्लावन की कथा शतपथ ब्राह्मण, पुराण महाभारत आदि अनेक स्थलों पर बिखरी हुई मिलती है। महाभारत के वनपर्व में मत्स्योपाख्यान की कथा है। विवस्वान पुत्र मनु ने पर्वत पर दस सहस्र वर्ष तक तपस्या की। एक दिन चारिणी तट पर आकर मत्स्य ने जीवन-रक्षा की प्रार्थना की। मनु ने उसे क्रमशः जलपात्र, झील, महासरोवर आदि में रखकर अन्त में सागर में फेंक दिया। उसी समय मत्स्य ने आगामी भयंकर प्रलय की सूचना दे दी। वह बोला, "उस भीषण प्रलय में सभी कुछ नष्ट हो जाएगा। तुम नौका में सप्तऋषियों के साथ मेरी प्रतीक्षा करना।" जलप्लावन के समय धरणी जलमय हो गयी। मत्स्य मनु की नौका हिमालय पर्वत में 'नीबन्धन' तक ले गया। महाभारत के आगामी पर्वों में भी इसी का सविस्तार वर्णन किया गया। मत्स्यपुराण का प्रारम्भ ही आदि रचना से होता है। मनु की तपस्या से प्रसन्न होकर ब्रह्मा ने उन्हें वरदान दिया कि वे प्रलयकाल में सम्पूर्ण जगत की रक्षा में सफल होंगे। एक दिन जब मनु अर्घ्य दे रहे थे, कमंडल के जल से एक शफरी गिरी। राजा ने उसे अनके स्थलों पर रख दिया, पर उसका आकार बढ़ता ही चला गया। राजा घबड़ाकर बोले कि तुम अवश्य कोई महाराक्षस हो, अथवा भगवान् विष्णु! तभी भगवान् विष्णु का रूप रखने वाले मत्स्य

ने कहा कि शीघ्र ही समस्त पृथ्वी जल में डूब जाएगी। उन्होंने मनु को एक नौका दी। जलप्लावन के समय सींगवाले मत्स्य का रूप धारण कर विष्णु मनु के समीप आये। मनु ने योगबल द्वारा सभी जीवों को आकृष्ट कर नाव में स्थान दिया। यही मनु सृष्टि के आदि कारण हैं और इन्हीं से मानवता का विकास हुआ।

इसके अतिरिक्त आग्नेय पुराण (प्रथम अध्याय), पद्मपुराण (36वाँ अध्याय), विष्णु पुराण (5/10, 6/3), भागवत पुराण (8/24, 12/9), स्कन्द पुराण, (वैष्णव खंड, पुरुषोत्तम महात्म्य, खंड दूसरा, पृष्ठ 57), भविष्यपुराण (प्रतिसर्ग पर्व, अध्याय 4) कालिका पुराण (अध्याय 25, 34), वायुपुराण (अध्याय 6, सृष्टि-प्रकरण) आदि में जलप्लावन कथा का संकेत है। कल्पना के आधार पर धार्मिक चेतना ही इन कथाओं का लक्ष्य है।

कामायनी की भूमिका में प्रसादजी ने कथा का निर्देश किया है। "जलप्लावन इतिहास में एक ऐसी ही घटना है, जिसने मनु को देवों से विलक्षण, मानवों की एक भिन्न संस्कृति प्रतिष्ठित करने का अवसर दिया। वह इतिहास ही है। 'मनवे वै प्रातः' इत्यादि से घटना का उल्लेख शतपथ ब्राह्मण से होता है।" इससे स्पष्ट है कि मूल कथा शतपथ से प्रभावित है। शतपथ ब्राह्मण के अनुसार, "प्रातःकाल मनु के पास जल लाया गया। उसी में एक मत्स्य भी था। वह बोला—मनु, मेरी रक्षा करो, मैं तुम्हारी सहायता करूँगा। जल प्लावन में जब सब कुछ नष्ट हो जाएगा, उस समय मैं तुम्हारे काम आऊँगा। मनु ने स्वयं उसी से उसकी रक्षा का उपाय पूछा। उसने बताया कि छोटा होने के कारण बड़े मत्स्य उसे खा जाते हैं। तुम पात्र गड्ढा, नदी आदि में रखकर अन्त में मुझे सागर में फेंक दो। जलप्लावन के समय मैं सहायता के लिए प्रस्तुत हो जाऊँगा। यथासमय जलप्लावन हुआ। मनु ने नौका को मत्स्य के सींग से बाँधा, तदन्तर उसे वृक्ष से अटका दिया। जलप्लावन के शान्त हो जाने पर वे 'मनोरवसर्पण' स्थान में उतरे।"

चिन्ता

प्रसाद कामायनी को एक गाथा अथवा धार्मिक ग्रन्थ नहीं बनाना चाहते थे, मानवता का इतिहास प्रस्तुत करना ही उनका प्रतिपाद्य था। यही कारण है कि ऐतिहासिक सामग्री के होते हुए भी उन्होंने नूतन उद्‌भावनाओं के द्वारा नये दृश्य उपस्थित किए हैं। 'कामायनी' का आरम्भ जलमय पृथ्वी से होता है और मत्स्य की कथा छोड़ दी गयी है, मनु को पूर्व ही उसका संकेत आदि नहीं मिल जाता। उसके पूर्व की प्रासंगिक कथा का कवि ने त्याग कर दिया। आदिपुरुष के शरीर का सजीव वर्णन है :

अवयव की दृढ़ माँसपेशियाँ
ऊर्जस्वित था वीर्य अपार
स्फीत शिराएँ, स्वस्थ रक्त का

होता था जिनमें संचार।
चिन्ता-कातर वदन हो रहा
पौरुष जिसमें ओत प्रोत
उधर उपेक्षामय यौवन का
बहता भीतर मधुमय स्रोत।

हिमगिरी के उत्तुंग शिखर का वर्णन आरम्भ में करते हुए, कवि उसे काव्य की पृष्ठभूमि बना लेता है। कालिदास के 'कुमारसम्भव' की यही पृष्ठभूमि है। भारतीय धार्मिक ग्रन्थों में वर्णित मनु की तपस्या का आभास 'तरुण तपस्वी' की साधना से मिल जाता है। पौराणिक कथाओं के मनु की जिस दिव्य शक्ति, अलौकिकता पर जोर दिया गया, उसे कवि ने त्याग दिया। मनु मानवता के प्रतीक रूप में 'कामायनी' में चित्रित किए गये हैं। वे स्वाभाविक दुर्बलताओं से युद्ध करते हुए 'आनन्द' तक जाते हैं, संघर्षरत मानव हैं। मानवता की इसी स्थापना के लिए प्रसाद ने आरम्भ में ही मनु के मानसिक झंझावात के द्वारा देवत्व की अपूर्णता का पर्याप्त चित्रण कर दिया है। यद्यपि आज भी उसे देवत्व की मधुर स्मृतियाँ याद आती हैं, किन्तु वह जान गया है कि—

देव सृष्टि की सुख विभावरी
ताराओं की कलना थी

जलप्लावन के उतरने पर 'एक पुरुष' की नौका महावट से बँधी है। शतपथ ब्राह्मण में मनु की नाव, 'उत्तरगिरेर्मनोरवसर्पण' में एक वृक्ष से बँधी, जिसका नाम नहीं दिया गया। प्रसाद ने उसे 'वटवृक्ष' कहा। प्रलय दशा की भीषणता पौराणिक कथा के समीप है, किन्तु कवि ने स्वतन्त्र उपमाएँ की हैं। मनु की नौका में डाँडे अथवा पतवार न थे। वह महामत्स्य के एक चपेटे से उत्तरगिरि के शिर से टकराती है। यह उत्तरगिरि का स्थान हिमालय में ही है। इस जलप्लावन स्थान और मनु के नौकावरोहण के विषय में 'कोषोत्सव स्मारक संग्रह ग्रन्थ' के निबन्ध में प्रसादजी का विचार है कि 'मेरू और उसके पास ही उत्तर कुरू का वर्णन है। कई प्राचीन ग्रन्थों में मेरू के समीप ही उत्तर कुरू का नाम आने से प्रतीत होता है कि ये दोनों देश और पर्वत आसपास के हैं। वह उत्तर कुरू प्रदेश भारतीय उपाख्यानों में पवित्र और पूर्वजों को देश कहा गया है। भीष्म पर्व में इसका विषद वर्णन है। वहाँ के लोग शुक्ल वर्ण (गौर) अभिजात, सम्पन्न, निरोग और दीर्घजीवी होते थे।" वृहत्संहिता में भी कहा हैः

उत्तरतः कैलासो हिमवान वसुमान गिरिर्धनुष्मांश्च
क्रौंचोमेरूः कुरवो तथोत्तराः क्षुद्रमीनाश्च॥ 14।24

इस विषय में अविनाशचन्द्र दास का भी मत है कि सप्तसिन्धु उत्तर पश्चिम की ओर गान्धार प्रान्त के द्वारा पश्चिमी एशिया अथवा एशिया माइनर से मिला हुआ था।[12]

जलप्लावन के समय चराचर का कोई भी चिह्न शेष नहीं रह गया था, इसे कामायनी में 'वहाँ अकेली प्रकृति सुन रही हँसती-सी पहचानी-सी' के द्वारा चित्रित किया गया। परिस्थिति वर्णन के पश्चात् ही मनु के हृदय का झंझावात दिखाया गया जो कि मनोवैज्ञानिक आधार पर है। भारतीय दर्शन में मनु का मन अर्थ भी किया जाता है। इस स्थिति से प्रसाद ने देवत्व को 'अपूर्ण' कहकर मानव को सर्वोपरि ठहराया। गन्धर्वों का विलासी रूप पौराणिक ग्रन्थों में भी मिलता है।[13] 'कामायनी के भीषण जलप्लावन दृश्य का समर्थन तद्विषयक सभी ग्रन्थों में मिल जाएगा। बाइबिल में 'पृथ्वी पर सर्वत्र जल बिखर गया। सम्पूर्ण स्वर्ग के नीचे के ऊँचे पर्वत उससे भर गये। प्रत्येक जीवित वस्तु नष्ट हो गयी, केवल नूह बच गया।' गिलगमेश महाकाव्य का यही चित्र है। मत्स्य पुराण, शतपथ ब्राह्मण में भी सम्पूर्ण पृथ्वी जलमय हो जाती है। इस ऐतिहासिक, पौराणिक दृष्टि से 'कामायनी' का जलप्लावन वर्णन सार्थक है। कवि ने बाड़व ज्वाला, जलधि, झंझावात का वर्णन किया है। वह पंचभूत का भैरव मिश्रण था। इस अवसर पर मानवीय भावनाएँ आरोपित हैं। मनु के 'भीगे नयन' थे। जिस नौका का वर्णन पौराणिक ग्रन्थों में हुआ, वह अलौकिक थी। प्रसाद की नौका में भी डाँड़े अथवा पतवार न लगते थे, वह पगली बारम्बार उठ-उठ गिर-गिर पड़ती थी। मनु की इस नौका को महामत्स्य का एक 'चपेटा' उत्तरगिरी के शिर से टकरा देता है। प्राचीन आख्यान में वह मत्स्य के पंख से बँधकर हिमवान प्रदेश में पहुँचती है। यहीं एक स्थान पर 'तिमिंगल' शब्द का प्रयोग हुआ है। यही वही बड़ा मत्स्य है, जो छोटों को खा जाता था। पुराण कथाओं में मनु से शफरी ने इसी से रक्षा करने की प्रार्थना की थी (शतपथ 8/6/3)। चिन्ता के अन्त में मनु जीवन और मृत्यु के विषय में विचार करता है। इस चिरन्तन सत्य के विषय में भारतीय दर्शन में भी अनेक प्रकार विचार किया गया। वृहदारण्यक उपनिषद् (3/9/28) में याज्ञवल्क्य ने इसी प्रश्न को उठाया। वृक्ष कट जाने पर पुनः पल्लवित और पुष्पित हो उठते हैं, किन्तु अभागा मानव काल के निष्ठुर प्रहार से आहत होकर पुनः जीवन नहीं पाता। यदि एक बार वह विलीन हो जाता है, तो फिर उसे जीवन क्यों नही मिलता? छान्दोग्योपनिषद् (5/3/1) में जीवल के पुत्र प्रवाहण ने आरुणिकुमार श्वेतकेतु से पाँच प्रश्नों में मृत्यु का ही रहस्य पूछा था। कठोपनिषद् (1/1) में नचिकेता ने यमराज से तीसरे वरदान में काल के रहस्य की याचना की थी :

'मृत मनुष्य के विषय में सन्देह हैं। किसी का कथन है कि मृत्यु के पश्चात् आत्मा रहती है और कोई कहता है, नहीं रहती। आपके उपदेश से मैं इस विषय में भली भाँति जानने का अभिलाषी हूँ। यही तीसरा वर है।' 'कामायनी' के आरम्भिक सर्ग 'चिन्ता' में इतिहास के साथ ही प्रसाद की स्वतन्त्र कल्पना भी दिखाई देती है।

आशा

धीरे-धीरे धरातल से हिम-आच्छादन हटने लगा। सागर का आन्दोलन शान्त हो रहा था। वनस्पतियाँ फिर से हरी-भरी हो गयीं। क्रुद्ध प्रकृति की निद्रा भंग हो गयी, वह नवीन जागरण था। सिन्धु की शय्या पर पृथ्वी नववधू की भाँति शोभायमान थी। यही पुनरुत्थान प्रायः सभी जलप्लावन कथाओं में मिलता है। प्रलय शान्त हो जाता है और नवीन मानवता का विकास आरम्भ होता है। पौराणिक गाथाओं में आदिपुरुष को ईश्वरीय शक्ति के रूप में स्वीकार कर लिया गया है, इस कारण उसके हृदय में प्रायः उस प्रकार के विचार नहीं उठते। 'कामायनी' के आदिमानव में इस प्रकार की जिज्ञासा स्वाभाविक है। चारों ओर मनु जीवन-जीवन की पुकार सुनता है, वह भी अपने अस्तित्व को जीवित रखना चाहता है। विस्तृत गुहा में मनु ने सुन्दर स्वस्थ स्थान बनाया। वे सागर के तीर अग्निहोत्र प्रज्वलित करने लगे। शतपथ में भी वर्णन मिलता है : **'मनुर्हवा अग्रे यज्ञेनेजे, मदनकृत्येमाः प्रजा यजन्ते।'**

इसी समय मनु के हृदय में विचार आता है कि सम्भव है मेरी ही भाँति किसी और का भी जीवन बच गया हो। अपरिचित की तृप्ति के लिए वे 'अवशिष्ट अन्न' दूर पर रखने लगे। तपस्वी मनु का अन्तर संवेदन के हेतु विकल था। वे बोले :

कब तक और अकेले कह दो,
हे मेरे जीवन बोलो
किसे सुनाऊँ कथा कहो मत,
अपनी निधि न व्यर्थ खोलो।

यही 'एकोऽहं बहुस्याम्' की कामना है। मनु बारम्बार शून्य में प्रश्न करता है और केवल प्रतिध्वनि सुन पाता है। इस प्रकार 'आशा' में प्रसाद ने मनु को हवन करनेवाले उस मानव के रूप में चित्रित किया जो किसी का सहवास चाहता है। अपने हृदय की जिज्ञासा का समाधान भी उसे चाहिए। तपस्या और एकाकी जीवन लेकर वह अधिक समय तक नहीं चल सकता। प्राचीन आलेखों के अनुसार भी मनु ने प्रलय के पश्चात् यज्ञ आरम्भ किया था। उनका यह रूप पौराणिक साहित्य के अतिरिक्त वेदों के भी निकट है। ऋग्वेद में भी मनु को इसी तपस्या से विभूषित किया गया है।[14] शतपथ ब्राह्मण के अनुसार मनु ने सन्तानोत्पत्ति की इच्छा से पाकयज्ञ आरम्भ किया था।

श्रद्धा

'श्रद्धा' सर्ग के आरम्भ में मनु को मधुकरी का मधुर गुंजार सुनाई देता है। मनु ने उस अपरिचित के सौन्दर्य को देखा। कवि इसी स्थल पर नारी का अत्यन्त सजीव चित्र प्रस्तुत करता है। नारी गान्धार देश के नील रोमवाले मेषों का चर्म पहने हुए थी। वह 'विश्व की करुण कामना मूर्ति' की भाँति प्रतीत हुई। श्रद्धा अपना परिचय

देती है, वह काम की बालिका यहाँ बलि का अन्न देखकर चली आयी है। शतपथ ब्राह्मण के अनुसार मनु के यज्ञ के शेषान्न से इड़ा की उत्पत्ति हुई। यहाँ प्रसाद ने उस कल्पित वस्तु को छोड़कर, श्रद्धा को प्रस्तुत किया है। वह अन्न देखकर जान गयी कि अभी यहाँ कोई जीवित अवश्य है। परिचय के पश्चात् वह मनु को जीवन का संदेश देना आरम्भ करती है। यही श्रद्धा का मनोवैज्ञानिक और दार्शनिक निरूपण है, जिसके द्वारा प्रसाद ने मनु को नवीन कर्म में नियोजित किया। श्रद्धा एक नवीन दर्शन की स्थापना करती है। वह अपनी समस्त आन्तरिक भावना दया, माया, ममता, मधुरिमा और अगाध विश्वास के साथ आत्म-समर्पण करती है। श्रद्धा का अत्यन्त उदात्त चित्र प्रसाद ने अंकित किया है, उसमें अनेक मानवीय गुणों का समावेश है। प्रायः समस्त ग्रन्थों में श्रद्धा अत्यन्त उदार, शीलमयी नारी के रूप में चित्रित है। स्वयं कवि ने आमुख में अनेक उद्धरण देकर मनु से उसके सम्बन्ध की स्थापना की। 'शतपथ' के अनुसार मनु श्रद्धादेव हैं। भागवत पुराण में मनु और श्रद्धा से दस पुत्रों का जन्म माना गया। वेद उपनिषद में उसकी जो भावमूलक व्याख्या मिलती है, उससे भी दोनों का सम्बन्ध स्पष्ट हो जाता है। श्रद्धा स्वयं अपने विषय में अधिक नहीं बताती, किन्तु मनु को काम का सन्देश देती हुई कहती है :

काम मंगल से मंडित श्रेय
सर्ग, इच्छा का है परिणाम
तिरस्कृत कर उसको तुम भूल
बनाते हो असफल भवधाम।

सायणाचार्य का 'कामगोत्रजा श्रद्धानामर्षिका' सूक्त का परिचय भी इसकी पुष्टि करता है। इसी कारण श्रद्धा कामायनी भी है। प्रसाद ने इस सर्ग में श्रद्धा का जो वर्णन किया उसका व्यापक प्रसार सम्पूर्ण काव्य में होता गया।

काम

मनु के जीवन में श्रद्धा के प्रवेश के साथ काम का उदय होता है। 'काम' सर्ग में मनु के अन्तर में उठते हुए भावों के द्वारा ही कवि ने उसका चित्रण किया। काम ने मनु के जीवन को आनन्द और उल्लास से भर दिया। उनके मन में एक विचित्र प्रकार का कौतुक हो रहा था। हृदय में मूर्तिमान काम स्वयं कहता है : 'अब भी तो मैं प्यासा हूँ, मेरी तृप्ति न हो सकी। देवताओं ने मेरी ही उपासना करते हुए स्वयं को समाप्त कर दिया।' विष्णु-पुराण में कामदेव-सम्बन्धी उल्लेख हैं।[15] इस अवसर पर कवि रति और काम की एक सरस रूप-रेखा प्रस्तुत करता है। रति रागमयी और मधुमय है। उसकी सहेलियाँ हैं, सुर-कन्याएँ। काम तृष्णा का विकास है। आज देवताओं के विनाश के साथ ही सब कुछ बदल गया। काम अब अनंग की भाँति भटक रहा है। उसे जीवन में कर्म और शक्ति की आवश्यकता का अनुभव हुआ।

काम स्वयं संसृति की प्रगति बनने का व्रत लेता है। श्रद्धा रति तथा काम का ही समन्वित रूप है। वह जीवन का वरदान है।

कवि ने मनु के मन में उठने वाली भावनाओं से काम का चित्रण किया है। आरम्भ में मनु काम से प्रश्न करते हैं और अन्त में स्वप्न के समय काम स्वयं उन्हें एक सन्देश दे जाता है। प्रसाद ने काम को व्यापक रूप में ग्रहण किया है। काम मानव-जीवन को गतिमान करने वाली चेतना शक्ति है। 'कामगोत्रजा श्रद्धा नामर्षिका' से भी श्रद्धा और काम के सम्बन्ध की पुष्टि होती है। वेदों में श्रद्धा को कामायनी रूप में स्वीकार किया गया, किन्तु पुराणों में स्वयं श्रद्धा से काम की उत्पत्ति मानी गयी।[16] वेदों में काम एक देवता रूप में प्रतिष्ठित है। पर क्रमशः उसके इस व्यापक रूप में परिवर्तन होने लगा। पुराणों में कथा भाग अधिक होने के कारण काम को श्रद्धा का पुत्र बना दिया गया। सम्भवतः 'काम' की विशिष्टता के कारण पूर्वज एवं सन्तान दोनों को एक ही गोत्र में स्थान मिला। 'कामायनी' में श्रद्धा के दोनों रूप मिल जाते हैं। वह कामायनी है, साथ ही मनु को काम में नियोजित भी करती है।

काम की ऐतिहासिक परम्परा से ज्ञात होता है कि क्रमशः उसका रूप विकृत होता चला गया। वेदों का काम-देवता पुराणों में कथा की सामग्री बना। अथर्ववेद 9/2 के अुनसार काम का महत्त्वपूर्ण स्थान है। ऋग्वेद में भी उसका वही रूप है।[17] डा. ग्रिफ़िथ ने अनुवाद किया : द प्राइमल सीड आफ़ द जर्म आफ़ स्पिरिट। पुराणों में आख्यानों के द्वारा इसी का समर्थन है। उपनिषदों में काम की दार्शनिक विवेचना हुई। काम का आध्यात्मिक और दार्शनिक रूप आगमशास्त्रों में परिवर्तित हो गया। वह सौन्दर्य तथा कला का विषय बना। धर्म, अर्थ और मोक्ष के साथ काम भी समन्वित हुआ और संस्कृत नाटकों में प्रेम-कला बनकर आया[18], उसका शृंगार पक्ष बढ़ता रहा और 'कामसूत्र' की रचना भी हुई। शिव ने इसी काम को भस्म किया। वेदों का आध्यात्मिक काम इस अधोगति में आकर संकुचित हो गया। प्रसादजी ने काम के विषय में 'काव्य और कला...' में लिखा है,...काम का धर्म में अथवा सृष्टि के उद्‌गम में बहुत बड़ा प्रभाव ऋग्वेद के समय में ही माना जा चुका है, 'कामस्तग्ने समवर्तताधि मनसोरेतः प्रथमं यदासीत्।' यह काम प्रेम का प्राचीन वैदिक रूप है। और प्रेम से वह शब्द अधिक व्यापक भी है।... काम में जिस व्यापक भावना का समावेश है, वह इन भावों को आवृत्त कर लेता है।" 'कामायनी' क़े द्वारा प्रसाद ने पुनः काम के वैदिक स्वरूप की स्थापना की। उन्होंने उसका प्रवृत्तिमूलक तत्त्व ग्रहण किया और ऐतिहासिक चित्रण की ओर अधिक ध्यान न देकर, उसके मनोवैज्ञानिक पक्ष को लिया। श्रद्धा अपने प्रथम परिचय में ही 'काम' की व्याख्या करती है :

काम मंगल से मंडित श्रेय
सर्ग इच्छा का है परिणाम

इस प्रकार कामरूपा श्रद्धा मनु के जीवन का वरदान बनकर आती है। 'काम' सर्ग में कवि ने सूक्ष्म मनोवैज्ञानिक चित्रण के द्वारा उसका उदात्त रूप प्रस्तुत किया। काम का एक व्यापक रूप चित्रित करने के पश्चात् कवि उसी के द्वारा संकुचित स्वरूप पर भी विचार करता है। काम के इस सीमित अर्थ को ग्रहण करने के कारण देवताओं का विनाश हो गया। आदिमानव को वह काम सचेत कर देता है। देवता केवल आकर्षण और मिलन की छाया में विचरण करते थे। उन्होंने काम के व्यापक रूप को नहीं ग्रहण किया और अन्त में उनकी वासना का अन्त हुआ। काम मानवता के आदि-पुरुष को सावधान कर देता है जिससे वह ऐसी भूल न करे। आरम्भ में काम की रूपरेखा बनाते हुए मनु उसकी आकर्षक मधुर छवि को ही जानता है : कुसुम दुग्ध-सी-मधु धारा। किन्तु श्रद्धा ने काम का सन्देश केवल मादकता में झूमने के लिए नहीं दिया था; उसने मानवता को विजयिनी बनाने के लिए कहा था। श्रद्धा ने मनु के जीवन में मधुरिमा भर दी। मनु के मन का काम स्वयं अपने व्यक्तित्व को विकसित करने का प्रयत्न करता है। काम का सर्वोत्तम स्वरूप श्रद्धा है। वह मूल शक्ति है, जो वरदान रूप में मनु को प्राप्त हुई। उसी के द्वारा विश्व की रंगस्थली में विजय प्राप्त हो सकती है। जीवन में शुद्ध विकास के लिए काम का व्यापक ग्रहण अपेक्षित है। अथर्ववेद में कहा गया है : हे काम! तू सर्वप्रथम उत्पन्न होकर, देव, पितर और मर्त्य सभी को प्राप्त हुआ, तुझसे कोई भी न बच सका। तू इस विश्व में व्यापक और सर्वोपरि है। मैं तुझे नमस्कार करता हूँ। (अथ. 9/2/19), मनु का काम कहता है :

'आरम्भिक वात्या उद्गम में
अब प्रगति बन रहा संसृति का
मानव की शीतल छाया में
ऋण शोध करूँगा निज कृति का।'

काम के व्यापक रूप की प्रतिष्ठा कवि ने सुन्दर मनोवैज्ञानिक चित्रण के द्वारा कर दी। यह वैदिक काम की, साहित्य में नयी स्थापना है। 'कामना' नाटक के रूपक द्वारा भी प्रसादजी ने काम का उदात्तीकरण किया। काम का यह व्यापक, उदात्त रूप 'कामायनी' में आदि से अन्त तक प्रक्षेपित हुआ है।

वासना

नारी-पुरुष का सम्बन्ध 'वासना' सर्ग के अन्तर्गत काम के पश्चात् चित्रित किया गया। सूक्ष्म वर्णन तथा अप्रस्तुत विधान के द्वारा कवि ने उसके रूप को विकृत नहीं हो जाने दिया। निर्जन पथ पर जीवन का मधुर खेल चल रहा था, दोनों पथिक चले जा रहे थे। दोनों में अभिन्नता की प्रतिष्ठा के लिए गृहपति अतिथि, सिन्धु-लहर, प्रभात-किरण, आकाश-घनश्याम आदि उपमाएँ प्रस्तुत की गयी हैं।

लज्जा

वासना के पश्चात् श्रद्धा के मन में 'लज्जा' का उदय होता है। नारी के अन्तर में उठने वाली इस सूक्ष्म भावना का चित्रण कवि ने केवल सौन्दर्यांकन के लिए नहीं किया, यह मनोविश्लेषण के आधार पर चित्रित है। आरम्भ में श्रद्धा अन्तरतम में प्रवेश करती हुई इस भावना का वर्णन करती है : सुकुमार नवपल्लव के अंचल में छिपती नवजात कलिका, गोधूलि वेला के धूमिल वातावरण में झिलमिल करती दीपक की वर्त्तिका। इस प्रकार का सूक्ष्म रूप धारण कर लज्जा ने पदार्पण किया। श्रद्धा के अन्तरतम में बसने वाली 'छायाप्रतिमा' लज्जा उसी प्रकार बोल उठी जैसे मनु के हृदय का काम बोला था। वह अपना एक कोमल रूप प्रस्तुत करती है : सौन्दर्य चेतना का उज्ज्वल वरदान है जिसमें अनन्त अभिलाषा के स्वप्न भी जागरण की अवस्था में रहते हैं। इसी महान् सौन्दर्य की रक्षा करने के लिए लज्जा का निर्माण हुआ। नारी के सौन्दर्य के लिए लज्जा अपनी अनिवार्यता स्पष्ट कर देती है। लज्जा के इस परिचय को स्वीकार करती हुई श्रद्धा अपनी परवशता प्रस्तुत करती है : पगली-सी जैसे अन्तर में बैठी कोई अनुदिन बकती।

नारी के इस उत्सर्ग और समर्पण पर लज्जा उसका वास्तविक स्वरूप उसे बताती है। नारी श्रद्धा का प्रतिरूप है। सम्पूर्ण विश्वास के साथ मानव के जीवन में अमृतधारा की भाँति बहते रहना ही उसकी सार्थकता है। चन्द्रगुप्त और कार्नेलिया को मिलाते हुए चाणक्य कहता है : **दो बालुकापूर्ण कगारों के बीच एक निर्मल स्रोतस्विनी का होना आवश्यक है...** प्रसाद लज्जा के द्वारा नारी-पुरुष समस्या का समाधान भी प्रस्तुत करते हैं। अन्तर में करुणा और अधरों पर हास लेकर नारी पुरुष को पा सकेगी। श्रद्धा के अन्तरतम में उठने वाली वह एक सूक्ष्म भावना है जो नारी के उदात्त गुणों का भी बोध कराती है।

कर्म

इसके पश्चात् मनु 'कर्म' में प्रवृत्त होते हैं। यज्ञ की कामना और सोम की पिपासा उनमें जागृत हो रही थी। श्रद्धा के वचनों का उन्होंने अन्य अर्थ स्थापित किया। एक दिन असुरों के पुरोहित किलात-आकुलि मनु के पास आये। उन्होंने यज्ञ करने की सम्मति दी। यज्ञ की ज्वाला धधकने लगी। चारों ओर रुधिर के छींटें बिखरे थे। पशु की कातर वाणी वातावरण में गूँज रही थी। सामने सोम पात्र भरा रखा था और तभी श्रद्धा को न देखकर मनु की चेतना को चोट लगी, क्योंकि उन्होंने उसी के कुतूहल के लिए तो यज्ञ किया था। उधर श्रद्धा अपने शयनगृह में विश्राम कर रही थी, इधर मनु के प्राणों पर मादकता छा रही थी। उन्होंने श्रद्धा के गुप्त सौन्दर्य को देखा और तभी वह जाग उठी।

श्रद्धा ने करुणा का सन्देश दिया; देवताओं की भाँति पशु-बलि करना उचित

नहीं। नव मानवता का निर्माण अन्य रीति से होगा। श्रद्धा ने बताया कि भीषण स्वार्थ से विनाश होता है। स्वयं हँसना और दूसरों को भी सुख देना जीवन की सार्थकता है। मनु के कर्मकांडी रूप का वर्णन भारतीय वाङ्मय में भी मिलता है। वेदों में तपस्वी तथा हिंसक यजमान दोनों रूपों में मनु का चित्रण हुआ। यद्यपि ऋग्वेद में पशु-बलि आदि का उल्लेख प्रत्यक्ष रीति से प्राप्त नहीं, किन्तु सोम, मधु आदि की चर्चा है। किलात, आकुलि को पुरोहित बनाकर पशु-बलि और यज्ञ की कल्पना का आधार शतपथ ब्राह्मण है। ऋग्वेद में श्रद्धा का सांकेतिक अर्थ लेने से उसे भी यज्ञ का सहायक माना जा सकता है। 'श्रद्धया अग्निः समिध्यते श्रद्धया हूयते हविः' 10/15/1। किन्तु पशु-बलि के लिए स्वयं 'कामायनी' की श्रद्धा भी अपने मनु को रोक देती है। कालान्तर में आकर वैदिक यज्ञों की रूपरेखा बदल गयी और उसमें हिंसक पशुबलि का समावेश हुआ। ब्राह्मण और पुराणों में अनेक प्रकार से इसका वर्णन मिलता है। मनु का सोमपान, मादक रूप, कर्मकांड, पशु-बलि आदि इन्हीं से प्रभावित हैं। श्रद्धा वैदिक 'कर्म' की स्थापना का प्रयत्न करती है। देवताओं की विकृति से वह मानवता की रक्षा करना चाहती है। 'किलात-आकुलि' के पौराणिक स्वरूप को ग्रहण कर कवि ने श्रद्धा के द्वारा अहिंसा की अनिवार्यता पर प्रकाश डाला। कर्मकांडी मनु को पशुबलि और हिंसा में संलग्न देखकर श्रद्धा उसे पुनः एक बार सचेत करती है। आरम्भ में ही उसने काम और कर्म का वास्तविक स्वरूप समझाकर तपस्वी की निवृत्तिमूलक निराश भावनाओं को समाप्त किया था। देवताओं के भोग और असत् कर्म से वह मानवता के आदिपुरुष को ऊपर उठाना चाहती है। उसने कर्म का समष्टिगत स्वरूप अपनाने का आग्रह किया।

प्रसाद ने 'कर्मण्येवाधिकारस्ते मा फलेषु कदाचन्' की निष्काम कर्म भावना की अपेक्षा कर्म के व्यापकत्व पर अधिक ध्यान दिया। शैवदर्शन क्रियाशक्ति के इसी व्यापक प्रसार को महत्त्व देता है। आणव व्यवधान बनकर क्रियाशक्ति को क्षीण करता रहता है। इसी आणव माला से मुक्ति पाकर आत्मा समन्वय की ओर अग्रसर होता है। उपनिषदों की श्रद्धा कर्म को सात्विक बनाती है। शैवागम की माया आत्मा को क्रियाशक्ति देती है, आणव से मुक्त करती है और उसे एक व्यापक भूमि पर ले जाती है। उसे 'मूलकारण' माना गया है (तन्त्रालोकः 6/117)। प्रसाद का व्यावहारिक 'कर्म' भी 'हम-तुम' के भेद समाप्त कर मानवता का कल्याण चाहता है। श्रद्धा और मनु के संवादों से उन्होंने कर्म के उभय पक्ष पर विचार किया।

ईर्ष्या

यह सर्ग 'कामायनी' के कथानक को गति प्रदान करता है। मनु की हिंसात्मक प्रवृत्तियाँ प्रबल हो गयी थीं, वे मृगया में व्यस्त रहते थे। एक दिन सन्ध्या समय श्रद्धा अनमनी-सी बैठी थी। 'केतकी गर्भ-सा पीला मुँह' से उसकी गर्भावस्था का संकेत कवि ने करा दिया। 'भावी जननी' के इस रूप को देखकर मृगया से लौटे मनु

कुछ नहीं बोले, तभी श्रद्धा ने कहा कि दिन भर हिंसा के कारण ही तुम्हें भटकना पड़ा। न जाने किस अभाव में तुम्हें दूसरों के द्वार जाना पड़ा? मनु बोल उठे कि कोई भूली-सी मधुर वस्तु पीड़ा देती है। उन्होंने स्वयं को 'चिरमुक्त पुरुष' बताया। श्रद्धा के पीत वर्ण और तकली का कारण भी उन्होंने पूछा। श्रद्धा ने उन्हें करुणा और अहिंसा का सन्देश दिया कि निरीह पशुओं को उपकारी बनकर जीने देना ही उचित है :

पशु से यदि हम कुछ ऊँचे हैं
तो भव जलनिधि में बनें सेतु।

मनु के मन में संकुचित विचार थे। वे सहज सुख को किसी मूल्य पर त्याग देने के लिए प्रस्तुत न थे। वे चाहते थे कि श्रद्धा केवल उन्हीं की चिन्ता करे; तभी श्रद्धा उन्हें नवीन कुटीर में ले गयी। गुफा के निकट पुआल का छोटा-सा छाजन बना था। इधर-उधर लतिकाएँ झूल रही थीं। गृहलक्ष्मी के उस गृहविधान को देखकर मनु के मन में पुनः कुतूहल हुआ और तभी नीरवता को भंग करती हुई श्रद्धा बोली कि यही हमारा नीड़ है। उसने अपना तकली गीत सुनाया जो वह मनु के आखेट को चले जाने पर गाती रहती थी। उसने भावी सन्तान का भी संकेत दिया, जो उसके जीवन में नवीन उल्लास ले आएगा। पशु और पुत्र के प्रति अपनी प्रणयिनी के प्रेम को देखकर मनु ईर्ष्या से जल उठे। उन्हें संशय हो गया कि वह सुखी होगी और वे मृग की भाँति कस्तूरी के लिए वन-वन भटकते रहेंगे। अपना ज्वलनशील अन्तर लेकर वे चल दिए और श्रद्धा 'रुक जा, सुन ले, ओ निर्मोही' कहती रह गयी। इसी कल्पना के द्वारा कवि ने कथानक को गति प्रदान की। वैदिक साहित्य में भी पशुबलि और हिंसा की निन्दा है।[19]

ब्राह्मण काल में इसके बढ़ते हुए प्रचार के विरुद्ध ऋषियों ने आन्दोलन किया। असुर हत्या, मांस-भक्षण, सुरापान आदि के पुजारी थे और देवासुर संग्राम का कारण यही विचार-भेद है। मनु का हिंसक रूप असुर-पुरोहित किलात और आकुलि के संसर्ग का परिणाम था। श्रद्धा अपनी उदार प्रकृति से इस हिंसात्मक प्रवृत्ति को रोकने का प्रयत्न करती है। आसुरी प्रवृत्ति के कारण मनु की भावनाएँ संकुचित होकर ईर्ष्या में परिवर्तित हो जाती हैं और वे श्रद्धा को छोड़कर चल देते हैं।

इड़ा

'इड़ा' सर्ग के आरम्भ में मनु के मानसिक द्वन्द्व के कई चित्र हैं। मन को अधिक स्वच्छन्द रखने हेतु वे श्रद्धा को छोड़कर चले आये, किन्तु उन्हें शान्ति न मिली। एक आन्तरिक संघर्ष उनके मस्तिष्क में चल रहा था। स्वतन्त्रता की कामना करने वाले मनु स्वयं पर खीझ उठे। जीवन के बीहड़ पथ पर एकाकी वे शिथिल हो चुके

थे। उन्हें चारों ओर अन्धकार ही अन्धकार दिखाई देने लगा। प्रलयकालीन निराशा और जड़ता ने पुनः उन्हें घेर लिया। 'जीवन निशीथ का अन्धकार' मनु को कष्ट देता था। देवेन्द्र इन्द्र की विजय-स्मृतियाँ और भी दुख देने लगीं। तभी उन्हें देवासुर संग्राम का स्मरण हो आया। दानव शरीरोपासना में व्यस्त रहे और देवता 'अपूर्ण अहन्ता' में उलझ गये। दोनों में संघर्ष चलता रहा। मनु इसी मानसिक तर्क-वितर्क में थे, कि काम बोल उठा :

मनु तुम श्रद्धा को गये भूल

. . . .

तुम भूल गये पुरुषत्व मोह में कुछ सत्ता है नारी की
समरसता है सम्बन्ध बनी अधिकार और अधिकारी की।

इस स्थल पर कवि काम के शब्दों में मानव-जीवन की विषमताओं का वर्णन करता है। मनु ने श्रद्धा को समझने में भूल की और उनका मानव इसी कारण शापग्रस्त हो गया। काम का अभिशाप समाप्त होते ही मनु का आन्तरिक द्वन्द्व पुनः प्रारम्भ हो गया। उधर सरस्वती मधुर शब्द करती बही जा रही थी। वह निरन्तर कर्म का प्रतीक और और प्रसन्नता की धारा थी। निराशा की रात्रि समाप्त हुई, प्रभात हो आया, आलोक-रश्मियाँ बिखर गयीं, कलरव जाग उठा। तभी मनु ने देखा कि तर्क-जाल की भाँति अलकें बिखरी थीं। किसी का भाल उज्ज्वल शशिखंड की भाँति चमक रहा था। पद्मपलाश से दोनों नेत्रों में अनुराग-विराग झूम रहे थे। गुंजरित मधुप से संयुक्त मुख में गीत भरे थे। संसृति का सर्व विज्ञान-ज्ञान उसके वक्षस्थल पर था। एक हाथ में वसुधा के जीवन का सार कर्म-कलश था, दूसरा विचारों के शून्य को आश्रय दे रहा था। त्रिबली, त्रिगुण, तरंगमयी सुन्दर परिधान-युक्त थी, चरणों में तालमय गति थी। उसने परिचय में बताया कि वह सारस्वत प्रदेश की इड़ा है और मनु को बुद्धिवादी सन्देश दिया। विज्ञान को सहज साधन उपाय मानकर मनु ने राज-काज का भार ग्रहण किया।

'इड़ा' सर्ग के साथ 'कामायनी' के कथानक की दिशा परिवर्तित होती है। इड़ा की प्रेरणा कवि को प्राचीन ग्रन्थों से प्राप्त हुई। शतपथ के अनुसार इड़ा की उत्पत्ति मनु के पाक-यज्ञ से हुई। सन्तान की इच्छा से उन्होंने यज्ञ आरम्भ किया। जल में हव्य जाता रहा। एक वर्ष पश्चात् नारी का उदय हुआ। मित्र और वरुण ने मार्ग में उससे भेंट की। वह मनु के पास आयी और स्वयं को 'दुहिता' बताया, क्योंकि आहुति से ही उसका निर्माण हुआ था। मनु ने उसके सौन्दर्य की प्रशंसा की। इड़ा ने उन्हें समझाया कि मैं मंगलकारिणी हूँ और बलि में मेरा प्रयोग करो। मुझसे सन्तान होगी। अन्त में इड़ा के साथ मनु ने जीवन का आरम्भ किया।[20] प्रसाद इड़ा को सारस्वत प्रदेश की रानी स्वीकार करते हैं। वह जलप्लावन के पश्चात् ही मनु को नहीं मिल जाती। श्रद्धा को छोड़कर चले जाने पर मनु की उससे भेंट होती है; कवि की कल्पना

अधिक स्वाभाविक आधार पर है। 'इड़ामकृतवन्मनुषस्य शासनीम्' के अनुसार इड़ा मनुष्यों पर शासन करती है।[21] कामायनी के 'आमुख' के अनुसार लौकिक संस्कृत में इड़ा शब्द पृथ्वी, बुद्धि, वाणी आदि का प्रतीक है। 'कामायनी' में वह बुद्धि के प्रतिनिधि रूप में चित्रित है। उसके रूप-वर्णन से बुद्धि का चित्र प्रस्तुत होता है। वह बुद्धिवाद के द्वारा मनु को सारस्वत प्रदेश पर शासन करने का सन्देश देती है। इस प्रकार कवि ने कोशग्रन्थों में वर्णित इड़ा के विभिन्न रूपों का भी प्रयोग किया। सरस्वती अथवा वृत्रघ्नी के निकटस्थ सारस्वत प्रदेश का वर्णन इतिहास में मिलता है। स्यवं कवि का विचार है कि "ऋक् काल में सरस्वती की घाटी में भी रहनेवाले आर्यों से संघर्ष चल ही रहा था। इसीलिए सरस्वती को वृत्रघ्नी कहा है। ऋक् मंत्र 10/27/17 में सामश्रमी ने आक्षस नदी का भी उल्लेख माना है। इसीलिए उक्त प्रमाणों से गंगा से लेकर वर्तमान हेलमन्द की घाटी और वाल्हीक से लेकर दक्षिण के ऋक् कालिक राजपूताना के समुद्र तक हम आर्यों की एक घनी बस्ती मानते हैं, जिसके बीच मेरु स्थिति है।"[22] नमुचि असुर के वध से भी सरस्वती का सम्बन्ध स्थापित हो सकता है। इस प्रकार सरस्वती के निकट देवासुर संग्राम की ऐतिहासिक पुष्टि मिल जाती है। 'कामायनी' का मनु इसी संघर्ष की याद करता है। इड़ा भी स्वीकार करती है कि भौतिक हलचल से उसका देश किसी दिन चंचल हो उठा था। कवि ने मनु को शासक रूप में प्रतिष्ठित किया है।

स्वप्न

मनु सारस्वत प्रदेश के प्रजापति हैं और इड़ा रानी। 'स्वप्न' सर्ग के अन्तर्गत आरम्भ में श्रद्धा की दशा का वर्णन कवि करता है। सन्ध्या समय कामायनी पृथ्वी पर पड़ी, बीते दिनों की याद करती है। विरहिणी के अन्तर में अनेक विचार आ-जा रहे हैं। शून्य पर्वत प्रदेश में श्रद्धा इसी प्रकार सोच रही थी कि कोई 'माँ' कहकर बोल उठा। प्रथम बार कवि श्रद्धा के पुत्र को प्रस्तुत करता है। माता उसे 'पिता का प्रतिनिधि' कहकर पुकारती है। उसके हृदय में हर्ष-विषाद एक साथ आये। बालक के सोते ही वह पुनः उन्हीं विचारों में उलझ गयी। थोड़ी देर में वह स्वप्न देखने लगी। इसी स्वप्न के द्वारा कवि सारस्वत प्रदेश में मनु और इड़ा के सम्बन्ध की चर्चा कर कथानक को आगे बढ़ाता है। मनु की सुन्दर नगरी में प्रत्येक प्रकार की सम्पन्नता है। इड़ा उन्हें प्रजापित कहकर सान्त्वना देना चाहती है, किन्तु मनु पर मदिरा की मादकता छाती जा रही थी और वे पाशविक हो उठे। भयानक हलचल मच गयी, रुद्र हुंकार उठे। आकाश की देव शक्तियाँ क्षुब्ध मन क्रोधित हो गयीं। प्रजापति के अत्याचार से पृथ्वी त्रस्त हो गयी। चारों ओर भय और क्रान्ति का वातावरण था। इड़ा ने बाहर प्रजा के विद्रोही रूप को देखा। मनु भी उस आकस्मिक घटना से आश्चर्यचकित हो गये।

इधर श्रद्धा स्वप्न में भी काँप उठी। इस प्रकार स्वप्न के द्वारा प्रसाद ने सारस्वत प्रदेश की स्थिति का वर्णन किया है। मनु इड़ा को रानी बनाना चाहते हैं। शतपथ ब्राह्मण के अनुसार प्रजापति को अपनी ही कन्या के प्रति काम-इच्छा हुई। एक दिन 'क्या उसका आलिंगन हो सकता है', सोचकर उन्होंने उसे बाहों में भर लिया। देवता अपनी बहिन के प्रति इस पाप को न देख सके। उन्होंने पशुपति से यह अत्याचार बन्द करने की प्रार्थना की, और उन्होंने ऐसा ही किया।[23] 'कामायनी' में इड़ा 'आत्मजा प्रजा' लगभग कन्या की भाँति है। प्रजापति ने उस पर अत्याचार किया, वह मना ही करती रही। मनु का प्रजापति रूप भी प्राचीन आधार पर है जिसे महाभारत, मनुस्मृति, शुक्रनीति आदि में देखा जा सकता है। शिव कल्याणकर्ता और विध्वंसक दोनों ही रूपों में ऋग्वेद में प्रतिष्ठित हैं।[24] उन्होंने अपना तीसरा नेत्र खोलकर कामदेव को भस्म किया। शिव का रौद्ररूप 'रुद्र' में निहित है।[25] 'कामायनी' में स्थिति का वर्णन है :

आलिंगन! फिर भय का क्रन्दन! वसुधा जैसे काँप उठी
वह अतिचारी दुर्बल नारी परित्राण पथ नाप उठी
अन्तरिक्ष में हुआ रुद्र हुंकार भयानक हलचल थी
अरे आत्मजा प्रजा! पाप की परिभाषा बन शाप उठी।

संघर्ष

श्रद्धा को स्वप्न में दिखाई देने वाली स्थिति 'संघर्ष' में पूर्ण रूप से वर्णित है। स्वप्न सत्य हो जाता है। भौतिक विप्लव से प्रजा भयभीत हो उठी। वह राजशरण में रक्षा के लिए आयी, किन्तु अपमानित हुई। इड़ा मनु को अनेक प्रकार से सान्त्वना देती और समझाती है। वे प्रजापति होने के कारण किसी भी नियम का पालन करने को तत्पर न थे। उन्होंने इड़ा की बातों पर ध्यान न देकर अपनी मादकता में उसे बाहुपाशों में रोक लिया। मनु स्वयं पर नियन्त्रण खोते जा रहे थे। उन्हें आश्चर्य था कि जिस जनता के लिए उन्होंने अनेक सुख-साधन एकत्र किए, वह विद्रोह कैसे कर उठी। विद्रोहियों के नेता आकुलि और किलात थे। इड़ा उस भीषण जन-संहार को रोकने का प्रयत्न करने लगी। 'जीने दे सबको फिर तू भी सुख से जी ले' कहकर उसने मनु से आतंक न करने की अनुनय की, किन्तु किसी ने नहीं सुना। तभी उसने देखा कि रक्त नदी की बाढ़ फैलती जाती और मनु भी वहीं गिर पड़े हैं।

'स्वप्न' में जिस भीषण घटना का संकेत कवि ने किया था, उसका वास्तविक स्वरूप 'संघर्ष' में आकर प्रस्तुत होता है। मनु, इड़ा, राजा, प्रजा, प्रकृति और उसके पुतलों का द्वन्द्व चलता है। मनु अथवा मन तथा इड़ा अथवा वाक् के विवाद का वर्णन शतपथ ब्राह्मण में भी है, जहाँ दोनों अपने महत्त्व की स्थापना का प्रयास करते हैं। ब्राह्मण के सांकेतिक अर्थ का एक रूप कवि ने ग्रहण किया जिसकी चर्चा उसने

'आमुख' में कर दी है। शतपथ के अनुसार देवताओं ने अपनी स्वसा पर अत्याचार होते देखकर रुद्र से प्रार्थना की और तब संहार हुआ। वहाँ रुद्र का आधा बीज भूमि पर गिर पड़ा।[26] इस कथा का समर्थन अन्य स्थलों पर मिलता है। ताण्ड्य ब्राह्मण में भी प्रजापति अपनी दुहिता पर आकृष्ट हुए।[27] वामन पुराण में पिता-कन्या के आधार पर एक कथा और भी मिलती है। काम का जन्म कृष्ण और रुक्मिणी के पुत्र प्रद्युम्न रूप में हुआ। नारद ने शम्बर से बताया कि प्रद्युम्न ही उसका काल होगा। राक्षस ने उसे चुराकर सागर में फेंक दिया जहाँ उसे एक मछली निगल गयी। रति नारद के आदेश से शम्बर के यहाँ भोजन पकाती थी। एक दिन उसे मछली में प्रद्युम्न मिला। नारद ने उसे अदृश्य करने की शक्ति दी। रति ने प्रद्युम्न का पालन-पोषण किया। युवक होने पर दोनों में प्रेम और अन्त में विवाह भी हो गया। प्रद्युम्न ने शम्बर का नाश किया। यह कथा इड़ा-मानव सम्बन्ध से अधिक साम्य रखती है। रूपक रूप में यह कथा भी प्रचलित है कि काम ब्रह्म का पुत्र है। उत्पन्न होते ही उसने एक पुष्पबाण अपने पिता को मारा और वे अपनी कन्या के प्रेम में पड़ गये। डा. फतेहसिंह ने पुरुरवा-उर्वशी को मनु-इड़ा सम्बन्ध के समीप प्रस्तुत किया है।[28] इन कथाओं को रूपक रूप में ग्रहण कर आध्यात्मिक और सांकेतिक अर्थ लेना ही अधिक उचित है। शतपथ के बीजपान को कवि ने नहीं ग्रहण किया। 'कामायनी' में देवताओं के स्थान पर समस्त प्रजा ही विद्रोह कर देती है जिसका नेतृत्व असुर-पुरोहित आकुलि और किलात करते हैं। प्रकृति और उसके पुतलों का संघर्ष एक शाश्वत सत्य है, जिसका संकेत कवि ने किया है। प्रकृति-पुरुष, नारी-मानव, हृदय-बुद्धि, सुर-असुर का द्वन्द्व चिरन्तन है। 'कामायनी' के आरम्भ में भी कवि ने देवताओं के प्रकृति-संघर्ष का वर्णन किया है। 'इड़ा' सर्ग में भी उसे इसका स्मरण हुआ और अन्त में वह साकार रूप में सम्मुख आया। मनु प्रजापति होकर अत्यधिक स्वच्छन्दता की कामना करने लगे। अन्त में राजा-प्रजा का संघर्ष हुआ तथा जनता ने अत्याचारी के प्रति विद्रोह किया। रुद्र का भयंकर रूप 'आत्मजा प्रजा' के लिए है जो शतपथ ब्राह्मण के अधिक समीप है, किन्तु प्रजा अपनी 'रानी' के लिए संघर्ष करती है। प्रसाद ने अनेक स्थलों पर बिखरी हुई इस कथा में शतपथ से अधिक प्रेरणा ली और उन्होंने आध्यात्मिक के साथ उसे राजनीतिक स्वरूप भी प्रदान किया।

निर्वेद

'निर्वेद' सर्ग के आरम्भ में सारस्वत नगर की क्षुब्ध, मलिन और मौन दशा का वर्णन है। सरस्वती नदी बही चली जा रही थी, अभी तक आहतों का करुण स्वर सुनाई देता था, प्रकृति में भी उदासी छाई थी। सूने मंडप में इड़ा बैठी थी, निकट ही आहत मनु पड़े हुए थे। वह ग्लानि से भरी बीती बातें सोच रही थी। इड़ा ने देखा राजपथ पर धुँधली-सी छाया, स्वर में करुण-वेदना भरे चली आ रही थी। दोनों

दुखी बटोही माँ-बेटे मनु को ही तो खोज रहे थे। इड़ा ने द्रवित होकर व्यथा जानने का प्रयत्न किया, तभी श्रद्धा ने आहत मनु को देख लिया। उसे स्वप्न की याद आ गयी। उसने मनु को अपने मधुर स्पर्श से कष्टरहित कर दिया। मधुरसंगीत के साथ अरुणोदय हुआ। मनु कृतज्ञता के भार से झुक गये। उन्होंने अपनी आन्तरिक भावनाओं को श्रद्धा के सम्मुख रखने का प्रयत्न किया। वे 'मंगल की माया' 'प्रभापूर्ण' आदि कहकर आभार प्रदर्शन करते हैं। अनियन्त्रित बुद्धिवाद की भर्त्सना करते हुए उन्होंने अपने पुत्र कुमार को प्यार किया। मनु एक विचित्र प्रकार की ग्लानि का अनुभव कर रहे थे कि श्रद्धा को कलुषित मुख कैसे दिखाया जाय। इसी मानसिक द्वन्द्व में वे पुनः कहीं चल दिए। श्रद्धा, इड़ा, कुमार ने प्रातःकाल देखा तो मनु का पता न था। प्रसाद ने कल्पना के द्वारा 'निर्वेद' की कथा को गति दी है। श्रद्धा के उदात्त चरित्र का वर्णन उसकी प्रमुखता है। अभी तक श्रद्धा के मुख से सुन्दर सन्देशों के द्वारा कवि ने उसका रूप प्रस्तुत किया था, यहाँ जीवन की विभीषिका से त्रस्त मनु श्रद्धा की भूरि-भूरि प्रशंसा करता है। प्राचीन आलेखों में भी श्रद्धा का मंगलकारी वर्णन मिलता है। ऐतिहासिक रूप में वह ऋषिका, कामायनी और मानवी है। 'कामगोत्रजा श्रद्धा नामर्षिका' में उसका व्यक्तित्व महान् है। पुराणों में वर्णित वंशपरम्परा में भी श्रद्धा का महत्त्वपूर्ण स्थान है।[29] भावना रूप में श्रद्धा का स्थान सर्वोपरि है; वह आस्तिक बुद्धि, आदरणीय है। निरुक्त के अनुसार धर्म, अर्थ, काम, मोक्ष के प्रति अविपर्य्यपूर्वक बुद्धि उत्पन्न करने वाली देवी श्रद्धा है।[30] त्रिपुरारहस्य में उसकी उपासना की गयी।[31] इस प्रकार प्राचीन ग्रन्थों से श्रद्धा के गुण लेकर कवि ने उसे उदात्त, महान्, सुन्दर काव्यात्मक स्वरूप प्रदान किया।

दर्शन

'दर्शन' सर्ग का प्रारम्भ श्रद्धा और कुमार के वार्तालाप से होता है। माँ की उदासी का कारण पूछता हुआ भोला बालक अपनी शंका का समाधान चाहता है। श्रद्धा अपने कटु अनुभवों के पश्चात् इस सत्य पर पहुँच चुकी है कि परिवर्तनशील जगत में सुख-दुख आते-जाते रहते हैं। अभी सृष्टि की विविधता पर विचार कर ही रही थी कि विषाद से भरी इड़ा दिखाई दी। श्रद्धा बोल उठी कि मुझे तुमसे विरक्ति नहीं। तुमने तो मुझे अवलम्बन दिया। आशामयि, चिरआकर्षण आदि कहकर उसे 'मनु' के मस्तक की चिर अतृप्ति' बताती है। इड़ा क्षमा-याचना करने लगी। आन्तरिक भौतिकता विज्ञानवाद से त्रस्त राज्य का वर्णन भी उसने किया। वह जनपद-कल्याणी होकर भी अवनति का कारण बन गयी। श्रद्धा ने अपनी सम्पूर्ण विनय से उसे सान्त्वना दी। अपने पुत्र मानव को वह 'तर्कमयी इड़ा' के संरक्षण में रखकर मनु को खोजने के लिए जाना चाहती है। दोनों को राष्ट्रनीति देखने तथा समरसता का प्रचार करने के लिए वहीं छोड़कर वह चल पड़ी है।

कुछ दूर जाकर श्रद्धा ने प्रकृति के सुन्दर वातावरण में मनु को निर्जन तट पर पाया। सर्वमंगला के सम्मुख मनु ने अपनी लघुता स्वीकार की। आज उन्हें अपनी भूल का ध्यान आया। 'प्रलय की छाया' की कमला ने भी अन्त में पद्मिनी की वास्तविकता को जाना था। श्रद्धा ने मनु को पुनः जीवन के सत्य का बोध कराया। उस समय सर्वत्र प्रकाश छा गया। नटराज स्वयं प्रसन्न होकर नृत्य कर उठे। उस आनन्दपूर्ण तांडव से समस्त ताप विलीन हो गया। मनु ने देखा : सम्मुख एक सुन्दर सृष्टि झूम रही थी। वे 'समरस अखंड आनन्द वेश' को देखकर आश्चर्य-चकित रह गये। इस प्रकार कवि ने आदर्श-स्थापना का प्रयत्न किया। श्रद्धा की 'मातृभूमि' रूप में कल्पना उसे नारी के सर्वोच्च पद पर ले जाती है। प्राचीन ग्रन्थों में उसका स्थान ऊँचा है। त्रिपुरारहस्य के ज्ञान खंड में कहा गया है :

श्रद्धा माता प्रपन्नं स वत्सलेव सुतं सदा।
रक्षति प्रौढ़ भीतिभ्यः सर्वथा नहि संशयः ॥

श्रद्धा हि जगतां धात्री श्रद्धा सर्वस्वजीवनम्
अश्रद्धां मातृविषये बालो जीवेत कथं वद ॥[32]

कवि ने श्रद्धा के दार्शनिक और आध्यात्मिक स्वरूप को स्पष्ट किया है। वह अपने ऋषिका रूप में उपस्थित हुई। नारी की परिणति माता में करके कवि ने अरविन्द की 'शक्तिरूपा' को स्थान दिया। बौद्ध दर्शन में भी नारी का सर्वोत्कृष्ट रूप माता है। प्रकृति के विशाल रंगमंच पर श्रद्धा के द्वारा प्रसाद ने आनन्द की स्थापना भी की। उपनिषदों की अद्वैत भावना तथा शैवदर्शन की समरसता का आभास कई पंक्तियों में मिल जाता है। श्रद्धा, इड़ा और कुमार एक क्षण के लिए विस्मृति की अवस्था में हो जाते हैं। वह 'हृदयों का अति मधुर मिलन' है। इड़ा और कुमार पुर को लौटते समय दो नहीं रहते। आत्मा-परमात्मा को एक रूप मानने वाली वेदान्ती विचारधारा की छाया कवि की कल्पना पर स्पष्ट प्रतीत होती है। उपनिषदों का प्रसिद्ध शान्ति पाठ जिस पूर्णता की चर्चा करता है, वही उपनिषद दर्शन का मूल स्वर है। प्रसादजी ने अभिन्नता को समरसता तथा आनन्द से समन्वित किया। नटराज के नृत्य से आनन्द की स्थापना शैवदर्शन के अनुसार है। निर्माण और विनाश दोनों ही नटराज के नृत्य से होते हैं। तांडव और लास्य में इसी कारण विभेद किया गया। शैवागम में 'क्रीड़ात्वेनखिलजम् जगत्' की प्रतिष्ठा भी इसी आधार पर हुई। कामायनी में भी चर्चा है : संहार सृजन से युगल पाद कवि ने विभिन्न दर्शनों का काव्यात्मक रूप प्रस्तुत किया है।

रहस्य

कथानक में दर्शन का प्रवेश बढ़ता है। 'रहस्य' सर्ग में मनु और श्रद्धा हिमप्रदेश में

आगे बढ़ते हैं। अधिक थक जाने के कारण मनु रुक जाना चाहते हैं, पर श्रद्धा उन्हें लिये चली जा रही है। अन्त में वे समतल पर आ गये, जहाँ–

> **ऊष्मा का अभिनव अनुभव था**
> **ग्रह, तारा, नक्षत्र अस्त थे,**
> **दिवा रात्रि के सन्धि काल में**
> **ये सब कोई नहीं व्यस्त थे ।**

इस अवसर पर श्रद्धा मनु को इच्छा, ज्ञान और कर्म के लोक दिखाती है। वहीं शब्द, स्पर्श, रूप, रस, गन्ध की पुतलियाँ नृत्य कर रही हैं। इच्छा ही भावनाओं की जननी है। जीवन की मधुर लालसाओं का उससे सम्बन्ध है। पाप-पुण्य इसी पर अवलम्बित है, इच्छा चिर वसन्त का उद्‌गम है। कर्म में नियति की भी प्रेरणा रहती है। यहाँ क्षण भर भी विश्राम नहीं। इसके पीछे समस्त समाज भागा चला जा रहा है। ज्ञान के क्षेत्र में सुख-दुःख से उदासीनता होती है। बुद्धि मरु में भटकाती है। त्रिपुर में इच्छा, ज्ञान, क्रिया तीनों ही विलग हैं, इसी कारण इच्छा पूर्ण नहीं होती। अन्त में कवि श्रद्धा की स्मित से इन तीन विन्दुओं का मिलन स्थापित करता है। यहाँ शैवागमों का प्रभाव है। 'त्रिपुररहस्य' में इच्छा-ज्ञान-कर्म के समन्वय का वर्णन मिलता है : 'त्रिपुरानन्तशकतैक्य रूपिणी सर्वसाक्षिणी'। शंकर ने भी त्रिपुर-दाह किया था। प्रसाद श्रद्धा की स्मित से कार्य को सम्पन्न करा देते हैं। तन्त्रों में वर्णित पाँच तन्मात्र शब्द, स्पर्श, रूप, रस, गन्ध का भी समावेश हुआ है। श्रद्धा का उदात्त स्वरूप, इच्छा, ज्ञान कर्म का समन्वय, रुद्र का तांडव आदि की कल्पना कवि ने शैव ग्रन्थों से प्राप्त की। मनोमय कोश तक विभिन्न प्रतीत होने वाले इच्छा, ज्ञान, क्रिया विज्ञानमय कोश में एकाकार होने की चेष्टा करते हैं और अन्त में आनन्दमय कोश में एक हो जाते हैं। कवि ने आत्मवादी आनन्द की व्याख्या करते हुए स्वयं आगमों से अनेक उदाहरण दिए हैं।[33] 'रहस्य' सर्ग के द्वारा प्रसादजी एक महान् उद्देश्य की स्थापना करते हैं जिसका आधार श्रद्धा है। श्रद्धा जीवन युद्ध के थके हुए सैनिक मनु का पथ-प्रदर्शन करती है।

आनन्द

अन्तिम सर्ग 'आनन्द है। पर्वत प्रदेश से सरिता की घाटी में एक यात्री-दल चला जा रहा था। धर्म के प्रतिनिधि वृषभ को, मानव लिये हुए था, साथ ही इड़ा भी थी। वह बताती है कि किसी दिन एक मनस्वी संसार की ज्वाला से पीड़ित होकर शान्त तपोवन में आया। उसकी अर्धांगिनी इस दशा पर द्रवित हो उठी। उसके आँसू वरदान बनकर संसार का मंगल करने लगे। वन का समस्त ताप, शाप शान्त हो गया; हरीतिमा, सुख और शीतलता बिखर गयी। अब वे दोनों 'संसृति की सेवा'

में निमग्न, सबको सुख-सन्तोष देते हैं। वहाँ कोई महाह्रद नामक मानस है, जो मन की पिपासा निर्मल जल से शान्त कर देता है। सारस्वत नगर के वासी इसी अमृत से नवजीवन की कामना करते हैं। थोड़ी देर में समतल आ गया। सम्मुख ही विराट पर्वत खड़ा था। कैलाश पर्वत पर मनु 'मानस' के किनारे ध्यानमग्न थे, और निकट ही श्रद्धा पुष्पाजंलि लिये खड़ी थी। इड़ा जाकर श्रद्धा के चरणों में नतमस्तक होकर कहने लगी कि तुम्हारा ममत्व मुझे यहाँ खींच लाया, मेरा जीवन धन्य है। तभी मनु कैलाश पर्वत की ओर संकेत करते हुए बोले :

शापित न यहाँ है कोई
तापित पापी न यहाँ है
जीवन वसुधा समतल है
समरस है जो कि यहाँ है।

जीवन की समरसता, अद्वैत भावना, आनन्दवादी प्रकृति का दिग्दर्शन कराते हुए मनु ने चराचर विश्व को चिर सत्य, शिव, सुन्दर बताया। वह किसी विराट से संचालित है। श्रद्धा सृष्टि की मंगलकामना प्रतीत होती थी। उसकी आभा मानस के तट पर बिखर रही थी। उस 'पूर्ण काम' की प्रतिमा से समस्त सृष्टि परिचालित हो रही थी। क्षण भर में सर्वत्र आनन्दामृत छलक उठा। प्रकृति का वैभव अपने सर्वोत्कृष्ट स्वरूप में दिखाई दिया, मानो स्वयं वनलक्ष्मी ने शृंगार किया हो। वह सुख-दुख का मधुर मिलन था। लास्य रास से आनन्द छा गया। इस प्रकार आनन्द और समरसता की स्थापना के साथ कवि काव्य को समाप्त करता है। उसका लक्ष्य है, आनन्द का निरूपण। इड़ा और मानव का सारस्वत प्रदेश के निवासियों के साथ कैलाश पर्वत पर आना प्रसादजी की कल्पना है। इसके द्वारा वे मानवता का मंगलमय रूप प्रतिष्ठित कर सके। भौतिक संघर्ष और व्यक्तिगत विषमता से ऊपर उठकर आनन्द का वास्तविक स्वरूप उन्होंने मनु के द्वारा प्रस्तुत किया। 'कामना' नाटक में भी अनेक पात्र संघर्ष के पश्चात् अन्त में "ईश्वर और मनुष्य, राजा और प्रजा, शासित और शासकों का भेद विलीन कर विराट, जाति और देश के वर्णों से स्वच्छ होकर एक मधुर मिलन को क्रीड़ा के अभिनय की कामना करते हैं। स्मित, आनन्द, उषा और आशा का सम्मिलन उनका लक्ष्य है।"[34]

भारतीय वाङ्मय में कैलाश पर्वत शिव का साधना क्षेत्र है। यहीं से वे सृष्टि का निर्माण और विनाश करते हैं। मानस भारत का प्रसिद्ध 'मानसरोवर' ही प्रतीत होता है। महाकवि कालिदास ने 'कुमारसम्भव' के आरम्भ में हिमालय का भव्य चित्र प्रस्तुत किया है। वह देवताओं की भाँति पूजनीय है। प्रकृति के इस सुरम्य वातावरण में कवि ने शिव-पार्वती को प्रतिष्ठित किया। प्रसाद का मनु भी उसी स्थिति पर पहुँचता है। उसके 'शान्त तपोवन' तक जाकर सब आनन्द प्राप्त करते हैं। धर्म का प्रतिनिधि वृषभ शिवजी का नन्दी है जिसे शैवग्रन्थों में महत्त्वपूर्ण स्थान

प्राप्त है। शिव का यह वाहन शैवागम में भवसागर पार करने का एक उपाय माना गया है। वह धर्म का शुद्ध सात्विक रूप है जिसके द्वारा मानव का उद्धार सम्भव है। प्रसाद ने वृषभ को 'सोमवाही' की संज्ञा दी है। देवताओं के पेय के अतिरिक्त उसका सांकेतिक अर्थ भी लिया जा सकता है। समरसता को कवि ने आनन्द के रूप में भी ग्रहण किया है। आनन्दवाद की प्रतिष्ठा 'पूर्ण काम' के द्वारा होती है। इसी अवसर पर 'लास रास' भी होता है। प्रकृति और पुरुष का सम्मिलन आनन्द का सृजन करता है। प्रसादजी को आनन्दवाद की मूल प्रेरणा शैवागम से प्राप्त हुई। 'काव्य और कला' के 'रहस्यवाद' शीर्षक निबन्ध में कवि ने स्वयं इन्द्र को आत्मवाद का प्रतिनिधि मानकर शैव दर्शन के आनन्दवाद को अद्वैतवादी विचारधारा का ही एक रूप कहा है। प्रत्यभिज्ञादर्शन के अनुसार भी जीवन श्रद्धा के द्वारा आनन्द की उपलब्धि कर सकता है। शैवदर्शन का आनन्दवाद काम का ही पूर्ण विकसित रूप है। 'आनन्द' सर्ग में मनु इड़ा से कैलाशपर्वत की ओर संकेत करते हुए कहते हैं कि यहाँ पर कोई तापित और शापित नहीं है। शैवदर्शन भी आनन्दमय जगत मानता है। इस 'आनन्दवाद' में उपनिषदों की अद्वैत भावना का भी संयोग हो गया। शिव आनन्दरूप कल्याणकारी हैं, किन्तु उनमें 'द्वयता' का वास नहीं। शिव यदि आनन्दरूप है, तो ब्रह्म पूर्ण। शिव-शक्ति, आत्मा-परमात्मा का मिलन चिरन्तन आनन्द की सृष्टि करता है। श्वेताश्वतरोपनिषद् में रूद्र को लेकर अद्वैत भावना की प्रतिष्ठा की गयी :–**एको हि रुद्रो न द्वितीयाय तस्थुर्य इमांल्लोकानीशत इशनीभिः** (3/2)

'आनन्द' सर्ग का जीवनदर्शन उच्च भावभूमि पर प्रतिष्ठित है। उपनिषदों का अद्वैतवाद, शैवदर्शन की आनन्द कल्पना से समन्वित होकर उसमें प्रकट हुआ। श्रद्धा उसमें महत्त्वपूर्ण स्थान प्राप्त करती है। इस 'ज्योतिष्मती' के सहयोग से मनु अपने महान् आदर्श की स्थापना में सफल हुए। 'त्रिपुरारहस्य' के ज्ञानखंड (छठा अध्याय) में श्रद्धा की प्रशंसा मिलती है। इस प्रकार प्रसादजी काव्य के अन्त में एक महान् जीवन-दर्शन की प्रतिष्ठा करते हैं। 'कामायनी' का आनन्दवाद प्राचीन भारतीय दर्शन, विशेषतया शैवागमों से अनुप्राणित होकर भी व्यावहारिक है। मनु की भावी मानवता भौतिक और आध्यात्मिक दोनों दृष्टियों से सुखी रहने का प्रयत्न करती है। श्रद्धा और मनु कैलाश पर्वत पर केवल किसी तपस्वी की भाँति साधना में निमग्न ही नहीं हैं, वे 'संसृति की सेवा' करते हैं। 'कामायनी' के अन्त तक आता-आता कवि भावी मानवता के सम्मुख उस महान् आदर्श को प्रस्तुत कर देता है, जिसका अनुसरण कर वह जीवन के सुख और आनन्द को प्राप्त कर सके।

कथा-संयोजन

'कामायनी' की कथा का आधार पौराणिक एवं ऐतिहासिक है। शतपथ ब्राह्मण की जलप्लावन घटना से लेकर पुराणों में बिखरी हुई सामग्री तक का प्रयोग प्रसाद ने

किया। कथा-सूत्र में क्रम स्थापित करने के लिए कल्पना का भी आश्रय उन्होंने लिया। काव्य की महानता के लिए उन्होंने सुन्दर कथा की योजना की जो महाकाव्य की एक आवश्यकता है। कथा में स्वाभाविकता और नवीनता रखने की दृष्टि से प्राचीन ग्रन्थों में वर्णित लघु कथाओं को छोड़ दिया गया है। युगों पूर्व जन्म लेने वाली प्रथम मानवता में आधुनिक समस्याओं का समावेश इसी कारण सम्भव हो सका। 'कामायनी' के अन्तिम भाग में कवि ने कल्पना का अधिक प्रयोग अपने आदर्श-स्थापन हेतु किया। अधिकांश प्रबन्धकाव्यों का सृजन ऐतिहासिक आधार को लेकर इसी दृष्टि से होता है कि उस महान् अतीत पर कवि अपने नवीन आदर्श की प्रतिष्ठा कर सके। होमर के महान् काव्यों में प्रेम, वीरता की भावना होते हुए भी देवी-देवताओं के शाप और ऐतिहासिक युद्धों को स्थान मिला। दान्ते ने धार्मिक आधार के द्वारा सत्य का प्रतिपादन किया। शिव और पार्वती के प्रसिद्ध आख्यान के द्वारा 'कुमारसम्भव' की रचना में कालिदास ने युग के वैभव का भी चित्रण किया। 'इतिहास-प्रसिद्ध कथा एक साधन का कार्य करती है।'[35]

'कामायनी' में नवीन जीवनदर्शन की प्रतिष्ठा के कारण प्राचीन कथा का अल्पांश ही प्रसाद ने ग्रहण किया। कथा महत्त्वपूर्ण होते हुए भी वृहत् आकार की नहीं है। जलप्लावन, मनु-श्रद्धा का मिलन, अलगाव, इड़ा का प्रवेश, जन-संघर्ष आदि की सीमित घटनाओं से 'कामायनी' का निर्माण हुआ। कथा में उत्कर्ष, अपकर्ष लाने की दृष्टि से इड़ा मनु को बाग में मिलती है, अन्यथा शतपथ ब्राह्मण में वह पूर्व ही आ जाती है। संघर्ष को अधिक तीव्र करने की दृष्टि से मनु दो बार श्रद्धा को छोड़ते हैं। कवि ने इड़ा और मानव के सम्बन्ध को अधिक स्पष्ट नहीं किया। कथा के माध्यम से प्रसादजी ने दर्शन की स्थापना की है। श्रद्धा का सन्देश, मनु का आन्तरिक द्वन्द्व आदि के द्वारा उन्होंने सत्य का प्रतिपादन किया। इसका आधार भारतीय दर्शन है। समरसता और आनन्द की चर्चा में शैवदर्शन का सिद्धान्त स्पष्ट दिखाई देता है। शिव के तांडव और लास्य दोनों ही क्रमशः निर्माण और विनाश के रूप में 'कामायनी' में आये हैं। अद्वैत भावना की प्रेरणा उपनिषद् हैं। इन प्राचीन दार्शनिक सिद्धान्तों का वर्णन इतने काव्यात्मक स्वरूप में हुआ है कि सिद्धान्त और काव्य-दर्शन में अधिक अन्तर नहीं रह जाता। 'कवि का कार्य शिक्षक से भिन्न है। उपदेशक वाणी से जो कार्य करता है, वह कवि संकेत मात्र से कर डालता है।'[36] इसी कारण 'कामायनी' में प्रजातन्त्र, मनोविज्ञान आदि नवीनतम वस्तुएँ भी वर्णित हैं। दर्शन का काव्यात्मक संस्करण होकर भी उस पर कवि के जीवनानुभव तथा व्यक्तित्व की छाया है।

वास्तव में प्रसाद का मुख्य उद्देश्य अपने आशय की अभिव्यक्ति था, जिसके लिए उन्होंने अत्यन्त प्राचीन कथा को लिया जिसमें मानव का विकास वर्णित है। 'कामायनी' के पूर्व मनु तथा आदिमानव की कथा इतिहास, पुराण तथा धार्मिक

ग्रन्थों में बिखरी मिलती है। विश्व के प्राचीन धर्म किसी-न-किसी रूप में आदिमानव की कथा सँजोये हुए हैं। नूह, आदम, हौवा आदि इसी आदिसृष्टि से सम्बन्धित हैं। मानव के जन्म की आंशिक कथा का उल्लेख मिल्टन के पैराडाइज लास्ट, पैराडाइज रिगेन्ड तथा शेली के प्रोमेथियस अनबाउन्ड में हुआ। उनमें मानव की उत्पत्ति का एक आभास मात्र है। तेलुगु साहित्य में अलासनीपेना के 'स्वरोचिशामनुसम्भवम्' में आदिपुरुष के रूप में मनु को ही ग्रहण किया गया। वह विजयनगर नरेश कृष्णदेव का दरबारी कवि था। उसका काव्य मार्कण्डेय-पुराण की कथा के अधिक समीप है जिसमें चौदहवें मनु 'स्वरोचिशमनु' का उल्लेख मिलता है। उसमें एक ब्रह्मचारी प्रवरसिद्ध के आदेशानुसार हिमालय पर्वत पर जाता है। वह भटकता फिरता है कि हिम पिघलना आरम्भ हो जाता है और किसी प्रकार भी घर लौटना सम्भव नहीं प्रतीत होता। उसी अवसर पर उसकी भेंट गन्धर्वों की अप्सरा वरुद्धिनि से होती है जिसका उससे प्रेम हो गया।[37] इस कथा में पौराणिक चित्रण अधिक है। सम्भव है अन्य कवियों का ध्यान भी इस विश्व-प्रसिद्ध घटना की ओर गया हो, किन्तु किसी ने उसे आधुनिकतम रूप नहीं प्रदान किया। प्रसाद की 'कामायनी' इस दृष्टि से नवीन प्रयास है। कथा सामग्री के अतिरिक्त चरित्र भी उन्होंने प्राचीन ग्रन्थों से प्राप्त किये। मनु, श्रद्धा, इड़ा का नाम प्राचीन ग्रन्थों में मिलता है। 'कामायनी' के कवि ने केवल इनके ऐतिहासिक और पौराणिक रूप को ही ग्रहण नहीं किया, उसने इनमें नवीन प्राणप्रतिष्ठा की और उन्हें आधुनिक रूप प्रदान किया। मनु ऋषि के साथ साधारण उत्थान-पतन का मानव भी है। श्रद्धा मातृ-रूप है और नारी के सम्पूर्ण सौन्दर्य से पूर्ण भी। कथानक-विकास के साथ पात्रों का व्यक्तित्व कवि कल्पना का परिणाम है। उनके चरित्र-निर्माण में प्रसाद ने विशेष सफलता प्राप्त की।

'कामायनी' के पात्रों की सृष्टि जलप्लावन घटना के आधार पर हुई। इस कथा का वर्णन प्राचीनतम भारतीय ग्रन्थों में स्पष्ट रूप से प्राप्त नहीं। वेदों में इसका उल्लेख कालान्तर में हुआ। प्राचीन ऋग्वेद में यम-यमी सम्बन्ध को लेकर एक ऋचा है : 'ओ चित्सखायं सख्यावृत्यां तिरः पुरू चिदर्णव जगो' (ऋग्वेद 10/10)। 'अर्णव' शब्द के आधार पर ही जलप्रलय की कल्पना सम्भव नहीं। प्रसाद का विचार है कि 'वास्तव में ऋग्वेद का समय उस जलप्रलय के समय से पहिले का है। ऋग्वेद की ऋचाओं में उसका वर्णन नहीं मिलता, जैसा पीछे के अथर्व मंत्रों में उसका उल्लेख है। यह घटना ऋग्वेद से पीछे की है, अन्यथा उसमें भी जल-प्रलय का प्रसंग आता। अथर्ववेद (2/35) का 'अपन्नपात' जलशक्ति है।' प्रसाद ने जलप्लावन की घटना शतपथ ब्राह्मण से ग्रहण की। यह कथा अग्निपुराण, मत्स्य पुराण, महाभारत आदि में भी वर्णित है, किन्तु लगभग सभी शतपथ की भाँति हैं। 'कामायनी' का जलप्लावन ऐतिहासिक-पौराणिक स्वरूप के अतिरिक्त दार्शनिक दृष्टि से भी विचारणीय है। प्राचीन आलेखों में जलप्लावन सृष्टि के विनाश रूप में आता है। भारतीय दर्शन

के अनुसार प्रलय के दो भेद हैं, प्रलय तथा महाप्रलय। प्रलय के विषय में सांख्य का मत है कि तीनों गुण सत, रज, तम समानावस्था में आ जाते हैं। वैशेषिकों की धारणा है कि प्रत्येक वस्तु अणु-परमाणु में परिवर्तित हो जाती है। इस स्थिति में व्यक्ति की आत्मा गम्भीर निद्रा में निमग्न रहती है, यद्यपि पूर्वजन्म के व्यक्तिगत कर्मों का बन्धन अब भी बना रहता है। तंत्रालोक इसी स्थिति का समर्थन करता है। शैवदर्शन ने प्रलय पर अधिक विचार नहीं किया।[38] शैवदर्शन महाप्रलय को शंकर की इच्छा पर अवलम्बित मानता है। क्रमिक, अक्रमिक दोनों शक्तियाँ उसमें वास करती हैं। इस दशा में प्रत्येक वस्तु परमशिव में विलीन हो जाती है।[39] 'कर्म' इस महाप्रलय का कारण है। 'तिरोधान' के पश्चात् शिव के 'अनुग्रह' से पुनः सृष्टि का निर्माण सम्भव है। वह 'महाप्रलयान्तर सृष्टि' होती है। शैवदर्शन के अतिरिक्त अन्य दर्शन इसी कारण प्रलय की सत्ता स्वीकार करते हैं।[40] तन्त्रों में नियति और स्वातन्त्र्य शक्ति को महत्त्व दिया गया है। उनमें 'महाप्रलय' की स्थिति में विलीन हो जाने वाली प्रत्येक वस्तु का उद्धार किसी प्रकार सम्भव नहीं। महेश्वर पुनः नवनिर्माण करते हैं।

'कामायनी' के जलप्लावन अथवा प्रलय का कारण अस्पष्ट है। सम्भवतः वह देवताओं के अत्यधिक भोग-विलास से हुआ। प्रलय के पश्चात् मनु, श्रद्धा, इड़ा शेष रह जाते हैं। इसके अतिरिक्त सारस्वत प्रदेश के अनेक नागरिक हैं। साथ ही मनु स्वयं 'विराट' और 'विश्वदेव' की स्तुति करते हैं। 'चिन्ता' सर्ग के अन्त में प्रलय-निशा का प्रात होता है। इस दृष्टि से 'कामायनी' का प्रलय साधारण प्रलय है। शिव का तांडव नृत्य कवि ने क्रोध-प्रदर्शन के रूप में ही चित्रित किया, जो शतपथ ब्राह्मण में भी मिलता है।[41] प्रत्याभिज्ञादर्शन से अनुप्राणित रुद्र का तांडव और लास्य कवि ने अवश्य ग्रहण किया, किन्तु 'कामायनी' का प्रलय साधारण श्रेणी के अन्तर्गत है। प्रलय की दशा में सो जाने वाले कर्म को श्रद्धा जागरण देती है और सृष्टि का आरम्भ होता है। 'पंचभूत का तांडव नर्तन' ही 'कामायनी' का प्रलय है।

पात्र

जलप्लावन की मूल कथा ब्राह्मणों से लेकर प्रसादजी ने पात्रों की पौराणिक रूप-रेखा भी वहीं से ग्रहण की। चरित्रों को उदात्त स्वरूप प्रदान करने के लिए उन्होंने जलप्लावन से पूर्व के ग्रन्थों का सहारा लिया। मनु के ऋषि रूप, श्रद्धा की मातृत्व कल्पना तथा इड़ा के बुद्धिवाद की प्रेरणा ऋग्वेद से ली गयी है। चरित्रों का निर्माण अधिक व्यापक क्षेत्र पर हुआ है। कथा विकास में वे पौराणिक पुरुष की भाँति प्रतीत होते हैं पर प्रतीक रूप में विशेष मनोवृत्तियों का आभास देते हैं। इसके अतिरिक्त उनका अपना एक विशेष व्यक्तित्व है। इस प्रकार चरित्र-चित्रण में प्राचीन सामग्री, मनोवैज्ञानिक विश्लेषण तथा काव्य-कल्पना का सुन्दर समन्वय प्रतीत होता है। 'कामायनी' के पात्र

केवल पौराणिक बनकर नहीं रह जाते, वे युगों पूर्व होकर भी नवीनतम परिस्थितियों में चलते दिखाई देते हैं। प्रसाद ने यथार्थ और आदर्श के समन्वय से चरित्र-चित्रण किया। अनेक स्थलों पर बिखरी हुई पात्रों की रूपरेखा में कवि ने कल्पना का सहारा लिया और उन्हें मनोवांछित व्यक्तित्व दिया।

मनु

'कामायनी' में मनु के अनेक रूप हैं। आरम्भ में वे एक तपस्वी के रूप में चित्रित हैं। वे देवताओं के वंशज हैं, किन्तु देवत्व का अधिक मोह नहीं करते। उसकी अपूर्णता जान लेने के कारण वे उस वैभव-विलास में अधिक आस्था नहीं रखते। जलप्लावन के पश्चात् बच रहने वाला यह केवल 'आदिपुरुष' नहीं है। वह विशिष्ट मानव अवश्य है जो प्रलय में भी जीवित रहता है। 'चिन्ता' का मनु 'आशा' में यज्ञ करना आरम्भ करता है। वह अग्निहोत्र का अवशिष्ट अन्न भी कहीं दूर पर रख आता था। तपस्या में निमग्न मनु के हृदय में अनेक आकांक्षाएँ उदित होती हैं। उनमें एक से अनेक होने की भावना का संचार होता है। इसी के पश्चात् उसका श्रद्धा से मिलन होता है। मनु सौन्दर्य पर रीझ उठते हैं। 'काम' और 'वासना' में उनके साधारण मानव-स्वरूप के दर्शन होते हैं। शब्द, स्पर्श, रूप, रस, गन्ध से पूर्ण मधुपान उनकी चेतना को शिथिल कर देता है। जीवन का उपभोग करने की कामना बलवती होती है। स्नेह पर एकाधिकार के कारण मनु के हृदय में ईर्ष्या का उदय होता है। मनु हिंसक यजमान हो जाते हैं जो वैदिक कर्मकांडी का विकृत रूप है। वे पशुबलि और हिंसा करते हैं तथा आखेट में व्यस्त रहते हैं। किलात और आकुलि उन्हें पथ-भ्रष्ट करते हैं। यहीं से मनु का पतन आरम्भ होता है। वे घोर व्यक्तिवादी होकर कहते हैं :

यह जीवन का वरदान मुझे
दे दो रानी अपना दुलार
केवल मेरी ही चिन्ता का
तव चित्त वहन कर रहे भार।

प्रेम के विस्तार को विभाजन समझने वाले मनु ईर्ष्या से जल उठते हैं। वे नये सुख की खोज में निकल पड़ते हैं। 'इड़ा' सर्ग के आरम्भ में पश्चात्ताप करते हुए मनु अन्त में बुद्धिवाद को अपना लेते हैं। यही इड़ा उन्हें सारस्वतप्रदेश का प्रजापति बना देती है, पर इस रूप में मनु अधिक सफल नहीं होते। विज्ञानवाद और भौतिकता के आधार पर नवनिर्माण तथा शासन-व्यवस्था करने वाले मनु जनता को सन्तुष्ट नहीं कर पाते। वह सम्पन्न नगरी केवल भौतिक दृष्टि से ही विकसित है, प्रजा में आध्यात्मिक पुष्टि नहीं है। अतिचारी प्रजापति के विरुद्ध वह विद्रोह करती है। 'स्वप्न' की यह स्थिति 'संघर्ष' में अधिक स्पष्ट हो गयी। प्रजापति मनु नियामक

होकर भी नियम नहीं मानते। प्रजा से संघर्ष में वे पराजित हुए। 'निर्वेद' में वे पुनः श्रद्धा को स्वीकारते हैं, पर इस बार रूप की अपेक्षा गुण की ओर अधिक आकृष्ट हुए। 'दर्शन' और 'रहस्य' के मनु उस जिज्ञासु की भाँति हैं जो श्रद्धा की सहायता से जीवन का रहस्य जानना चाहते हैं। 'आनन्द' में मनु लगभग एक ऋषि रूप में प्रतिष्ठित हैं। उन्होंने सारस्वत नगरवासियों को जीवन का सत्य बताया। प्रलय के विक्षुब्ध तपस्वी मनु श्रद्धा की प्रेरणा से आनन्द के प्रचारक बनते हैं।

शतपथ ब्राह्मण के अनुसार मनु जलप्लावन में बच रहने वाले व्यक्ति हैं, जिन्होंने इड़ा के संयोग से सृष्टि का निर्माण किया। वे 'मनोरवसर्पण' स्थान पर उतरे जहाँ उन्होंने पाकयज्ञ आरम्भ किया, यहीं उन्हें इड़ा मिली।[42] इस कथा का समर्थन कालान्तर में निर्मित पुराणों की कथाएँ भी करती हैं। शतपथ के 'श्रद्धादेवो वै मनुः' पुराणों में विवस्वत हो जाते हैं।[43] देवी भागवत (10/10/1), श्रीमद्भागवत (9/1/11), शिवपुराण (उमा संहिता 25/4), हरिवंश पुराण (9/8), ब्रह्मवैवर्त (प्रकृति खंड 54/63) आदि में वे 'श्रद्धादेव रूप में प्रतिष्ठित हैं। शतपथ के मनु का स्पष्ट रूप नहीं प्राप्त होता किन्तु पुराणों के मनु सप्तम मन्वन्तर तथा सूर्यपुत्र हैं। वंश-परम्परा पर दृष्टि डालने से मनु तथा श्रद्धा के अनेक पुत्रों की सूची प्राप्त होती है। श्रद्धादेव मनु के दस पुत्र—इक्ष्वाकु, नृग, शर्याति, दिष्ट, धृष्ट, करुषथ, नरिष्यन्त, पृवध्र, नाभाग, कवि आदि का जन्म भागवत में प्राप्त है। प्रसाद की दृष्टि सम्भवतः इक्ष्वाकु पर है। भारत के प्रसिद्ध इक्ष्वाकु वंश से उसका सम्बन्ध है। 'कामायनी' का आरम्भिक रूप इन्हीं पौराणिक गाथाओं से प्रभावित है। मनु को वेदों में भी 'प्रथम अग्निहोत्र' करने वाला कहा गया है : योभ्यो होत्रां...।[44] इन्हीं मनु के द्वारा अनेक अन्य यज्ञ हुए। वे जड़, चेतन, सृष्टि के नियामक भी हैं। 'कामायनी' के मनु तप करने के साथ ही विश्वदेव, विराट, सविता के प्रति एक जिज्ञासा भी रखते हैं। आसपास बिखरी हुई प्राकृतिक विभूति उनमें कुतूहल का संचार करती है। उनके मन में उठने वाले प्रश्न में देवत्व की अपूर्णता से प्राप्त एक नवीन ज्ञान है। उनकी जिज्ञासा है कि :

वरुण आदि सब घूम रहे हैं
किसके शासन में अम्लान।

सम्भवतः किसी युग में इन प्रकृति शक्तियों के नियामक का रहस्यबोध न होने के कारण, इन्हीं को देवता रूप में स्वीकार किया गया। समस्त प्रकृति ही उपासना का विषय बन गयी। इन्द्र, वरुण, अग्नि, सूर्य आदि का पूजन होने लगा। मनु 'अनन्त रमणीय' को देखकर जान जाते हैं कि कोई विराट, विश्वदेव है। प्रसाद के इस विराट का जिज्ञासु मनु ऋग्वेद के उपासकों के अधिक समीप है। ऋग्वेद में प्रकृति की उपासना में अनेक ऋचाएँ प्राप्त हैं। एक स्थल पर कहा गया है : हिरण्यगर्भ... (10/121/1)। आगे की पंक्तियों में इसी 'कस्मै देवाय हविषा विधेम' की पुनरावृत्ति मिलती है। अन्य वैदिक ऋचाओं में भी देवताओं की सामूहिक उपासना का स्वर

प्राप्त होता है। 'कामायनी' का मनु वैदिक मनु की भाँति यज्ञ करता है। ग्रिफ़िथ ने ऋग्वेद के अनुवाद में उन्हें 'मानवता का पिता' स्वीकार किया है।[45] श्रद्धा मनु के जीवन में आकर उन्हें इस पद पर प्रतिष्ठित करती है। बाद में मनु का हिंसक स्वरूप सम्मुख आता है। शतपथ ब्राह्मण में मनु किलात और आकुलि के साथ हिंसात्मक प्रवृत्तियों में उन्मुख होते हैं। श्रद्धा ने मनु की आसुरी वृत्तियों को रोकने का प्रयास भी किया। इस प्रकार देव-दानव-संघर्ष का एक सांकेतिक रूप मिल जाता है जो भारतीय ग्रन्थों में अनेक रूपों में वर्णित है।

'ईर्ष्या' सर्ग में मनु श्रद्धा का परित्याग कर चल देते हैं और सारस्वत प्रदेश पहुँचते हैं। इड़ा उन्हें प्रजापति बना देती है जो प्राचीन काल में प्रजा का नियमन करता था। शतपथ ब्राह्मण के अनुसार मनु प्रजापति हैं।[46] पुराणों में भी उन्हें प्रजापति कहा गया।[47] 'मनुस्मृति' में आकर उनकी पूर्ण प्रतिष्ठा हुई। वे समाज में शान्ति व्यवस्था स्थापित करते हैं। उन्होंने धर्म का प्रणयन किया। मनुस्मृति में पूर्ण राजव्यवस्था का वर्णन मिलता है। विवस्वान मनु प्रजापति बनकर संचालन करते हैं।[48] यद्यपि ऋग्वेद में प्रजापति का उल्लेख है, किन्तु प्रसाद की राजनीतिक रूपरेखा मनुस्मृति के समीप है। 'कामायनी' में भौतिक हलचल से त्रस्त देश में मनु नवीन व्यवस्था स्थापित करते हैं। महाभारत के शान्तिपर्व में मनु को यही उत्तरदायित्व सौंपा गया था। मनु को प्रजापति रूप में चित्रित कर कवि ने आधुनिक समस्याओं पर विचार किया। इसी कारण मनुस्मृति का 'सर्वतेजमयो नृपः' राजभक्ति पाने में सफल होता है, पर सारस्वत प्रदेश का प्रजापति नहीं। कथा रूप में 'कामायनी' का प्रजापति शतपथ ब्राह्मण की भाँति है, किन्तु अपने गुणधर्म में वह मनुस्मृति के समीप होकर भी कवि की कल्पना से समन्वित है। प्रजापति यहाँ अतिचारी हो जाता है जिसके विरुद्ध प्रजा ने विद्रोह किया। इड़ा बारम्बार प्रजापति को समझाती है पर वे नहीं मानते। अन्त में मात्र भौतिकवाद पर अवलम्बित मनु का प्रजातन्त्र ध्वंस हो जाता है।

मनु का अन्तिम स्वरूप ऋषि के अधिक समीप है। आरम्भ का वैदिक स्वरूप पुनः प्रतिष्ठित होता है। 'चिन्ता' के जिज्ञासु मनु 'आनन्द' में स्वयं सारस्वत नगरवासियों को जीवन-दर्शन समझाते हैं। वेद में मनु ऋषि हैं। वे आनन्द मार्ग का पथ-प्रदर्शन करते हैं। उनसे प्रार्थना की गयी और ऋषि इसका उद्धरण देते हैं कि मनु पर विश्वदेव ने कृपा की। यही नहीं, उन्होंने मनु को अपना पिता भी स्वीकार किया और उन्हीं का अनुसरण करने की कामना प्रकट की।[49] ऋषिवर्ग मनु को आदर्श रूप में स्वीकार करता है। वे ब्रह्म तक जाने का मार्ग जानते हैं। वेदों में मनु का यह उदात्त स्वरूप पौराणिक गाथाओं में भी प्राप्त होता है। कथा के कारण वे यहाँ केवल ऋषि नहीं रहते, वरन् अन्य लौकिक गुणों से भी समन्वित हैं। 'कामायनी' में मनु अपने अन्तिम रूप में अद्वैत भावना तथा आनन्दवाद के प्रतिष्ठापक दिखाई देते हैं। सारस्वत निवासी भावी मानवता के रूप में उन्हीं को आदर्श स्वीकार कर लेते

हैं। इस प्रकार आनन्दवादी, आत्मवादी मनु वैदिक ऋषि की भाँति स्थान पाते हैं। मनु के विभिन्न रूपों के निर्माण में प्रसाद ने यत्र-तत्र बिखरी हुई सामग्री का उपयोग किया। वह साधारण मानव, प्रजापति, प्रेमी, हिंसक, ऋषि सभी कुछ हैं। अन्त में उनका उदात्तीकरण हुआ है। जो महामानव बनता है।

श्रद्धा

श्रद्धा ही कामायनी है। आदि से अन्त तक वह मनु का पथ-प्रदर्शन करती है। बिना उसके, जैसे मनु का अस्तित्व नहीं। वह शैवदर्शन की उस 'माया' की भाँति है जो आत्मा को शक्ति प्रदान करती है। मनु और श्रद्धा का सम्बन्ध ऋग्वेद में पति-पत्नी रूप में मिल जाता है।[50] 'कामगोत्रजा श्रद्धानामर्षिका' के अनुसार श्रद्धा कामायनी भी है; वह काम गोत्र की है। पुराणों में श्रद्धा से काम की उत्पत्ति मानी गयी। विष्णु, वायु, मार्कण्डेय आदि में इसका उल्लेख है। 'श्रद्धा या आत्मजः कामो दर्पो लक्ष्मीसुतः स्मृतः' आदि के अनुसार काम की उत्पत्ति श्रद्धा द्वारा हुई।[51] इस अन्तर्विरोध से काम के व्यापक महत्त्व का आभास मिलता है। काम की परम्परा सम्भवतः इतनी विस्तृत होगी कि उसमें इस प्रकार की स्थिति हो सकती है। श्रद्धा की वंश-परम्परा में अनेक सन्तानों का उल्लेख प्राप्त होता है। प्रसाद के श्रद्धा के कामायनी रूप को ग्रहण किया। शतपथ ब्राह्मण के 'श्रद्धादेवो वै मनुः' का स्वरूप भागवतपुराण में भी प्राप्त है। प्रसाद ने श्रद्धा के पौराणिक स्वरूप की अपेक्षा उसके गुणों पर अधिक ध्यान दिया। वह काव्य का सर्वोत्तम चरित्र है और समस्त कल्पना उस पर आश्रित है। ऋग्वेद में श्रद्धा की भावमूलक व्याख्या है : **प्रियं श्रद्धे ददतः प्रियं श्रद्धेददतः प्रियं श्रद्धे दिदासतः (10/152/2)**

श्रद्धा की स्तुति अन्यत्र भी मिलती है। वह सूर्य की पुत्री रूप में ऋग्वेद में प्रतिष्ठित है।[52] उपनिषदों का दर्शन श्रद्धा पर अवलम्बित है। छान्दोग्योपनिषद् 'आस्तिक बुद्धि' कहकर उसे जीवन के लिए आवश्यक मानता है। भारतीय दर्शन और विचारधारा में श्रद्धा उस भावना के रूप में स्थान प्राप्त करती है जिसके बिना आनन्द की प्राप्ति सम्भव नहीं। कथा-योजना में प्रसाद ने इसी आदर्श की पूर्ति के लिए उसके भावात्मक पक्ष को प्रधानता दी। 'कामायनी' में श्रद्धा अमृतधाम, सर्वमंगले आदि उपाधियों से विभूषित है। कवि ने इस निर्माण में दर्शन की भी सहायता ली है। वेदों में श्रद्धा 'ऋषिका' है। उपनिषद् उसे 'आस्तिक बुद्धि' की मानते हैं। शैवदर्शन उसमें मातृत्व की कल्पना करता है। गीता ने उसके तीन विभाजन किये। श्रद्धा केवल दर्शन का रूपान्तर मात्र नहीं रह जाती। उसमें नारी-सुलभ सौन्दर्य, सुकुमारता तथा वात्सल्य भी है और वह एक सचेतन शक्ति बन गयी है। उसमें श्रद्धा का तत्त्व अपने सर्वोत्तम स्वरूप में निहित है। न्यू टेस्टामेन्ट में स्वीकार किया गया है कि मनुष्य श्रद्धा, विश्वास से गतिमान होता है, दृष्टि से नहीं।[53] कवीन्द्र रवीन्द्र ने श्रद्धा की

कल्पना उस पंछी की भाँति कर ली जो प्रकाश का आभास पाकर अन्धकारमय रजनी में भी गाता रहता है। प्रसाद ने श्रद्धा अथवा कामायनी के रूप में 'शक्तिरूपा' को प्रस्तुत किया। मनु श्रद्धा द्वारा जीवन के आनन्दवाद तक जाता है। श्रद्धा के गुण का एक आभास ब्रह्मवादी के शब्दों में प्राप्त होता है। वह मणिमाला से कहता है, "माँ तुम शक्तिरूपा हो, अन्तर्निहित आनन्द की अग्नि प्रज्ज्वलित करो। सब मलिन कर्म उसमें भस्म हो जाएँगे। उस आनन्द के समीप पाप आने से डरेगा।"[54]

इड़ा

इड़ा सारस्वत प्रदेश की रानी है। वह मनु को प्रजापति बनाती है। शतपथ ब्राह्मण की कथा का आंशिक रूप ही प्रसाद ने ग्रहण किया। 'कामायनी' में वह मनु की 'दुहिता' नहीं है। उसका जन्म अवशिष्ट अन्न से भी नहीं हुआ। वह जलप्लावन के पश्चात् ही मनु को नहीं प्राप्त होती। कवि ने नैतिकता तथा स्वाभाविकता की दृष्टि से इस कथांश को त्याग दिया। शतपथ ब्राह्मण के अनुसार मनु ने सन्तान की कामना से पूजन-तप आरम्भ किया। जल में घृत, दधि, अभिक्षा आदि की आहुति होने लगी। एक वर्ष पश्चात् एक बाला की उत्पत्ति हुई। उसके चरणों में घृत था। मार्ग में उससे मित्र-वरुण की भेंट हुई। उसने स्वयं को मनु की कहर कर उन दोनों के भाग को नहीं स्वीकार किया। मनु के निकट आकर उसने स्वयं को दुहिता कहा। अनन्तर मनु-इड़ा से सृष्टि का विकास हुआ।[55] पुराणों में इड़ा की उत्पत्ति भी उसी प्रकार हुई, किन्तु यहाँ मनु ने पुत्र की इच्छा से मित्र-वरुण के अंश की आहुति यज्ञ में दी। इड़ा ने मित्र-वरुण की कन्या कहकर बुध से सम्बन्ध किया, उसी से पुरुरवा हुआ। वही सुद्युम्न बन गयी। श्रीमद्भागवत (9/1), हरिवंश (10), शिव (उमासंहिता, 36), ब्रह्मपुराण (7) आदि में यह कथा प्राप्त है। 'कामायनी' में स्वाभाविक रीति से मनु मलयाचल की बाला के सौन्दर्य की ओर आकृष्ट होते हैं। शतपथ ब्राह्मण में मनु सुन्दरी दुहिता को देखकर आलिंगन करने लगे थे; तभी रुद्र ने तृतीय नेत्र खोला था। 'कामायनी' में 'आत्मजा प्रजा' के आलिंगन के कारण रुद्र हुंकार उठे। 'स्वप्न' में रुद्र का क्रोध दिखाई देता है, किन्तु 'संघर्ष' में समस्त प्रजा अपनी रानी पर अत्याचार होते देखकर विद्रोह करती है।

शतपथ ब्राह्मण में केवल देवता ही रुष्ट हुए। 'कामायनी' की प्रजा के विद्रोह का राजनीतिक कारण भी है। मनु ने यन्त्रों से उनकी प्रकृत शक्ति छीनकर, शोषण से उनके जीवन को जर्जर कर दिया था। आगे चलकर प्रसाद ने इड़ा को करुणा से मंडित किया। वह श्रद्धा के समक्ष स्वयं को अपराधी मान लेती है। इड़ा इस दृष्टि से शतपथ के निकट है। वहाँ इड़ा और श्रद्धा लगभग बहिन के समान हैं। बुद्धि के प्रतिनिधि रूप में उसका चित्रण करने की प्रेरणा प्रसाद को 'इड़ामकृण्वन्मनुष्यस्य शासनीम्' आदि ऋग्वैदिक मन्त्रों से प्राप्त हुई। 'इड़ा शब्द की व्युत्पत्ति से बुद्धि,

वाणी आदि का आभास मिलता है। कोषग्रन्थों में उसका सम्बन्ध विद्या, बुद्धि से स्थापित हो जाता है।' वंश-परम्परा के अनुसार बुद्धि अथवा इड़ा पुराणों में श्रद्धा की भगिनी है। दम्पति स्वायंभुव तथा शतरूपा से चार सन्तानें हुईं। कन्या प्रसूति ने दक्ष से परिणय किया, उनसे चौबीस कन्याएँ हुईं। श्रद्धा, लक्ष्मी, धृत्ति, तुष्टि, मेधा, पुष्टि, क्रिया, बुद्धि, लज्जा, वपु, शान्ति, सिद्धि और कीर्ति तेरह कन्याओं से धर्म ने विवाह किया। धर्म ने बुद्धि से बोध नामक बालक को जन्म दिया। इस कथा का वर्णन विष्णु, वायु, कूर्म, मार्कण्डेय आदि पुराणों में मिल जाता है।[56] सारस्वत प्रदेश की रानी रूप में इड़ा का परिचय प्राचीन ग्रन्थों में प्राप्त नहीं। वेदों में उसका अन्य रूप मिलता है।[57] कामायनी के मनु बुद्धिवाद को अपनाकर सारस्वत प्रदेश के प्रजापति हुए। 'बुद्धि का विकास, राज्य स्थापना इत्यादि इड़ा के प्रभाव से मनु ने किया।' प्रसाद ने इड़ा के रूप की कल्पना इसी बुद्धिवाद के आधार पर की। 'बिखरी अलकें ज्यों तर्क जाल' से उस बुद्धिमयी का चित्र प्रस्तुत होता है :

वह विश्व मुकुट-सा उज्ज्वलतम शशिखंड सदृश था स्पष्ट भाल

. . . .

वक्षस्थल पर एकत्र धरे संसृति के सब विज्ञान ज्ञान।

मनु-इड़ा संघर्ष की प्रेरणा शतपथ में वर्णित वाक् तथा मन के वाद-विवाद से प्राप्त हुई। वे दोनों ही अपने महत्त्व की स्थापना का प्रयत्न करते हैं।[58] कवि ने इस विवाद को काव्यात्मक रूप प्रदान किया। त्रिबली, त्रिगुण तरंगमयी का स्पष्ट उल्लेख मूल ग्रन्थों में उपलब्ध नहीं। ऋग्वेद में सरस्वती, इड़ा, भारती का वर्णन एक साथ हुआ है। वे तीनों ही देवियाँ हैं।[49] कवि की इड़ा में इनका समन्वय होता है। नारी के सौन्दर्य की चर्चा करते समय प्राचीन कवियों ने उसके शरीर में 'तीन बल' का वर्णन किया है। इस 'चंचल मलयाचल की बाला' के प्रति मनु का आकर्षण था। इड़ा के चरित्रनिर्माण में प्रसाद को कल्पना का अवलम्ब ग्रहण करना पड़ा।

श्रद्धा-मनु के सम्बन्ध का सामीप्य विद्वान् यमी-यम कथा से भी स्थापित करते हैं। उनके अनुसार यम-यमी का सम्बन्ध लगभग 'कामायनी' के मनु और श्रद्धा की भाँति है। सम्भव है अनेक प्राचीन ग्रन्थों में बिखरी हुई कथा में तारतम्य स्थापित करने के लिए प्रसाद ने इससे भी परोक्ष प्रेरणा प्राप्त की हो। मनु और यम दोनों ही विवस्वान पुत्र, ऋषि, प्रथम यज्ञकर्ता, मानव के पिता, प्रथम मनुष्य आदि रूपों में प्रतिष्ठित हैं। उनमें दो-चार विभेद भी हैं। श्रद्धा और यमी दोनों सूर्य-कुमारी हैं। घटना की दृष्टि से भी 'कामायनी' के कई वर्णन यम-यमी कथा के निकट प्रतीत होते हैं।[60] स्वयं प्रसाद ने 'आमुख' में कोई संकेत नहीं किया, इस कारण दोनों कथाओं में सामीप्य स्थापित करना सम्भव नहीं। इसी प्रकार पुरुरवा-उर्वशी की कथा को इड़ा-मनु के निकट रखना भी कठिन है। प्रसाद ने सम्बन्ध-निर्वाह के लिए प्राचीन कथा का आलम्बन अवश्य ग्रहण किया, किन्तु उसे अधिक-से-अधिक मानवीय बनाने का प्रयत्न किया। इसी कारण इड़ा

और कुमार के सम्बन्ध अधिक स्पष्ट न हो सके। पौराणिक प्रमाण भी इस विषय में मौन हैं। प्राचीन आलेखों में इड़ा और श्रद्धा भगिनी रूप में चित्रित हैं। 'कामायनी' में वे एक-दूसरे से विरोधी प्रकृति की हैं। 'दर्शन' सर्ग में उनका पारस्परिक सद्भाव बढ़ता है। कुमार अथवा मानव को भावी मानवता के प्रथम प्रसून रूप में कवि ने स्थान दिया है। ऋग्वेद में नाभानेदीष्ठ अथवा मानव ही मनु का पुत्र है।[61] मनु की अनेक सन्तानों में 'कामायनी' में केवल एक को ग्रहण किया गया। मनु का पुत्र मानव तथा अन्त में मानवता का विकास एक रूपक रूप में सार्थक है।

'कामायनी' की कथा-योजना का आधार भारतीय ग्रन्थों में बिखरी हुई सामग्री है। 'आमुख' में शतपथ ब्राह्मण, ऋग्वेद, छांदोग्य उपनिषद आदि का उल्लेख स्वयं कवि ने किया है। इसके अतिरिक्त अन्य प्राचीन ग्रन्थों में इस कथा से सम्बन्धित घटनाएँ प्राप्त होती हैं। कवि ने वास्तव में एक बिखरी हुई सामग्री का प्रयोग किया। पात्रों की प्राचीनता जीवित रखने के साथ ही उनमें नवीन योजना तथा प्राण-प्रतिष्ठा भी करनी थी। सजीवता की रक्षा के लिए प्रसाद ने उनमें भावों को संगृहीत कर दिया। उनकी व्यक्तिगत चारित्रिक विशेषताएँ उन्हें प्रतिनिधित्व प्रदान करती हैं। 'कामायनी' एक सुन्दर रूपक के रूप में भी प्रस्तुत हो सकती है। मनु मन का प्रतीक है; श्रद्धा उसका हृदय और इड़ा बुद्धि पक्ष हैं। श्रद्धा का वास्तविक मूल्य न जानने वाला मन इधर-उधर भटकता है। अन्त में इसी के द्वारा उसे आनन्द-प्राप्ति होती है।

'कामायनी' की कथा-योजना इस प्रकार की है कि उसको कई रूपों में प्रस्तुत किया जा सकता है। वह आदि मानवता का विकास है। एक मनोवैज्ञानिक रूपक की दृष्टि से उसमें मनोविकारों की क्रमिक व्यवस्था भी प्राप्त हो सकती है। मानवता के इतिहास में इनका महत्त्वपूर्ण स्थान है। मनु का अन्तर्द्वन्द्व आधुनिक मानव का संघर्ष-सा प्रतीत होता है। अतिरिक्त बुद्धिवाद और भौतिकवाद के द्वारा जीवन में आनेवाली विभीषिकाएँ काव्य में चित्रित हुई हैं। 'कामायनी' कवि की अन्तिम और अन्यतम साधना का परिणाम है। उसमें सांस्कृतिक, ऐतिहासिक, और सामाजिक परम्परा को बाँधने का प्रयत्न प्रसाद ने किया है। महान् काव्यों की कथा-योजना में घटनाओं की प्रधानता मिलती है। कालिदास का 'रघुवंश' इसका सर्वोत्कृष्ट उदाहरण है। सूर्य के पुत्र वैस्वत मनु से लेकर अग्निवर्ण तक की दीर्घ परम्परा का समावेश उन्होंने किया। पाश्चात्य काव्यों में भी वस्तु अथवा सामग्री अधिक रहती है। दान्ते की डिवाइन कामेडी वर्णन की दृष्टि से कवि की महान् वर्णनात्मक शक्ति का परिचायक है। 'कामायनी' की घटना इतनी विस्तृत नहीं, वह इंगितों के द्वारा आगे बढ़ती है और उसमें दीर्घता की अपेक्षा गाम्भीर्य अधिक है। 'रघुवंश' यदि एक विस्तृत राजपथ है तो कामायनी एक मनोरम वीथी। राजपथ के सौन्दर्य का परिचय दूर तक चले जाने से प्राप्त हो जाता है, किन्तु वीथी की सुकुमार शोभा ठहर-ठहर कर देखनी पड़ती है, तब जी भरता है।

सन्दर्भ

1. जे. जाली : रेडियोएक्टिविटी एंड सर्फ़ेस हिस्ट्री आफ़ अर्थ, पृ. 2
2. का. ना. प्र. स. : कोशोत्सव स्मारक संग्रह, 'प्राचीन आर्यावर्त और उसका प्रथम सम्राट' लेख
3. डी. एन. वाडिया : जियालाजी आफ़ इंडिया, पृ. 224
4. ज़ाइनर : डेटिंग द पास्ट, पृ. 334
5. आर. डी. रानाडे : ए कॉन्स्ट्रक्टिव सर्वे आफ़ उपनिषदिक फ़िलासफ़ी, पृ. 77
6. वारेन : पैराडाइज फाउंड, 5/5, पृ. 250
7. राबर्ट ओ. बेलोन : बाइबिल आफ़ द वर्ल्ड, पृ. 469
8. संडे स्टैंडर्ड : 17 फरवरी, 1952
9. द इपिक आफ़ गिलगमेश : केन्टो 11
10. द बाइबिल आफ़ द वर्ल्ड (सं.) : पृ. 628
11. जेल्डर (अनु.) : सांग वैनिडाड, पृ. 208
12. अविनाशचन्द्र दास : ऋग्वेदिक इंडिया, पृ. 560
13. का. शतपथ ब्राह्मण : 3/3/4/3, 10/5/2/20 ऐतरेय ब्राह्मण : 1/27
14. ऋग्वेद : 10/63/7,8
15. विष्णु पुराण : 1/7/11
16. वायु पुराण : 10/34; तैत्तरीय ब्राह्मण : 2/8/8
17. ऋग्वेद : 2/10/129
18. के. सी. पाण्डे : इंडियन एस्थेटिक्स, पृ. 345
19. ऋग्वेद : 1/41/8, 7/86/6
20. शतपथ ब्राह्मण : 1/8/1/5-7
21. ऋग्वेद : 1/13/11
22. का. ना. प्र. स. : कोशोत्सव स्मारक संग्रह, पृ. 174
23. शतपथ ब्राह्मण : 7/4/1
24. ऋग्वेद : 1/114/1, 4/3/6
25. श्वेताश्वतरोपनिषद : 3/2
26. शतपथ ब्राह्मण : 1/7/4
27. ताण्ड्य ब्राह्मण : 2/8/10
28. फतेहसिंह : कामायनी-सौन्दर्य, पृ. 151
29. भागवत पुराण : 4/1/49,50
30. निरुक्त : 9/3/31
31. त्रिपुरारहस्य : 17/1
32. त्रिपुरारहस्य : ज्ञानखंड, 17/1
33. प्रसाद : काव्य और कला, पृ. 27
34. प्रसाद : कामना, पृ. 98

35. एबरक्राम्बी : द इपिक, पृ. 39
36. वार्सफ़ोल्ड : जजमेंट इन लिटरेचर, पृ. 67
37. पी. टी. राजू (सं.) : तेलुगु लिटरेचर, पृ. 32
38. के. सी. पाण्डे : अभिनवगुप्त, पृ. 230
39. राधाकृष्ण : इण्डियन फ़िलासफ़ी, खंड 2, पृ. 726
40. वेदान्तसूत्र : शांकरभाष्य, 407
41. शतपथ ब्राह्मण : 1/7/4/3
42. वही, 1/8/1
43. विष्णुपुराण : 3/1/30
44. ऋग्वेद : 1/44/11, 3/34/3
45. द हिम्स आफ़ ऋग्वेद (सं.) : खंड 1, पृ. 61
46. शतपथ ब्राह्मण : 1/7/4/1
47. वाजसनेयिसंहिता : 11/66
48. मनुस्मृति : 7/3
49. ऋग्वेद : 8/20,30
50. वही, 10/11/151
51. तैत्तरीय ब्राह्मण : 2/8/8/8
52. ऋग्वेद : 9/113/3
53. न्यू टेस्टामेंट : कारिन्थियन्स, 5/7
54. प्रसाद : इरावती, पृ. 59
55. शतपथ ब्राह्मण : 1/8/17-10
56. विष्णु पुराण : 1/7; वायु पुराण : 10; कूर्म पुराण : 8; मार्कण्डेय पुराण : 50
57. ऋग्वेद : 8/11/4,
58. शतपथ ब्राह्मण : 4/5/1
59. ऋग्वेद : 8/11/4
60. फतेहसिंह : कामायनी-सौन्दर्य, पृ. 177
61. द हिम्स आफ़ ऋग्वेद (सं.) : खंड 2, पृ. 467

चिन्तन पक्ष

प्रसादजी मननशील रचनाकार हैं और उनका गम्भीर अध्ययन काव्य में आभासित होता है। प्राचीन भारतीय ग्रन्थों से उन्होंने 'कामायनी' कथा की प्रेरणा प्राप्त की, इसके अतिरिक्त उसके दार्शनिक निरूपण में भी भारतीय दर्शन का योग है। काव्य में चिन्तन पक्ष जीवन की समस्याओं पर विचार करता है। आदिमानव के उत्थान-पतन का चित्रण करते समय कवि ने उसके द्वारा अपने चिन्तन को प्रस्फुटित किया। चिन्तन कवि के मनन का परिणाम होता है वह उसके मस्तिष्क से अधिक सम्बन्ध रखता है। भावुकता और बौद्धिकता के दोनों पक्षों का समन्वय कर कवि काव्य-रचना करता है। उसका हृदय भावुकता की ओर जाता है, किन्तु बुद्धि की प्रवृत्ति अन्वेषण की ओर रहती है। भाव और चिन्तन पर विशेष ज़ोर देते हुए कोलरिज ने कहा था, "कवि के हृदय और मस्तिष्क में निकटतम समन्वय तथा प्रकृति की विशाल विभूति से सामीप्य होना चाहिए।" कवि की परिभाषाओं से स्पष्ट है कि कवि-कर्म में कई वस्तुओं का समाहार है। कवि अपने अध्ययन द्वारा इस दृष्टिकोण का प्रसार करता है। यों तो प्रत्येक समर्थ कवि का दर्शन होता है किन्तु अनुभवी कलाकार चिन्तन के क्षेत्र में आगे बढ़ जाता है।

काव्य में किसी ज्ञानराशि को समाविष्ट करना किसी कुशल कलाकार का ही कार्य है। अन्य व्यक्तियों की भाँति उसे सिद्धान्त-प्रतिपादन, विचार-प्रदर्शन का अवसर अधिक नहीं प्राप्त होता। वह परिव्राजक, उपदेशक नहीं बन सकता। उपन्यास के लम्बे वक्तव्यों तथा नाटक के कथोपकथनों का अवलम्ब उसे प्राप्त नहीं। उसे सूक्ष्म और सांकेतिक शैली से कार्य करना पड़ता है और कल्पना के झीने आवरण में चिन्तन को रखना पड़ता है। भावना के आधार पर सृजन करने वाले कवि को काव्य में स्थायित्व लाने के लिए चिन्तन की आवश्यकता होती है। बड्र्सवर्थ के अनुसार कवि इस अवसर पर शिक्षक हो जाता है। चिन्तन भावना का अधिक बौद्धिक रूप है। ध्यान रखने की बात यह है कि बौद्धिक प्रवृत्ति से पूर्ण चिन्तन कहीं मूल भावों पर आरोपित न हो जाय अन्यथा कवि उपदेशक हो जाएगा। सांकेतिक एवं सूक्ष्म शैली का प्रयोग करने के अतिरिक्त कवि को ध्वनि और लक्षणों का भी अवलम्बन ग्रहण करना पड़ता है। काव्य में लक्षणा-ध्वनि और नाद-सौन्दर्य का विशेष महत्त्व है।

साधारण लेखक जिस आशय की अभिव्यक्ति अभिधा से करता है, कुशल कलाकार उसी के लिए लक्षणा और व्यंजना का प्रयोग करता है। जीवन और जगत से प्रेरणा ग्रहण करने वाला कवि अपने चिन्तन के द्वारा एक प्रकार का प्रतिदान करता है। वह संसार से प्रेरणा प्राप्त करता है, अन्त में काव्य के चिन्तन से उसे एक नवीन आदर्श लौटा देता है। कवि और जगत का यह विनिमय चिन्तन द्वारा होता है। "भाव को अपना बनाकर सर्वसाधारण का बना देना—यही साहित्य है, यही ललित कला है।"[1] जिस कवि का चिन्तन जितना प्रौढ़ और विस्तृत होता है वह उतना ही अधिक दीर्घजीवी होता है।

प्रसादजी अध्ययनशील व्यक्ति थे। 'कामायनी' का कथानक स्वयं इस सत्य की पुष्टि करता है। उन्होंने इसकी कथायोजना में वेद, पुराण, ब्राह्मण आदि कई प्राचीन ग्रन्थों की सहायता ली। अत्यन्त प्रसिद्ध कथा को नवीन रूप प्रदान करने में उन्होंने चिन्तन पक्ष को प्रौढ़ बनाया है। जलप्लावन और मानवता के इतिहास को दृष्टि में रखकर जिन ग्रन्थों का निर्माण विश्वसाहित्य में हुआ, उनमें से प्रायः अधिकांश धर्म-इतिहास आदि की कोटि में आते हैं। इस इतिहास-प्रसिद्ध घटना का काव्यात्मक संस्करण 'कामायनी' ने प्रस्तुत किया। केवल ऐतिहासिक विवरण प्रस्तुत कर देना कवि का कर्म नहीं है, उसका पर्यवेक्षण तथा भावी मानवता के लिए सन्देश-दान भी प्रसाद का प्रयोजन है। मानव के आदि रूप को लेकर उसका 'मनोवैज्ञानिक इतिहास' प्रस्तुत करते हुए उन्होंने कुछ समस्याओं को उठाया है और उसका समाधान भी किया है। इस चिन्तन में प्राचीन भारतीय दर्शन से लेकर आधुनिक मनोविज्ञान तक आ जाते हैं। कवि ने पात्रों को मांसलता प्रदान करने का प्रयत्न किया। प्राचीनतम व्यक्तियों के द्वारा उसे अपने युग का दिग्दर्शन भी कराना था। उन्होंने एक महान् कलाकार की भाँति युगों की बिखरी हुई सामग्री को एक सूत्र में बाँधा। कथा-योजना की इस क्षमता के साथ प्रसाद को चिन्तन का बल प्राप्त था। नाटकों में इतिहास के भग्नावशेषों पर निर्मित एक नवीन चिन्तन देखा जा सकता है। 'कामायनी' में भी इतिहास के द्वारा कवि ने चिन्तन-पक्ष का निर्माण किया। स्वयं अरस्तू ने अपने काव्यशास्त्र में इतिहासकार और कवि का अन्तर स्पष्ट करते हुए कहा कि, "काव्य इतिहास की अपेक्षा अधिक दार्शनिक तथा गम्भीर होता है। काव्य सार्वभौमिक वस्तु को ग्रहण करता है, इतिहास विशेषोन्मुख होता है।" प्रसाद भारतीय इतिहास से सांस्कृतिक-दार्शनिक प्रवृत्तियों का ग्रहण अधिक करते हैं।

देवत्व और दानवत्व

कामायनी मानवता के रूपक का चित्रण करती है। उसके केन्द्र में मनुष्य है। आरम्भ से अन्त तक मनु रंगमंच पर दिखाई देता है। स्वयं कवि ने कहा है :

चेतना का सुन्दर इतिहास
अखिल मानव भावों का सत्य
विश्व के हृदय पटल पर दिव्य
अक्षरों से अंकित हो नित्य

मानवता की प्रतिष्ठा कवि ने एक क्रमिक विकास द्वारा की है। आरम्भ में देवसृष्टि के विनाश का चित्र है। देवताओं की रूपरेखा प्राचीन भारतीय ग्रन्थों में अनेक रूपों में प्राप्त है। सृष्टि का विभाजन ही देव-दानव के आधार पर किया गया। इन्द्र देवताओं के सम्राट माने गये तथा समय-समय पर अनेक असुरों ने अपने पक्ष का प्रतिनिधित्व किया। ऐतिहासिक दृष्टि से विचार करने पर देवताओं का सर्वप्रथम स्वरूप ऋग्वेद में प्राप्त होता है। उनके अपार बल के सम्मुख दानव एक क्षण भी नहीं ठहर पाते। द्यावापृथ्वी भी उनसे परास्त है, पृथ्वी में कम्पन मच जाता है (ऋ. 2/12/13)। यह समग्र विश्व देवेन्द्र के अधिकार में है (ऋ. 3/30/5)। देवराज सुवर्ण आभूषण पहिनकर आकाश में नक्षत्र की भाँति प्रकाशित हैं (ऋ. 2/34/2)। देवताओं का यह शौर्य और पराक्रम अपनी सीमा का अतिक्रमण भी कर जाता है। स्वयं वेदों में इस उच्छृंखलता के चिह्न प्राप्त होते हैं। देवतागण निर्दयतापूर्वक शत्रुओं का रक्तपात करते हैं (ऋ. 1/51/5)।

वैदिक युग में ही देवताओं के महान् आदर्श हिलते हुए दिखाई देते हैं। पुराणों में आकर देव-दानव संघर्ष ने प्रबल रूप धारण किया। यत्र-तत्र बिखरी हुई कथाएँ इस बात को प्रमाणित करती हैं कि देव-दानव संघर्ष का कारण दोनों की अधिकार-लिप्सा थी। कदाचित् इस संघर्ष के मूल में दो संस्कृतियों, जीवन-धाराओं या जीवन-दृष्टियों का द्वन्द्व है। देवताओं की बढ़ती हुई भौतिक कामनाओं की चर्चा पुराणों में अनेक स्थलों पर बिखरी हुई है। ब्राह्मण ग्रन्थों में भी देवत्व का स्वरूप अधिक निष्कलंक नहीं कहा जा सकता। देवों के गन्धर्व वर्ग का क्षेत्र अत्यन्त व्यापक है। उसके अन्तर्गत अग्नि, चन्द्रमा, सूर्य, आदित्य आदि आते हैं (श. ब्रा. 9/4/1/7,8 आदि)। ये गन्धर्व, आदित्य, वरुण आदि की प्रजा हैं तथा अत्यन्त यौवनमय एवं सुन्दर हैं।[2] गन्धर्व-लोक की कल्पना देवताओं के निवासस्थान के समीप की गयी है। ये लोग रूप के उपासक हैं तथा अप्सरा भी उनके साथ रहती है।[3] देवताओं की विलासिता में उनके पेय सोम, मधु, मद आदि को प्रमुख स्थान प्राप्त है। वेदों में प्रयुक्त 'सघमादों' शब्द से भी उनके सामूहिक आमोद-प्रमोद का आभास मिलता है। इन्द्र के उदर में तो सोम के हेतु एक सिन्धु के समान स्थान की कल्पना की गयी (ऋ. 1/30/3)। देवताओं का स्वरूप क्रमशः विकृत होता हुआ प्रतीत होता है। वेदों में देवताओं को सर्वोच्च स्थान प्राप्त है और इसी कारण उनकी प्रशंसा की गयी। वहाँ उनके कई रूप हैं, पर ब्राह्मण ग्रन्थों में हिंसा, सुरा आदि का उल्लेख मिलता है।[4]

देवताओं की भाँति दानवों की भी चर्चा भारतीय ग्रन्थों में प्राप्त है। नमुचिसंहार

अथवा वृत्रवध के अतिरिक्त अन्य घटनाएँ वेद, ब्राह्मण, पुराण, में मिलती हैं। ऋग्वेद में यद्यपि देवताओं के भोग-विलास के संकेत दिखाई देते हैं, किन्तु सुरापान, क्रोध, पाँसा खेलना आदि पाप समझा जाता है (ऋ. 7/ 86/6)। ऋग्वेद का पाकयज्ञ अन्न से ही अधिक सम्बन्धित है। उसमें हिंसा का स्थान कम है। मनु ने 'कामायनी' के आरम्भ में यही पाकयज्ञ किया था जो ऋषियों के अनुकूल है। उसी का अवशिष्ट अन्न दूर बहकर जाया करता था। किलात-आकुलि के आने पर मनु ने पशुबलि आरम्भ की। इस समय देवताओं के वंशज मनु असुरों के निकट सम्पर्क में आने के कारण हिंसा की ओर प्रवृत्त होते हैं। ऋग्वेद में जिन वस्तुओं की निन्दा की गयी है, उसमें सुरा का समर्थन उशिज् के पुत्र कक्षीवान ऋषि करते हैं। उनकी वंश-परम्परा में सभी व्यक्ति किसी-न-किसी रूप में आसुरी वृत्तियों का वर्णन करते हैं। मेकडानल के अनुसार अश्विन देवता को सुरापान के कारण देवताओं ने उचित स्थान से वंचित किया।[5] दानवों की मुख्य प्रवृत्तियाँ हिंसा, पशुबलि तथा भौतिक सुख की कामना आदि हैं। देव-दानव संघर्ष एक सांस्कृतिक रूप में हुआ। अधिकांश विद्वानों का विचार है कि भारत में आर्यों-अनार्यों का युद्ध देवासुर-संग्राम से सम्बन्ध रखता है। असुरों के सम्पर्क में आने के कारण सम्भवतः देवताओं की रूपरेखा में किंचित परिवर्तन हुए, अन्यथा उसके पूर्व ऋग्वेद में उनका पवित्र और उदात्त स्वरूप ही प्राप्त होता है। उशना, कक्षीवत्, वसुक आदि असुर-पुरोहितों ने मांसभक्षण, पशुबलि, सुरापान आदि की प्रशंसा की। देवताओं में आसुरी वृत्तियों के आने से उनका नैतिक धरातल नीचा हो गया। उन्होंने स्वयं अपने परिष्कार का प्रयत्न किया। 'अनंपशवः' आदि से भी स्पष्ट है कि वैदिक युग के पाकयज्ञ में जो पशुबलि होने लगी थी, उसी की पुनर्स्थापना का प्रयास हुआ। 'अशिव इव पाड्एष भक्षो यत्सुरा ब्राह्मणस्य' में सुरापान की निन्दा की गयी।[6] देवता, दानव तथा उनके संघर्ष के विषय में प्राचीन भारतीय ग्रन्थों में पर्याप्त सामग्री है। पुराणों में इस विषय ने कथा का रूप ग्रहण किया। किन्तु इस ऐतिहासिक विवेचन के अतिरिक्त देव-दानव विषय का दार्शनिक पक्ष भी है। उपनिषदों में इस संघर्ष पर विस्तार से विचार किया गया। इस प्रकार देवासुर विषय का ऐतिहासिक, सांस्कृतिक और दार्शनिक स्वरूप दिखाई देता है।

'कामायनी' में देव दानव की समस्या आरम्भ से ही दिखाई देती है। देवताओं का उच्छृंखल और अपूर्ण रूप कवि ने चित्रित किया है। देव-सृष्टि के विनाश का कारण मनु अत्यधिक भोग-विलास बताते हैं। 'देव-दम्भ' के कारण समस्त वैभव विलीन हो गया। देवता उन्मत्त विलास में मग्न थे। सुर-बालाओं का श्रृंगार होता था। वासना की सरिता बहती थी। क्रमशः शान्त होने वाले प्रलय को देखकर मनु उस देव-सृष्टि का कल्पना-चित्र प्रस्तुत करता है। उसकी स्मृति सजीव हो उठती है। 'चिन्ता' सर्ग में देवताओं का विकृत चित्र दिखाई देता है। वह एक प्रकार की अतृप्ति थी। मधुमय चुम्बन और देवकामिनी के साथ पशुयज्ञ की भी चर्चा है। देवताओं का यह

विलासी चित्र प्राचीन भारतीय ग्रन्थों के उस रूप के अधिक समीप है जब देवताओं का सम्पर्क दानवों से हो चला था। धीरे-धीरे उनमें भी आसुरी वृत्तियों का प्रवेश होने लगा। 'कामायनी' में किलात और आकुलि मनु को पथभ्रष्ट करती हैं जिसका वर्णन शतपथ ब्राह्मण में है। मनु वास्तव में देवताओं के ही वंशज हैं किन्तु मानवता का विकास करते हैं। वे देवयोनि की दुर्बलताओं की याद करके सिहर उठते हैं। देवताओं की अपूर्णता के साथ दानवों की भौतिक लिप्सा की ओर भी 'कामायनी' में संकेत किया गया है। किलात-आकुलि नामक असुर-पुरोहित मनु को हिंसक कर्म में नियोजित करते हैं। मनु पाकयज्ञ के स्थान पर पशुयज्ञ आरम्भ कर देते हैं।

ये ही किलात और आकुलि मनु के विरुद्ध विद्रोह करने वाली प्रजा का नेतृत्व करते हैं। मनु उसी अवसर पर कहते हैं कि इन दोनों को मैंने अपना समझ कर अपनाया था और ये ही उत्पात मचा रहे हैं। श्रद्धा एक वैदिक ऋषि की भाँति मनु के ऊपर होने वाले असुरों के सांस्कृतिक प्रभुत्व को समाप्त करने का प्रयत्न करती है। मनु जब हिंसक यजमान हो जाते हैं तो वह उन्हें पथभ्रष्ट होने से रोकती है। श्रद्धा कहती है कि अपने सुख को विस्तृत कर सभी को सुखी बनाओ। इस प्रकार पौराणिक देवासुर कथानक का एक लघु संस्करण 'कामायनी' में मिल जाता है। कवि ने देवताओं की अपूर्णता तथा दानवों की भौतिक लिप्सा के ऊपर मानव की प्रतिष्ठा की है। देव-दानव दोनों अपूर्ण थे :

था एक पूजता देह दीन
दूसरा अपूर्ण अहन्ता में अपने को समझ रहा प्रवीन
दोनों का हठ था दुर्निवार दोनों ही थे विश्वासहीन

'कामायनी' में देव-दानवों के सांस्कृतिक-दार्शनिक पक्ष का ग्रहण अधिक है। कवि का कहना है कि देव-दानव दोनों अपूर्ण हैं। इन दोनों से ऊपर उठी हुई मानवता का चित्रण ही 'कामायनी' का मुख्य विषय है। स्वयं आदिपुरुष मनु 'सुरश्मशान' में साधना करते हैं। वे बारम्बार उस उच्छृंखलता और भोग-विलास की ओर संकेत करते हैं। कवि ने मनु को भावी मानवता के प्रतिष्ठापक रूप में चित्रित किया है। मानवता के कल्याण के लिए देवत्व के प्रति उतना आग्रह नहीं, जितना कि एक स्वस्थ्य जीवन-दर्शन का। दार्शनिक दृष्टि से मनुष्य के अन्तरतम में द्वन्द्व चलता रहता है। दैवी और आसुरी वृत्तियाँ निरन्तर संघर्ष करती हैं। देव और असुर एक ही प्रजापति की सन्तान हैं।[7] इसके लाक्षणिक अर्थ से भी मानव में दोनों वृत्तियों का समावेश है।

मन की कोई अचेतन शक्ति उसे नीचे की ओर ले जाती है। मानव के अन्तर-प्रदेश का यह संघर्ष गतिमान रहता है। मनु मानव और मन के प्रतिरूप हैं। उनके हृदय में मानसिक झंझावात चलता रहता है। देवताओं का पतन तथा असुर पुरोहित का आना तो केवल एक कथागत क्रम है, किन्तु विश्लेषण से स्पष्ट होता है

कि आदिपुरुष आजीवन अपनी चेतना से युद्ध करता रहा। उसका जीवन मानसिक उथल-पुथल का एक केन्द्रीभूत स्वरूप है। मानव के मन में उठने वाली भावनाएँ उसमें मिलती हैं। उसका रूप कभी-कभी तो क्षण-क्षण में परिवर्तित होता है। केवल मनु ही नहीं, कवि प्रसाद के अधिकांश पात्र इसी झंझावात को लेकर चलते हैं। मानव का स्वाभाविक रूप ही कवि ने लिया है और मन का सूक्ष्म विश्लेषण उनके साहित्य का महत्त्वपूर्ण स्वर है। केवल भौतिक धरातल पर ही नहीं, किन्तु उनकी दृष्टि जीवन की पूर्ण इकाई पर है। जीवन भर शत्रुओं से युद्ध करने वाला राष्ट्रसेवी स्कन्दगुप्त अपने प्रेम में पराजित हुआ। स्वयं चाणक्य ने सुवासिनी से प्रेम किया था। 'ध्रुवस्वामिनी' में कोमा कहती है कि "मनुष्य के हृदय में देवता को हटाकर राक्षस कहाँ से घुस आता है।" इस प्रकार मनुष्य का अन्तःसंघर्ष मनु द्वारा प्रस्तुत किया गया है।

देव-दानव के मानसिक संघर्ष की प्रहेलिका भारतीय दर्शन की भी समस्या रही है। मानव स्वयं पाप नहीं करना चाहता। अनेक प्रकार के आकर्षण उसे अवनति की ओर ले जाते हैं। मानव की चेतना और ज्ञान उनसे संघर्ष करते हैं। उपनिषदों में देव-दानव वृत्तियों के विश्लेषण में लम्बे-लम्बे वाद-विवाद मिलते हैं। आत्मा पर सविस्तार विचार करने वाले उपनिषद् उसका सूक्ष्मतम रूप प्रस्तुत करते हैं। मैत्री उपनिषद् में उसे शारीरिक रथ का सारथी कहा गया है।[8] आत्मा का निर्विकार और तटस्थ रूप उसे सर्वोपरि और सर्वव्यापी रूप प्रदान करता है। कठोपनिषद् के अनुसार इस सर्वशक्तिमयी आत्मा की शक्ति का आभास मात्र मिलते ही मानव का दुख विलीन हो जाता है।[9] मनु का प्रयत्न आत्मोपलब्धि या स्वयं को पहचानने के लिए है। उपनिषद् आदि का दार्शनिक आधार ग्रहण करते हुए मनु के मन में चेतन और जड़ का संघर्ष प्रदर्शित किया गया है। आत्मा के अन्तर्गत दिति, अदिति, अन्धकार, प्रकाश आते हैं। मनु का वास्तविक चेतन ही श्रद्धा है। मांडूक्य उपनिषद् चेतना के चार चरण वैश्वानर, तेजस, प्रज्ञा और ओ३म् मानता है। प्रसादजी ने मानव का अंकन करने के लिए स्वाभाविक रूपरेखा का अधिक ध्यान रखा है। इस दृष्टि से श्रद्धा के उदात्त चरित्र को ही यह स्थान प्राप्त हो सकता है। वह मन की चेतना है, जो मनु अथवा मन को ऊपर उठाना चाहती है। वह देव-दानव संघर्ष से ऊपर उठकर एक नया सामंजस्य स्थापित करने वाली है। यों संघर्ष तो कभी मरता नहीं :

'देवों की विजय दानवों की
हारों का होता युद्ध रहा
संघर्ष सदा उर अन्तर में
जीवित रह नित्य विरुद्ध रहा।'

आधुनिक मनोविज्ञान व्यक्ति को इच्छा का केन्द्र मानता है। इच्छा के साथ भावना का उदय और अन्त होता है। एक ओर मनु का चरित्र यदि मनोविज्ञान से

प्रभावित है तो श्रद्धा आत्मा के अधिक समीप है। इस प्रकार प्रसादजी की दृष्टि देव, दानव से भिन्न मानव पर थी। इस उद्देश्य की पूर्ति के लिए उन्होंने देवत्व और दानवत्व दोनों की अपूर्णता दिखलाई है। मानव ही पूर्ण है और यही कामायनी की मानववादी दृष्टि है।

मानववादी दृष्टि

मानव की रूपरेखा निर्धारित करने में कवि ने कल्पना का आश्रय ग्रहण किया। उसमें जीवनानुभव और चिन्तन का सम्मिलन हो गया है। सर्वप्रथम ध्वस्त देवत्व पर मानवता की स्थापना है। नयी मानवता देवताओं के भोग-विलास का परित्याग कर चुकी है। मनु आरम्भ में पाकयज्ञ करने का आयोजन करते हैं। उनकी यह क्रिया देवताओं से भिन्न है। पाकयज्ञ की कामना में तप की भावना अधिक है :

जलने लगा निरन्तर उनका अग्निहोत्र सागर के तीर
मनु ने तप में जीवन अपना किया समर्पण होकर धीर।

इस अवसर पर जो 'सुर संस्कृति' सजग होती है उसमें कर्ममयी शीतल छाया है। मनु के अन्तर में जिज्ञासा का उदय होता है कि 'जैसे हम बचे हुए हैं, क्या आश्चर्य कि कोई का और भी अपनी जीवनलीला रचे हो।' इसी आशा से वे अग्निहोत्र का अवशिष्ट अन्न कहीं दूर पर रख आते थे कि इससे कोई अपरिचित तृप्त होगा। मनु के मन में एकान्त के कारण जिन मानसिक वृत्तियों का उदय होता है उसका मनोवैज्ञानिक विश्लेषण मन के रहस्यों का उद्घाटन करता है। 'कामायनी' मानवता के उस विकास को लेती है जिसमें उठती-गिरती मानवता निरन्तर गतिमान रहती है। मानव का अन्तःविश्लेषण करते हुए प्रसादजी ने उसमें अनेक भावनाओं को चित्रित किया। निर्जन में मनु के मन में विचार आते-जाते हैं। वह कहता है :

कब तक और अकेले कह दो हे मेरे जीवन बोलो
किसे सुनाऊँ कथा कहो मत, अपनी निधि न व्यर्थ खोलो।

'एकोऽहं बहुस्याम' भावना किंचित् मनोवैज्ञानिक रीति से इन पंक्तियों में प्रस्फुटित हुई है। श्रद्धा के आगमन के साथ मनु की प्रवृत्तियों में परिवर्तन होता है। वह मनु की जड़ता समाप्त कर देती है। उन्हें दया, माया, ममता, मधुरिमा और अगाध विश्वास से स्नेहप्लावित करती है। सहानुभूति का सम्बल पाकर मनु कर्म की ओर प्रवृत्त होते हैं। श्रद्धा मनु में एक नवीन भावना को जन्म देती है। उसकी इच्छा है, 'मानवता विजयिनी हो।' प्रसादजी अन्त में मानवता की विजय घोषित करते हैं। पूर्ण मानव का चरित्रांकन उनका प्रतिपाद्य है। नारी के आगमन के पश्चात् मानव के मन में काम, वासना का उदय होता है। भोग-विलास की लिप्सा में वह एक बार पुनः पथभ्रष्ट हो जाता है। आस-पास बिखरी हुई प्रकृति की विभूति से सन्तुष्ट न रहने वाला प्राणी पशुओं की हत्या आरम्भ कर देता है। उसकी इस अतृप्ति को आसुरी

वृत्तियाँ, भौतिक आकर्षण और भी अधिक उद्दीप्त करते हैं। पशुओं का आखेट करने वाला मनु हिंसा में बद्ध हो जाता है। श्रद्धा मानव-मन की वह चेतना शक्ति है जो उसे पतन से रोकने का प्रयत्न करती है। किन्तु "पाप पंक में लिप्त मनुष्य की मुक्ति कठिन है। मनुष्य जब एक बार पाप के नागपाश में फँसता है तब वह उसी में और भी लिपटता जाता है। उसी के गाढ़े आलिंगन, भयानक परिरम्भण में सुखी होने लगता है। पापों की शृंखला बन जाती है। उसी के नये-नये रूपों पर आसक्त होना पड़ता है।"[10] एक साधारण-सी लिप्सा मनु के सुन्दर रूप को विकृत कर देती है। यह स्थिति बिगड़ती चली जाती है। उनका दृष्टिकोण संकुचित हो जाता है। वे श्रद्धा अथवा अपनी चेतना का ही परित्याग कर देते हैं। मनु बुद्धिवाद से जीवन की प्रहेलिका को सुलझाना चाहता है। आस-पास अनेक भौतिक उपकरण तथा विलास की सामग्री जुटाकर वह हृदय पर बुद्धि का शासन स्थापित करता है।

मनु की परिवर्तित दिशा के चित्रण में प्रसादजी को आधुनिक अनियन्त्रित बुद्धिवाद से उत्तेजना प्राप्त हुई। बुद्धिवाद की प्रतीक इड़ा समृद्धिशाली राज्य की अधिष्ठात्री है। वह पश्चात्ताप से भरे हुए मनु को राज्य-संचालन का भार सौंप देती है। भौतिक दृष्टि से मनु सम्पन्न हो जाता है। अनेक प्रकार के सुख-साधन एकत्र हो जाते हैं, किन्तु स्वयं उसकी अतृप्ति अब भी बनी हुई है। इस सुप्त वासना का जागरण भयावह है। मनु स्वयं बुद्धि पर शासन करना चाहता है। बुद्धिवाद से निर्मित समस्त प्रजा इस अवसर पर विद्रोह करती है। श्रद्धा के आगमन के साथ मनु में एक नवीन आशा का उदय होता है। पश्चात्ताप से क्षुब्ध वह पुनः अपने मानसिक झंझावात में भाग खड़ा होता है। किन्तु चेतन श्रद्धा पुनः मनु को खोज लेती है। अन्त में यह चेतन शक्ति आत्मा, उन्हें जीवन की पूर्णता से परिचित कराती है। मानव-जीवन की सर्वसम्पन्नता कामायनी का लक्ष्य है। प्रसादजी मानवता को सर्वोपरि मानते हैं। उन्होंने मानव की बहुमुखी शक्तियों को संगृहीत और समन्वित करके उसे आनन्द दिया। इस विषय में उनका मत है कि "पृथ्वी का गौरव स्वर्ग बन जाने से नष्ट हो जाएगा। इसकी स्वाभाविकता साधारण स्थिति में ही रह सकती है। पृथ्वी को केवल वसुन्धरा होकर मानव जाति के लिए जीने दो। अपनी आकांक्षा के कल्पित स्वर्ग के लिए, क्षुद्र स्वार्थ के लिए, इस महती को, इस धरती को नरक न बनाओ, जिसमें देवता बनने के प्रलोभन में पड़कर मनुष्य राक्षस न बन जाय।"[11] मानवत्व की प्रतिष्ठा में प्रसाद ने उसे देवत्व से भी उच्च बना दिया। 'कामायनी' में मानव के यथार्थ स्वरूप को आदर्श से समन्वित किया गया है। वह भौतिक एवं आन्तरिक दोनों दृष्टियों से सम्पन्न होगा। कवि ने जीवन की सम्पूर्ण इकाई को लेकर विचार किया। मानव को पूर्ण बनाने के लिए स्वयं श्रद्धा भी उसे बुद्धिवादी इड़ा के पास छोड़ जाती है। किन्तु इस बुद्धि का अपनी सीमा का उल्लंघन करना अनुचित है। श्रद्धा वह सन्तुलन-शक्ति है जो मानव को पूर्ण बनाती है। मन, मनु और मानव की

पूर्णता ही उन्हें आनन्द तक ले जाती है।

मनु और श्रद्धा

मानव मन के दो पक्ष हैं, हृदय और बुद्धि। हृदय की प्रतीक श्रद्धा है, बुद्धि का प्रतिनिधित्व इड़ा करती है। आरम्भ में श्रद्धा, तदनन्तर इड़ा का प्रवेश होता है। दर्शन के अनुसार पिंडांड में अन्न, प्राण, मन, विज्ञान, आनन्द पंचकोश हैं। इनके उपविभाग भी किये गये हैं। आनन्दमय कोश को सर्वोपरि स्थान प्राप्त है क्योंकि यहीं पर शिव-शक्ति, माया-ब्रह्म, प्रकृति-पुरुष की अद्वैतावस्था रहती है। विज्ञानमय कोश द्वैत का परिचायक है। इसमें शक्ति और शिव अथवा माया और ब्रह्म एक-दूसरे से पृथक हो जाते हैं। मनोमय कोश से अन्नमय कोश तक मन मननशील रहता है। आनन्दमयकोश तक मन अथवा मनु को श्रद्धा के अवलम्बन द्वारा पहुँचा देना प्रसाद का लक्ष्य है :

स्वप्न, स्वाप, जागरण भस्म हो
इच्छा, ज्ञान, क्रिया मिल लय थे
दिव्य अनाहत पर निनाद में
श्रद्धायुत मनु बस तन्मय थे!

'चिन्ता' सर्ग के मनु की प्रतिष्ठा कवि ने 'एक तत्त्व की ही प्रधानता' के वातावरण में की है। आसुरी वृत्तियों के उदय के साथ मनु मैं और तुम के पाश में आ जाते हैं। इड़ा इस भेदक बुद्धि को और भी बढ़ा देती है। इसका भयंकर परिणाम संघर्ष होता है। अन्त में श्रद्धा ही पुनः समन्वय प्रस्तुत करती है। श्रद्धा हृदय अथवा मन की सात्विकी प्रवृत्ति है, जो जीवन को कल्याण की ओर ले जाती है। बिना श्रद्धा और विश्वास के मानव पग-पग पर सन्देह करेगा। श्रद्धा के ऐतिहासिक और दार्शनिक विवेचन से भी स्पष्ट है कि जीवन में उसका महत्त्व असंदिग्ध है। ऋग्वेद संहिता के दशम मंडल के एकादश अनुवाक् का सौ इक्यावनवाँ सूक्त श्रद्धा को ऋषि रूप में प्रतिष्ठित करता है। इस मंत्र के 'श्रद्धा' शब्द का भाष्य सायणाचार्य ने 'पुरुषगतो अभिलाष विशेषः श्रद्धा' (मानव की विशेष अभिलाषा) किया है। वेदों में श्रद्धा को उच्च स्थान प्राप्त है। ब्राह्मण ग्रन्थ भी इसका समर्थन करते हैं। स्वयं शतपथ ब्राह्मण में श्रद्धा सर्वगुण सम्पन्न है। कालान्तर के भागवत, विष्णु, मत्स्य, मार्कण्डेय पुराण आदि के आख्यानों में भी इसकी पुनरावृत्ति मिलती है। शैवग्रन्थों में भी श्रद्धा की महिमा है। त्रिपुरारहस्य कहता है :

श्रद्धा हि जागतां धात्री श्रद्धा सर्वस्य जीवनम्।
अश्रद्धा मातृविषये बालो जीवेत् कथ वद्।

(ज्ञानखंड अध्याय 7, श्लोक 7)

श्रीमद्‌भगवद्‌गीता के सत्रहवें अध्याय के आरम्भ में अर्जुन कृष्ण से प्रश्न करते

हैं : हे कृष्ण, जो व्यक्ति श्रद्धा सहित, शास्त्र-वर्णित विधि का परित्याग कर, यजन करते हैं, उनकी निष्ठा अथवा मनःस्थिति किस प्रकार की है—सात्विक, राजस अथवा तामस? कृष्ण ने उत्तर दिया : स्वभावतः प्राणी की श्रद्धा सात्विक, राजस, तामस तीन प्रकार की होती है। सभी की श्रद्धा अपने सत्त्व तथा प्रकृति के अनुरूप हुआ करती है। पुरुष श्रद्धामय है। श्रद्धा के अनुसार ही वह निर्मित होता है।

'श्रद्धा' शब्द का विश्लेषण उसे गौरवान्वित स्वरूप प्रदान करता है। प्रसाद ने मन में उसकी स्थिति का प्रवेश ऐसे अवसर पर कराया है जब वह जड़ था। मन को श्रद्धा के कारण चेतना मिली। दया, माया, ममता, मधुरिमा और अगाध विश्वास श्रद्धा में वास करते हैं। मन का पथ-प्रदर्शन करने वाली यह सूक्ष्म वृत्ति स्वयं अपने सात्विक रूप का उद्‌घाटन करती है। मन जब इसे नहीं पहिचान पाता तभी उसे कष्ट होता है। मनु का मन श्रद्धा के वास्तविक स्वरूप से अनभिज्ञ रहा, और स्थिति यह रही कि मनु ने स्वयं विचार किया—**सौन्दर्य जलधि से भर लाए, केवल तुम अपना गरल पात्र।**

श्रद्धा वह चेतन शक्ति है जो मन को एकाग्र करने का प्रयत्न करती है। मन की सुषुप्त शक्ति का जागरण भी उसका लक्ष्य है। मन हिंसक कर्मों में प्रवृत्त होकर पशुबलि आदि से अपनी इन्द्रिय-लिप्सा की पूर्ति करता है, श्रद्धा उसे रोकती है। मन अत्यन्त चंचल है, वह पवन से भी अधिक वेगवान है। श्रद्धा उस पर अपनी सम्पूर्ण सहृदयता से शासन करती है। श्रद्धा के अभाव में विभीषिकाएँ आरम्भ हो जाती हैं। विश्वास उठते ही मन की उच्छृङ्खलता बढ़ जाती है, वह बिखर जाता है। इन्द्रियाँ इधर-उधर भागने लगती हैं। पतन के साथ ही मन का संघर्ष होता है। वह परास्त होकर पुनः श्रद्धा की ओर आता है। श्रद्धा उसे आनन्द का दान देती है। 'कामायनी' में मनु अथवा मन का आनन्दवादी पक्ष यही सात्विकी श्रद्धा है। मन संकल्प-विकल्पात्मक है। बुद्धि का कार्य विश्लेषण तथा परीक्षण है। वह मन पर शासन और नियन्त्रण रखती है। किन्तु यदि मन उस पर अधिकार करना चाहता है, तो वह विद्रोह कर देती है। मनु ने स्वयं बुद्धि की अधिष्ठात्री इड़ा का नियामक होना चाहा, इसी कारण संघर्ष हुआ। बुद्धि मन के ऊपर है : 'इन्द्रियाँ बलवान हैं। इनके ऊपर मन है। मन से भी परे बुद्धि है। जो बुद्धि से परे है, वही आत्मा है।'

ज्ञान बाह्य जगत के बोध का सुन्दर साधन है, किन्तु वह साध्य नहीं बन सकता। जब मस्तिष्क मन पर राज्य करने लगता है, तभी बुद्धि का अतिवाद आरम्भ हो जाता है। मनुष्य का विचार की सीमा तक विवेकी होना उचित है, किन्तु बुद्धिवादी होकर वह तार्किक बन जाता है। आत्मा अथवा सत्य का बोध केवल बुद्धि से नहीं हो सकता। उसके लिए मस्तिष्क ही नहीं, हृदय के भी नेत्र खोलने होंगे। मन के बुद्धि पक्ष का सन्तुलन श्रद्धा द्वारा ही सम्भव है। गीता में कहा गया है कि

'श्रद्धावांल्लभते ज्ञानं' (4/39) का शुद्ध स्वरूप समझने के लिए श्रद्धा की अपेक्षा है। श्रद्धा को जीवन में महत्त्वपूर्ण स्थान प्राप्त है। किन्तु बुद्धि पक्ष की पूर्णतया अवहेलना सम्भव नहीं। श्रद्धा यदि अन्तर्मुखी वृत्ति है तो इड़ा बहिर्मुखी। अन्तर तथा बाह्य मिलकर ही जीवन को पूर्ण बना सकते हैं। मन की स्वस्थता के लिए भी हृदय और मस्तिष्क दोनों का सहयोग अपेक्षित है। जब तक मानव मन की द्विघात्मक स्थिति रहती है, वह शान्ति नहीं पाता। मन के दोनों पक्षों में समन्वय आवश्यक है। श्रद्धा और भक्ति का अन्धानुकरण मन को अन्धविश्वासी बना सकता है। इसी कारण सात्विकी श्रद्धा का ग्रहण ही मंगलमय है। विवेक सर्वोपरि है। हृदय की दुर्बलता अनेक बुराइयों का सृजन करती है। मन प्रवृत्तियों का अनुचर हो जाता है। क्योंकि : **मन की परवशता महादुःख।**

हृदय आत्मप्रवंचना और छल करने में भी कुशल है। 'आकाशदीप' की चम्पा कहती है—"जब मैं अपने हृदय पर विश्वास नहीं कर सकी, उस ने धोखा दिया, तब मैं कैसे कहूँ?"[12] शुद्ध आत्मवृत्ति श्रद्धा मन को उचित मार्ग में नियोजित करती है। बुद्धि पक्ष अहंभावना का सृजन भी करता है। विकल्पात्मक बुद्धि तर्क-वितर्क करती है। किन्तु इससे तो सत्य की प्राप्ति नहीं होती : **बुद्धि तर्क के छिद्र हुए थे/ हृदय हमारा भर न सका।**

अहम् की तृप्ति के लिए मन बुद्धि का आश्रय ग्रहण करता है, किन्तु इससे व्यभिचार बढ़ता है और अन्त में संघर्ष होता है। मनु की यही स्थिति हुई थी। जब तक मन अहंकार में डूबा रहता है, उसे शान्ति नहीं मिलती। बुद्धि, तर्क और विकल्प ज्ञान की उस सीमा तक ही मन की सहायता कर सकते हैं जब तक उस पर श्रद्धा अथवा हृदय नियन्त्रण करते रहें। तर्क से सत्य छुई-मुई हो जाता है। उसके स्पर्श मात्र से वह क्षण भर में मुरझा जाता है। तर्क तो अपना मन निश्चित कर लेता है। बुद्धि सर्वप्रथम सिद्धान्त बना लेती है, अनन्तर उसकी पुष्टि करती है :

सदा समर्थन करती उसकी
तर्कशास्त्र की पीढ़ी
ठीक यही है सत्य यही है
उन्नति सुख की सीढ़ी।

सत्य शब्द गहन होता जाता है। अकेली बुद्धि सत्य का उद्‌घाटन करने में असमर्थ रहती है। मानव मन अपनी ही महत्त्वाकांक्षाओं में पराजित होता है। जीवन के प्रति यह विकल्पात्मक, तार्किक, केवल बुद्धिवादी दृष्टिकोण अनुचित है। मन की यह बुद्धि वृत्ति उसकी भौतिक समृद्धि में सहायक हो सकती है, किन्तु सर्वांगीण विकास सम्भव नहीं। मनु को हिंसात्मक प्रवृत्ति से जो कष्ट हुए उनका कारण बुद्धिवाद का अवलम्बन है।

मनोजगत

कामायनी में मन के विश्लेषण की प्रधानता है। मानव मन का प्रतीक मनु इस चिन्तन का आधार है और उसके माध्यम से मन की स्थिति का उद्‌घाटन होता है। वास्तव में मन वह केन्द्रस्थल है जहाँ से प्रत्येक वस्तु का आरम्भ होता है। सब कुछ मन की क्रीड़ा है। सुख-दुःख, आशा-निराशा आदि की अनुभूति उसी पर निर्भर है। अनेकरूपता के कारण मानव मन एक भीषण प्रहेलिका रहा है। बिम्बसार के अनुसार, "मानव हृदय में भी एक रहस्य है, एक पहेली है। जिस पर क्रोध से भैरव हुंकार करता है, उसी पर स्नेह का अभिषेक करने के लिए प्रस्तुत रहता है।"[13] आत्मा की विस्तृत विवेचना करने वाले उपनिषद् उसे सर्वोच्च स्थान देते हैं। आत्मा निर्विकल्प, शुद्ध और महान् है। आत्मा को एक उच्च धरातल पर ले जाने के पश्चात् मन, चित्त, बुद्धि, अहंकार आदि की भी कल्पना की गयी। उपनिषदों में मन की मनोवैज्ञानिक व्याख्या भी प्रस्तुत की गयी। छान्दोग्य उपनिषद् (6/7) में मन अन्नमय, प्राण जलमय तथा वाक् तेजोमय है। मन में संकल्प, इच्छा आदि की शक्ति रहती है। पंचमकारों में उसे भी एक स्थान प्राप्त है। उसकी चंचल गति के कारण उस पर प्रतिबन्ध की आवश्यकता है। छान्दोग्योपनिषद् में अत्यन्त काव्यात्मक रीति से इसका वर्णन है। "डोर में बँधा हुआ पंछी दिशि-दिशि में भटकता रहता है। अन्यत्र शरण न पाकर अन्त में अपने स्थान को लौट आता है। इसी भाँति मन भी इधर-उधर भटककर अन्त में प्राण का आश्रय ग्रहण करता है।"[14]

मन को वश में करने के अनेक उपाय भिन्न-भिन्न दर्शनों में मिलते हैं। इन्द्रियों से सम्बन्ध रखनेवाले, मन पर अधिकार रखने के निवृत्तिमूलक मार्ग योगी-वैरागी अपनाते हैं। मन की समस्त इच्छाओं को समाप्त कर देने से वह पंगु हो जाएगा। भावना को दबा देने से फिर वह इच्छा और तदन्तर कर्म में प्रविष्ट न हो सकेगा। योग द्वारा मन अथवा चित्त की वृत्तियों को रोकने की शिक्षा योग ने दी है (योगश्चित्तवृत्तिनिरोधः)। इस चित्त में मन, बुद्धि और अहंकार भी आ जाते हैं। योग-समाधि की कठिन साधना के अतिरिक्त अन्य निवृत्ति-मार्ग भी हैं। अद्वैतवाद का समर्थन करनेवाले शंकराचार्य माया से मन की रक्षा करने के लिए कहते हैं। बौद्ध और जैन दर्शन व्यावहारिक होते हुए भी पूर्ण प्रवृत्तिमूलक नहीं प्रतीत होते। मन और चित्त को प्रवृत्ति-मार्ग में नियोजित करने वाले ग्रन्थ वेद, उपनिषद् और शैवतन्त्र हैं। गीता का कर्मवाद भी व्यावहारिक और प्रवृत्तिमूलक है। कामायनी में मन को कार्य में नियोजित करने का प्रयत्न किया गया। प्रसाद की दृष्टि प्रवृत्तिमूलक है और वे शैव दर्शन के अधिक समीप हैं। महेश्वर मन की इच्छा से सृष्टि का सृजन करते हैं। सब कुछ मन पर निर्भर है। परमेश्वर की पाँच शक्तियों में से चित् भी एक है। यह चित् शक्ति प्रकाशवान है जिसके द्वारा परमशिव स्वयं प्रकाशित होते रहते हैं। शैव दर्शन शिव की आनन्द शक्ति में विश्वास करता है, तभी तो मन को स्वतन्त्रता

देकर कहता है : सर्वत्र आनन्दमय शिव का निवास है, फिर यह मन जाएगा भी तो कहाँ? अन्त में आनन्द में ही व्याप्त होगा। शिव की आनन्दभावना में श्रद्धा रखने वाले आनन्दवर्द्धनाचार्य ने मन को अन्तर्मुखी करने की भी व्यवस्था की। मन का दमन उचित नहीं, किन्तु उसे विषयवासना से हटाकर आन्तरिक वृत्तियों की ओर प्रवृत्त करना होगा। जगत ही सत्य है। वह परमशिव का अभास है।[15] प्रसाद ने मन की स्वाभाविक वृत्तियों का चित्रण करते हुए उसे अन्तर्मुखी बनाया। श्रद्धा मनु की जड़ता समाप्त कर कहती है :

एक तुम यह विस्तृत भूखंड
प्रकृति वैभव से भरा अमन्द
कर्म का भोग भोग का कर्म
यही जड़ का चेतन आनन्द।

श्रद्धा मन को सक्रिय करनेवाली सात्विक वृत्ति है। बुद्धि मन को बाह्य विषय, भौतिक आकर्षण की ओर भी प्रेरित करती है। मन के दार्शनिक विवेचन का आधार मनोवैज्ञानिक भी हो सकता है। 'कामायनी' में मन का विश्लेषण इसी आधार पर हुआ।

उपनिषद् का मनोविज्ञानिक चित्त और मन को अत्यन्त सूक्ष्म मानता है। प्रश्नोपनिषद् में दस इन्द्रियों (पाँच कर्मेन्द्रिय, पाँच ज्ञानेन्द्रिय) की विवेचना है। ये इन्द्रियाँ मन के वश में हैं और उसी की इच्छा के अनुसार कार्य करती हैं।[16] मन इन्द्रियों का स्वामी है, वह उन पर शासन करता है। छान्दोग्योपनिषद में चित्त की श्रेष्ठता संकल्प द्वारा स्वीकार की गयी। मनुष्य चिन्तन के पश्चात् किसी संकल्प पर पहुँचता है। चित्त ही केन्द्रबिन्दु है जिसके सहारे मानव आगे बढ़ता है। चिन्तन से मानव ब्रह्म को भी पा सकता है, (7/5/1/)। मानसिक क्रिया-व्यापारों का वर्गीकरण ऐतरेय उपनिषद् में मिलता है। संज्ञानम्, आज्ञानम्, विज्ञानम्, प्रज्ञानम्, मेधा, दृष्टि, धृति, मति, मनीषा, जूति, स्मृति, संकल्प, ऋतु, असु, काम, वश आदि सभी सत्ता का बोध कराने वाले लक्षण हैं।[17] इस मानसिक प्रक्रिया में ऐतरेयोपनिषद् ने अध्यात्म का भी समन्वय किया। मन मानव को सत्य तक ले जा सकता है, वह सत्य का अन्वेषक है। मन की चेतना का विभाजन माण्डूक्योपनिषद् ने वैस्वानर, तेजस, प्रज्ञा, ओ३म् में किया।[18] सर्वोपरि आत्मा की शुद्ध स्थिति तुरीय है और जागृत, स्वप्न, तथा सुषुप्ति उसकी विभिन्न अवस्थाएँ हैं। उपनिषद् का यह मनोविज्ञान आध्यात्मिकता से समन्वित है। कामायनी में अधिक व्यावहारिक पक्ष का ग्रहण है। अन्तिम चरण दर्शन, रहस्य और आनन्द तक मनु ओ३म् की उस स्थिति को पहुँचते हैं, जहाँ वस्तुएँ आनन्द रूप प्रतीत होती हैं।

कामायनी में आधुनिक मनोविज्ञान का भी ग्रहण है। मनोवैज्ञानिक व्यक्ति मन को समस्त क्रिया-व्यापारों का केन्द्र मानता है। इसका अन्तर्विश्लेषण कर मनोविज्ञान

अनेक बातों की खोज करता है। मनोविज्ञान के विद्वान वैज्ञानिक रीति से मानसिक स्थिति का अध्ययन कर किसी निष्कर्ष पर पहुँचते हैं। इसके लिए वे समस्त परिस्थिति का ज्ञान भी चाहते हैं। मनोविज्ञान विश्लेषण-प्रक्रिया है जिससे मानव-मन के अध्ययन में सहायता मिलती है।[19] कवि का कार्य इससे अधिक होता है। मन के विश्लेषण के अतिरिक्त उसे अन्य निर्देश भी करने पड़ते हैं। वह वैज्ञानिक नहीं हो सकता। क्रोचे ने स्वयं इस प्रश्न को उठाया है। उसके अनुसार कलाकार के लिए मनोविज्ञान की भाँति किसी व्यवस्था के निर्माण की आवश्यता नहीं। वह सीधे ही प्रत्यक्ष रीति से उस मानवीय यथार्थ को ग्रहण कर लेता है, जिसके खंडों से मनोविज्ञान की व्यवस्था का सृजन हुआ है। प्रीति करने के पूर्व मनुष्य प्रीति के मनोविज्ञान से परामर्श नहीं करता। वह अपनी इच्छा से प्रीति करने लगता है। मनोविज्ञान की भाँति कलाकार साधारण रूपरेखा से कृति को निर्मित नहीं करता। वह प्रेमियों को उनके विलीन व्यक्तित्व में उपस्थित करता है। मनोविज्ञान किसी पुस्तक का सूचीपत्र है, तो कला उसका प्रकरण। सूची पुस्तक के अनुसार बनती है जिसका वह सदा उत्कृष्ट प्रतिनिधि होगी पर पुस्तक सूची के अनुकूल नहीं बनाई जाती।

कामायनी का मनोविज्ञान काव्यात्मक स्वरूप में प्रस्तुत हुआ। प्रत्येक सर्ग का शीर्षक एक मानसिक वृत्ति है। इन वृत्तियों का समावेश क्रमशः मनु, श्रद्धा और इड़ा में दिखाया गया है। पुरुष और नारी के मन में इन भावनाओं का उदय-अस्त होता है। कामायनी की चिन्ता, आशा आदि मानसिक वृत्तियाँ कई रूपों में सम्मुख हैं। विकास की दृष्टि से वे जन्मजात संस्कार अथवा अन्तर्निहित आरम्भिक भावनाएँ हैं। इन मूल प्रवृत्तियों में क्रमशः विकास और परिवर्तन होता रहता है। मनोवैज्ञानिक ए.ई. मैन्डर ने मूल प्रवृत्ति को "संस्कारगत तथा शरीर की अन्तर्जात प्रवृत्ति कहा है, जो किसी परिस्थिति में विशेष प्रकार का व्यवहार करती है।" मनु के मन की मूल प्रवृत्तियाँ क्रमशः विकसित होती हैं। चिन्ता भी आनन्द तक पहुँचती है। मानव-मन में उठने वाली भावनाएँ उसकी मनोवृत्ति का परिचय देती हैं। मनुष्य सर्वप्रथम कोई विचार अपने मन में ले आता है; तदनन्तर उसे कार्यरूप में परिणत करता है। मन की स्थिति और उसमें उठने वाली भावनाओं के विषय में आधुनिक मनोविज्ञान में कई रूप मिलते हैं। इनके विश्लेषण का आधार वैज्ञानिक है। किन्तु एक वर्ग केवल मनोवैज्ञानिक विश्लेषण का आश्रय ग्रहण कर अपना कार्य करता है। फ्रायड इस वर्ग का प्रतिनिधि विचारक कहा जा सकता है। वृत्तियों और भावनाओं को लेकर इसी कारण मैकडूगल ने किंचित् भिन्न मत की स्थापना की। स्वयं फ्रायड के अनुयायी एडलर और युंग का उनसे थोड़ा मतभेद प्रतीत होता है।

भाव प्रक्रिया के विषय में लगभग डेकार्ट के समय से विचार होता रहा है। उसके अनन्तर विलियम जेम्स की विचारधारा का अधिक समर्थन हुआ। लेन्जे ने भी इसमें सहयोग दिया। इस कारण यह सिद्धान्त जेम्स लेन्जे के नाम से प्रसिद्ध है। जेम्स

के अनुसार भाव इन्द्रियजन्य होते हैं। शारीरिक कार्यकलाप से भी उनका सम्बन्ध है। शरीर की क्रियाएँ भाव को अनुशासित करती हैं। 'भाव ऐहिक अभिव्यक्ति का परिणाम है, कारण नहीं।'[20] जेम्स की इस विचारधारा में मैकडूगल ने कुछ परिवर्तन किये। उसके अनुसार भाव प्रायः आन्तरिक होते हैं। वस्तु और ऐन्द्रिय प्रभाव उसी प्रकार बने रहते हैं, किन्तु भावों की प्रतिक्रिया में परिवर्तन होता है। उनका सम्बन्ध क्रियाशक्ति से भी रहता है। मैकडूगल ने भाव और नैसर्गिक प्रवृत्ति का अन्योन्याश्रित सम्बन्ध स्थापित किया। प्रत्येक नैसर्गिक प्रवृत्ति के साथ उसने एक भाव की कल्पना की। कालान्तर में उसने अपनी विचारधारा में किंचित् सुधार किया। उसके 'हारमिक सिद्धान्त' में भावों की एक लम्बी सूची दी हुई है।[21] स्थूल रीति से प्रारम्भिक और माध्यमिक दो भेद भावों के किये गये। 'सामाजिक मनोविज्ञान' में उसने इन स्थायी भावों से संचारी भावों का भी विकास बताया। मानव-मन का अध्ययन करने में मैकडूगल ने नैतिकता का भी ध्यान रखा। मानव-मन की समग्रता, कार्यशक्ति आदि के आधार पर होर्म सिद्धान्त को गीता के निकट रखा जा सकता है। गीता का 'निष्काम कर्म' उसके समीप है। काव्य में भावग्रहण के विषय में मैकडूगल की धारणा है कि ''कवि इन भावगत अनुभवों का मूर्त्तीकरण कर उन्हें व्यक्तिगत शक्ति के वाहक रूप में वर्णन करते हैं।[22] भावों के विषय में फ्रा़यड की धारणा इससे भिन्न है। उसने मन के विश्लेषण का आधार दमित वासना अथवा सुखेप्सा वृत्ति (प्लेज़र प्रिंसिपिल) को बनाया। अचेतन मन की स्थिति को विशेष महत्त्व देने वाले फ्रा़यड का अन्तश्चेतनावाद अधिक व्यावहारिक है। उसके अनुसार इदम (इड) का सम्बन्ध नैसर्गिक प्रवृत्ति से अधिक है। उसने इसे दो भागों में विभाजित किया—जिजीविषा (इरोस) और सदीयता (सैडिज्म)। अहं प्रवृत्ति में यथार्थ सुखेप्सा को दबाता रहता है। वास्तव में सुखेप्सा का अहं केवल इच्छा कर सकता है, यथार्थ का अहं रक्षा करता है। फ्रायड का निश्चित विचार है कि "मानसिक सन्तुलन के बिगड़ने का मूल कारण मानव की आन्तरिक आवश्यकताओं का आग्रह है।"[23] फ्रायड ने अपने सुखेप्सा सिद्धान्त से आगे बढ़ने का प्रयत्न किया। उसके लिए कविता इच्छा पूर्ति है। इस प्रकार मनोविज्ञान में मानव मन के विश्लेषण का प्रयास विभिन्न रीतियों से हुआ। भावों में एक क्रमिक विकास सभी ने स्वीकार किया। इसके अतिरिक्त नैसर्गिक प्रवृत्ति, भावना, इच्छा आदि अन्य वृत्तियों से भी भावों का सम्बन्ध स्थापित किया गया। एक का प्रभाव अन्य पर किसी-न-किसी रूप में अवश्य पड़ता है।

कामायनी में मानव-मन का विश्लेषण करने में किसी विशेष मनोवैज्ञानिक परम्परा अथवा सिद्धान्त का अनुसरण नहीं किया गया। जीवन के आरम्भ से लेकर अन्त तक मन में उठने वाले भावों, विचारों और अनुभूतियों का चित्रण करने में कवि ने कल्पना का अधिक आश्रय लिया। सर्गों का नामकरण वृत्तियों के आधार पर है जिनमें एक तारतम्य देखा जा सकता है। कामायनी का आरम्भ चिन्ता से होता है।

प्रलय के अनन्तर मनु के सम्मुख अनेक समस्याएँ थीं। बारम्बार उन्हें अतीत वैभव की याद आती थी। अब भी उनमें देवताओं के संस्कार जीवित थे। अतीत के चिन्तन के साथ मनु के मन में भावी चिन्ता की एक क्षीण रेखा भी उठती है। विगत के प्रति एक पश्चात्ताप की भावना है, किन्तु मनु देवत्व के विध्वंस पर नवनिर्माण चाहता है। आवश्यकता आविष्कारों की जननी है। अतृप्ति और चिन्ता मानव को गति देते हैं। ज्ञान-विज्ञान के मूल में चिन्ता है। मनुष्य अधिक-से-अधिक सुखी रहने की आकांक्षा रखता है। मन की समस्त चेतना चिन्ता करती है। चिन्ता सृष्टि का मूल रहस्य है। जिज्ञासा-कुतूहल भी उसकी सहायता करते हैं। मनु को एक ओर 'उस अतीत और सुख' की चिन्ता है, साथ ही वह एक क्षण के विस्मरण में भविष्य की कल्पना भी करना चाहता है। भूत, भविष्य दोनों उसकी चिन्ता में निहित हैं। अभाव में चिन्ता का उदय, मधुमय अभिशाप, हृदयाकाश का धूमकेतु आदि मनोवैज्ञानिक सत्यों को कवि ने प्रस्तुत किया है। अन्त में उसके अनेक नाम लेता है : **बुद्धि, मनीषा, मति, आशा, चिन्ता तेरे हैं कितने नाम।** इनमें से प्रायः सभी ऐतरेय उपनिषद् (3/2) में भी प्राप्त हो जाते हैं।

चिन्ता में चेतनता होती है, किन्तु अधिक सम्बल अथवा शक्ति नहीं। वह सोचने तक सीमित रहती है। मन अतीत की चिन्ता में पश्चात्ताप कर सकता है, उसे प्राप्त करने के लिए व्याकुल होकर अन्त में दुखी हो सकता है। भविष्य की चिन्ता मन को आशंकाओं से भर देती है, किन्तु चिन्ता स्वतः निस्सम्बल है। चिन्ता को सम्बल प्रदान कर जीवन को गतिमान करने वाली वृत्ति आशा है। आशा विकास और प्रगति का दान देती है। मानव में आस्था का उदय होता है। प्रलय की भीषण स्थिति से भयभीत मनु के मन में आशा का संचार सृष्टि-क्रम को आगे बढ़ाता है। आशा के आगमन के साथ प्राची में उषा स्वर्णिम प्रभा बिखेरती आती है। मनु के हृदय की जिज्ञासा समीप ही बिखरी हुई प्रकृति की विभूति देखने लगती है। आशा के कारण मन में एक साथ अनेक प्रश्न उठते हैं। समस्त सृजन को चिरन्तन गति प्रदान करने वाली यह वृत्ति मनु के मन में जीवन के प्रति अनुराग उत्पन्न करती है। यवनिका हट जाती है, प्रकाश दिखाई देने लगता है। मनु पाकयज्ञ करना आरम्भ करते हैं। आशा बलवती होती है और वही आदिपुरुष को गतिमय करती है। वह उनके हृदय में मधुर स्वप्न-सी झिलमिल होकर आयी है। वह प्राणों का समीर है। इस मधुर जागरण के कारण प्रकृति का विकृत रूप मानस-पटल से विलीन हो जाता है। उसका स्थान नित्ययौवना प्रकृति ले लेती है, जिसमें हिमालय भी हँस-हँस पड़ता है। आशा के कारण सुरसंस्कृति सजग हो सकी। मन में आने वाली आशा की भावना ने क्षुब्ध मनु को साहस दिया, शक्ति प्रदान की। वे सोचने लगे :

मैं हूँ, यह वरदान सदृश क्यों
लगा गूँजने कानों में

मैं भी कहने लगा मैं रहूँ
शाश्वत नभ के गानों में

चिन्ता और आशा इच्छा के प्रतिरूप हैं, किन्तु मन को भलीभाँति क्रियाशील बनाने वाली वास्तविक वृत्ति श्रद्धा है। श्रद्धा और विश्वास के अभाव में जीवन क्षणभर भी नहीं टिक सकता। वह इतनी प्रमुख वृत्ति है कि मन में उसका रहना आवश्यक है। श्रद्धा मनु अथवा मानव का एक पक्ष बनकर आयी है। श्रद्धा जीवन की जड़ता और निष्क्रियता समाप्त कर देती है। वह अपने साथ दया, माया, ममता, मधुरिमा आदि कोमल भावनाएँ ले आती है। वास्तव में यह एक प्रवृत्तिमूलक आस्थामय वृत्ति है जो निवृत्ति का अन्त करती है। श्रद्धा एक आस्तिक सद्‌वृत्ति है जो चेतन शक्ति का उदात्त रूप है। मन में उसके प्रविष्ट होने पर इन्द्रियाँ कार्यरत हो जाती हैं। प्राणों की क्रियाशक्ति जागृत हो उठती है। केवल विचार और चिन्तन में ही उलझा रहने वाला प्राणी कार्य में प्रवृत्त होता है। विस्तृत भूखंड का उपभोग करने की कामना से वह कर्म करता है। श्रद्धा मन की महान् और उदात्त शक्ति है जो उसे कार्य में नियोजित कर सहयोग देती है। मन शक्तिशाली होकर विजयी बनने की इच्छा करता है। श्रद्धा में चेतना, क्रियाशक्ति केन्द्रित है और वह सामूहिक चेतना का प्रतीक है। मनु के मन की इच्छा को श्रद्धा ने कार्यान्वित किया। वे सृष्टि के निर्माण में नियोजित हुए। श्रद्धा केवल मनु के मन की ही नहीं, किन्तु समस्त मानवता के कल्याण की आधारशिला है। प्रसाद ने इस उदात्त भाव की कल्पना सामाजिक मनोविज्ञान के आधार पर की। श्रद्धा के द्वारा मानव शक्ति-संचय कर मार्ग में अग्रसर होता है। चंचल मन की स्थिति में स्थायित्व आ जाता है। वह एकाग्रचित् एवं तल्लीन होकर अपने उद्देश्य-प्राप्ति में प्रयत्नशील रहता है। उपनिषदों में श्रद्धा महान् तप है।[24] श्रद्धा सम्पूर्ण काव्य में एक महत्त्वपूर्ण स्थान प्राप्त करती है। मनु अथवा मन को आनन्द तक वही ले जाती है। श्रद्धासंचालित मन ही आनन्दमय है।

श्रद्धा के साथ काम का उदय होता है। यह प्रवृत्तिमूलक भावना कामना का सृजन करती है, उसके भोग के साधन जुटाती है। काम समस्त कामनाओं, इच्छाओं का घनीभूत रूप है। उसका क्षेत्र विस्तृत है। मन की आशा विचार के अधिक समीप है, किन्तु काम एक व्यापक धरातल को पकड़कर कार्य में अग्रसर होता है। कामायनी में काम का उदात्त और विस्तृत रूप ही ग्रहण किया गया। स्वयं श्रद्धा कामगोत्रजा कामायनी है। काम की कल्पना में मनोवैज्ञानिक-दार्शनिक सम्मिश्रण है, जो वैदिक मनोविज्ञान और दर्शन के अधिक समीप है। 'कामना' नाटक में भी प्रसाद ने काम का उदात्त रूप ग्रहण किया। मनोवैज्ञानिक प्रतीकों का आधार लेकर उन्होंने उसकी रचना की। कामायनी उसी का काव्यात्मक रूप है। कामना स्वयं अपनी परिभाषा करती है, "मैं क्या चाहती हूँ। जो कुछ प्राप्त है, इससे भी महान्। वह चाहे कोई वस्तु हो। हृदय को कोई करो रहा है। कुछ आकांक्षा है, पर क्या है, इसका किसी

को विवरण नहीं देना चाहती। केवल वह पूर्ण हो, और वहाँ तक जहाँ तक उसकी सीमा हो, बस।"[25]

काम के कालान्तर में विकृत हो जाने वाले रूप का ग्रहण कवि ने नहीं किया। काम के अन्तर्गत प्रेम, कामना, इच्छा आदि भाव आते हैं। काम आनन्द की प्रतिध्वनि है। अथर्ववेद (9/2) में काम की प्रशंसा की गयी। धर्म, अर्थ और मोक्ष के साथ ही काम को भी स्थान प्राप्त है। 'सो कामयत्, एकोऽहं बहुस्याम् प्रजायेय' से भी काम का महत्त्व स्पष्ट है। वह ईश्वर के निष्काम मन में वास करता है। वैदिक काम शैवों के आगमशास्त्र में आनन्दोपासना का प्रतीक बना। प्रसाद जी उसके उदात्त रूप की प्रतिष्ठा 'कामायनी' द्वारा करने में प्रयत्नशील हैं। उनका इस विषय में आधुनिक मनोवैज्ञानिकों तथा पौराणिक गाथाओं से मतभेद है।[26] फ्रायड काम अथवा इच्छा का सम्बन्ध यौनभाव से स्थापित करता है। इच्छाएँ दमित होकर कुंठाएँ बन जाती हैं और तदनन्तर उनकी अभिव्यक्ति होती है। इस अतृप्त वासना का उदात्तीकरण कवि कर लेता है। इसी प्रकार मैकडूगल भी इच्छा से पश्चात्ताप, दुख, निराशा आदि का ग्रहण करता है। कामायनी का काम वैदिक विचारणा से प्रभावित है, जो मन को आनन्दमय करता है। मनु अथवा मन में काम के प्रवेश के साथ ही 'मधुमय वसन्त' छा गया, उसे ज्ञात हो गया कि :

यह नीड़ मनोहर कृतियों का
यह विश्व कर्म रंगस्थल है...

'काम' सर्ग में मनु के मन का काम अपने विकृत रूप पर भी विचार करता है। देवताओं का सहचर बनकर वह केवल विनोद का साधन बना रहा। इसी कारण काम अनादि वासना में परिणत हो गया। काम मानव की प्रगति बनने की कामना करता है। उसकी मूल शक्ति प्रेमकला है। मनु अपने काम के वास्तविक रूप को भूल जाते हैं। वह पथ भ्रष्ट हो जाता है। इस समय काम की वही अवस्था हो जाती है, जो वैदिक युग के पश्चात् हुई थी। इसी कारण शंकर ने स्वयं कामदेव को भस्म किया था। गीता में भी काम की निन्दा की गयी।[27] 'कामसूत्र' की रचना 'काम' के अवमूल्यित रूप का प्रतीक है। मनु ने काम के वास्तविक रूप को नहीं समझा और उन्होंने उसका संकुचित अर्थ ग्रहण किया। इसी कारण मन में वासना का उदय हुआ जो इन्द्रिय की भोग-लिप्सा तथा विषय-तृप्ति की कामना करती है। मनु का मन स्वयं कामी हो जाता है। अपनी संकुचित दृष्टि के कारण वे पुत्र से भी द्वेष करने लगते हैं। वासना मन को विकृत कर देती है। मनु का मन ग्लानि से भर जाता है। इस स्थिति का वर्णन कवि ने सांकेतिक प्रणाली से ही किया है :

छटतीं चिनगारियाँ उत्तेजना उद्भ्रान्त
धधकती ज्वाला मधुर था वक्ष विकल अशान्त।

वात-चक्र समान कुछ था बाँधता आवेश
धैर्य का कुछ भी न मनु के हृदय में था लेश।

लज्जा एक सूक्ष्म वृत्ति है जो संकेत और छाया बनकर रह जाती है। पश्चात्ताप और लज्जा भाव एक-दूसरे के पर्याप्त निकट हैं। किसी कुकर्म के पश्चात् चेतना विचित्र ग्लानि और पश्चात्ताप से भर जाती है। पर लज्जा में संकोच का अंश अधिक है। वह स्वच्छन्दता पर एक झीना प्रतिबन्ध लगाती है। यह सूक्ष्म भावना मन में प्रविष्ट होकर प्रत्यक्ष को भी स्वप्न करने लगती है। वह हृदय की परवशता बनकर सारी स्वतन्त्रता छीन लेती है। छाया-प्रतिमा की भाँति वह धूमिल वर्णों से निर्मित है। लज्जा सौन्दर्य की रक्षा करती है, वह नारी का आभूषण है। नारी और उसके अन्तर में उठने वाली लज्जा की सूक्ष्म भावना के पारस्परिक वार्तालाप द्वारा कवि ने नारी-पुरुष की समस्या पर भी विचार किया। अपनी सहृदयता से नारी पुरुष को वशीभूत कर सकती है। लज्जा श्रद्धा के मन में उदित होकर उसे गौरव सिखाती है। आधुनिक मनोविज्ञान के अनुसार वास्तव में लज्जा की भावना का उदय हीनता के कारण होता है। श्रद्धा में इस समय आत्मसमर्पण की भावना अधिक है, जो मैकडूगल के अनुसार केवल हीनता का ही प्रतिरूप नहीं है। उसमें नम्रता, सामीप्य, स्नेह आदि की भावना भी आ जाती है।[28] लज्जा के सूक्ष्म भावों का चित्रण कवि ने आरम्भ में ही किया है। यह आन्तरिक वृत्ति नारी के मन का पथ प्रशस्त करती है। अपना परिचय देते हुए कहती है :

मैं रति की प्रतिकृति लज्जा हूँ
मैं शालीनता सिखाती हूँ
मतवाली सुन्दरता पग में
नूपुर-सी लिपट मनाती हूँ।

वासना से नारी में लज्जा और पुरुष में कर्म की प्रवृत्ति का उदय होता है। काम का संकुचित रूप ग्रहण करने के कारण मनु वासना में लिप्त हो जाता है। इसी दृष्टि-भेद के कारण कर्म का भी वास्तविक रूप उसके सम्मुख नहीं आता। वासना अतृप्ति का ही एक अन्य रूप है क्योंकि सदा उसकी तृप्ति सम्भव नहीं। इसी कारण मनु का मन हिंसात्मक कर्म में संलग्न होता है। किलात, आकुलि नामक दो अन्य पतनोन्मुख वृत्तियाँ उसे और भी नीचे ले जाती हैं। मनु की रक्त-पिपासा जागृत होती है। वासना का कोई अन्त नहीं, उसकी सदा वृद्धि होती रहती है। मनु पशुबलि से इन्द्रियतृप्ति करना चाहते हैं, किन्तु सोम अतृप्त वासना को बढ़ाता है। जीवन के प्रत्येक सुख को तृप्त करने की कामना से कर्म करने वाला व्यक्ति कुवृत्तियों के पाश में फँस जाता है। मनु सोम के द्वारा प्राण के रिक्त अंश को मादकता से भर लेना चाहते हैं। वे कर्म का भी संकुचित अर्थ ग्रहण करते हैं। मनु के मन की चेतना-श्रद्धा उनकी वृत्तियों को देखकर उन्हें कर्म का व्यापक रूप समझाती है। सुख को सीमित

कर लेना ही दुख है। कवि का आग्रह कर्म के व्यापक स्वरूप तथा उसके आनन्दमय रूप के प्रति अधिक है। कर्म में प्रवृत्ति अनिवार्य है किन्तु उसका क्षेत्र व्यापक और उदात्त होना चाहिए। मन संकुचित वृत्ति के कारण उसके सुन्दर स्वरूप का ग्रहण नहीं कर पाता। कर्म विस्तृत होना चाहिए, जिससे व्यक्तित्व का उचित विकास हो सके। उसमें व्यष्टि के स्थान पर समष्टि का आग्रह हो। मनु के व्यक्तित्व का विकास संकुचित दृष्टि के कारण उचित रीति से नहीं हो पाता।

काम, वासना, कर्म का अन्तिम विकृत रूप ईर्ष्या में घनीभूत होकर प्रस्तुत होता है। ईर्ष्या की उत्पत्ति अभाव और हीनता के कारण होती है। संकीर्ण मनोवृत्ति उसका सृजन करती है। प्रतियोगिता में स्वयं को अशक्त समझने वाला व्यक्ति अपनी हीनभावना से क्षुब्ध, निराश होकर ईर्ष्यालु बन जाता है। उसका अहं जागृत होकर आत्मकेन्द्रित बनता है। उसकी सीमाएँ और रेखाएँ निश्चित हो जाती हैं। दूसरों के प्रति व्यक्ति असहिष्णु और अनुदार हो जाता है। मार्ग में जाता हुआ अभावग्रस्त, अशक्त व्यक्ति आगे बढ़ने वाले पथिक के साथ नहीं चल पाता। अपनी हीनता से विवश होकर वह पथिक को हानि पहुँचाने का प्रयत्न करता है। ईर्ष्या, द्वेष, घृणा आदि भाव अन्य को सुखी नहीं देख सकते। मनुष्य मन पर से नियन्त्रण और अधिकार खो बैठता है। श्रद्धा चेतन शक्ति के होते हुए भी ईर्ष्या के कारण मनु को अभाव प्रतीत होता है। चेतना के नियन्त्रण और प्रदर्शन को वे बन्धन समझने लगे। जीवन-संघर्ष की उनकी भावना भी संकीर्ण मनोवृत्ति की परिचायक है। अभी मनु के पिछले संस्कार पूर्णतया नहीं विलीन हो सके। देवत्व सुख की याद आने पर वे जीवन में भोग-विलास की तृप्ति की कामना करते हैं। ईर्ष्या के वशीभूत होकर वे अपनी भावी सन्तान से द्वेष करते हैं। प्रेम की व्यापकता को वे विभाजन समझ बैठे। उनका अन्तर्मन ईर्ष्या से जल उठता है और वे 'ज्वलनशील अन्तर' लेकर श्रद्धा को छोड़कर चल देते हैं। कवि ने संकीर्ण दृष्टि की परिणति प्रस्तुत की है। मन की ईर्ष्या से मनु कहते हैं :

यह जलन नहीं सह सकता मैं
चाहिए मुझे मेरा ममत्व
इस पंचभूत की रचना में
मैं रमण करूँ बन एक तत्त्व

मानव मन अतृप्ति, अभाव, असन्तोष का परितोष बुद्धि से करना चाहता है। तर्क अथवा बुद्धि-विश्लेषण के द्वारा हृदय की कोमल भावनाओं पर शासन होता है। मनु बुद्धि द्वारा अपनी तृप्ति का प्रयत्न करता है। जब बुद्धि मन का संचालन आरम्भ कर देती है तब भावनाएँ स्वतन्त्र नहीं रह सकतीं। यहीं मन और बुद्धि में द्वन्द्व की सम्भावना रहती है। विज्ञान से सम्बन्धित आधुनिक बुद्धिवादी विकास की एक साधारण रूपरेखा प्रसादजी ने प्रस्तुत की है। सारस्वत प्रदेश बौद्धिक विकास,

भौतिक उत्कर्ष का प्रतीक है, किन्तु अब भी उसमें अभाव है। बुद्धि की प्रतिनिधि इड़ा के रूपवर्णन से कवि ने बुद्धि के गुणों का अंकन भी किया है। एक विचित्र अतृप्ति और क्षोभ की स्थिति में ही मन बुद्धि के अतिरंजित अनुशासन को स्वीकार करता है। अतृप्त मनु ने इड़ा से पूछा : **'हे देवि बता दो जीवन का क्या सहज मोल'**। इड़ा उन्हें बुद्धिवाद अपनाने के लिए कहती है। मनु के अन्तर का काम जाग्रत होकर चेतना के वास्तविक स्वरूप का बोध कराता है। भावी आशंकाओं से उनका मन बोझिल हो जाता है। मानसिक द्वन्द्व पर बुद्धि आवरण डाल देती है। चिरन्तन सत्य तर्कजाल में विलीन हो जाता है, किन्तु उसका अन्त नहीं होता। हृदय की भावनाएँ मरती नहीं, दबकर रह जाती हैं। मनु के मन की चंचल स्थिति सँभल न सकी। समस्त भावनाएँ अब भी भस्मावृत चिनगारी की भाँति मन में है। केवल बुद्धिवादी दृष्टि पर पनपी भौतिक सभ्यता अपूर्ण है।

स्वप्न की कल्पना कथानक को गति देने के लिए की गयी। इनके निर्माण में दर्शन और मनोविज्ञान का सम्मिश्रण है। शरीर विज्ञान के अनुसार निद्रा अथवा स्वप्न का कारण अधिक परिश्रम भी है। वृहदारण्यक उपनिषद् का कथन है कि आकाश में श्वेन, सुपर्ण सब ओर उड़कर अन्त में शिथिल हो जाता है। तभी वह पंख फैलाकर नीड़ को जाता है, जहाँ सो जाने पर वह किसी भोग की कामना नहीं करता।[29] प्रसाद की कल्पना है :

नील गगन में उड़ती-उड़ती विहग बालिका-सी किरनें
स्वप्नलोक को चलीं थकी-सी नींद सेज पर जा गिरने

निद्रा और स्वप्न के दार्शनिक तथा मनोवैज्ञानिक विवेचन में उपनिषद् आध्यात्मिक भावना का आरोप करते हैं। स्वप्न वास्तव में पूर्ण चेतन और अचेतन के मध्य की-सी स्थिति है। मानव मन कल्पना, सत्य दोनों का आनन्द लेता है। 'कामायनी' का स्वप्न जागृत स्वप्न की भाँति है। श्रद्धा एक प्रकार का दिवास्वप्न देखना आरम्भ करती है, जिसमें उसके अन्तर की जिज्ञासा उदित होकर अनेक प्रश्न करती है। एकाकिनी बिरहिनी संध्या की धूमिल छाया में एक विचित्र विस्मरण की अवस्था में सम्पूर्ण कथा पर विचार करती है। वह स्वयं अपने अन्तर्मन से बातें करती है। रजनी के आगमन के साथ उसका जागृत दिवास्वप्न सुषुप्ति अथवा निद्रा की अवस्था में चला जाता है। तभी वह मनु और इड़ा के क्रिया-व्यापार को देखती है। मनु और प्रजा का द्वन्द्व भी उसे दिखाई देता है। उसके स्वप्न का अन्त होता है :

श्रद्धा काँप उठी सपने में, सहसा उसकी आँख खुली
यह क्या देखा मैंने, कैसे वह इतना हो गया छली।

इस प्रकार स्वप्न का जागृत और सुषुप्त रूप सम्मुख आता है। फ्रायड के स्वप्न-मनोविज्ञान को कवि की जागृत कल्पना ने सम्बन्धित किया। फ्रायड के अनुसार

व्यक्त स्वप्न विषय (मैनिफेस्ट कन्टेन्ट) के मूल में कोई अव्यक्त स्वप्न विषय (लेटेन्ट कन्टेन्ट) रहता है जो स्वप्न की वास्तविक वस्तु है। अव्यक्त स्वप्न विषय में कोई कुंठा होती है, जिसका निर्माण अचेतन मन द्वारा होता है। यह कुंठा ही वास्तविक अथवा प्रत्यक्ष रूप से प्रकाशित होकर अभिलाषा पूर्ति (विश फुलफिलमेन्ट) करती है। स्वप्न के अनेक कारण बताकर फ्रायड ने दिवास्वप्न, कवि की कल्पना आदि को मानसिक क्रिया-कलाप के अन्तर्गत स्थान दिया। कुंठाओं का उदात्तीकरण (सब्लिमेशन) कला में प्रक्षेपित होता है। फ्रायड बालक और कवि कल्पना की तुलना भी करता है।[30]

प्रसाद की स्वप्न-कल्पना अतृप्त इच्छा अथवा कुंठा नहीं है, वह कथानक को आगे ले जाने का एक क्रम है। दार्शनिक विवेचन से मनु के मन की चेतन शक्ति श्रद्धा जागरूक रहती है। उसे सम्पूर्ण परिस्थिति का ज्ञान रहता है। अचेतन मन में होने वाले क्रिया-व्यापार चेतन शक्ति के सम्मुख स्पष्ट होते हैं। अपनी संकुचित दृष्टि के कारण मनु के मन ने अपनी ही चेतन शक्ति को भुला दिया, किन्तु वह जागरूक होकर प्रत्येक वस्तु का निरीक्षण कर रही है। जागृत स्वप्न, कल्पना और निद्रा से कवि ने उसका निर्माण किया जिसमें किसी विशेष सिद्धान्त की अपेक्षा उसकी स्वच्छन्द कल्पना का योग अधिक है।

काम, वासना, कर्म, ईर्ष्या, अनुचित ग्रहण तथा बुद्धि का अतिवाद संघर्ष का सृजन करता है। संघर्ष विरोधी शक्तियों में होता है। प्रकृति-पुरुष, देव-दानव, हृदय-बुद्धि के पारस्परिक द्वन्द्व के मूल में यही भावना सन्निहित है प्रकृति के साथ संघर्ष करके स्वयं देवता पराजित हो चुके थे। प्रकृति दुर्जेय है, उस पर विजय सम्भव नहीं।[31] मनु के मन का व्यभिचार बढ़ता जाता है। आरम्भ में उन्होंने काम का संकीर्ण अर्थ ग्रहण किया। उनकी भोग-लिप्सा जागृत हो गयी। वासना और इच्छा की कोई सीमा नहीं, कोई अन्त नहीं। वासना की वृद्धि होती जाती है। मन शरीरिक सुख में लीन हो जाता है। हिंसा और मिथ्याचार में उसकी प्रवृत्ति होती है। संकीर्णता के कारण वह ईर्ष्यालु भी बनता है। उसकी अहंमन्यता तीव्र हो जाती है। अतृप्ति और असन्तोष को मन बुद्धि के आवरण में रखने का प्रयत्न करता है, किन्तु निष्फल संघर्ष विष का कार्यान्वित स्वरूप है। मन में संगृहीत होती रहने वाली दुष्प्रवृतियाँ अनायास ही विस्फोट रूप में प्रकट होती हैं। मनु के मन की अतृप्ति ही संघर्ष का कारण है। नियामक और प्रजा का यह संघर्ष भौतिक विप्लव है। मनु का मन स्वयं आत्मजा से द्वन्द्व करता है। यह उसके मानसिक, आन्तरिक संघर्ष का प्रतीक है। उनके मन में द्वयता का उदय विभीषिका का सृजन कर चुका है। कामायनी के संघर्ष में मन-बुद्धि, प्रकृति-पुरुष, राजा-प्रजा का संघर्ष होता है। मनु स्वयं कहता है :

आज शक्ति का खेल खेलने में आतुर नर
प्रकृति संग संघर्ष निरन्तर अब कैसा डर

मनु के मन का व्यभिचार इस अवसर पर जागृत होकर अबाध अधिकार चाहता

है। कल्पना तक तो वह उचित था, किन्तु कार्यान्वित करने के प्रयास में संघर्ष होता है। प्रजा के रूप में बिखरी हुई शक्ति विद्रोह कर देती है। मनु का मन पराजित होता है। किलात-आकुलि की आसुरी वृत्तियाँ भी इस अवसर पर उपस्थित होती हैं। झंझावत समाप्त होने पर शान्ति आती है। मनु के अन्तर की दुष्प्रवृत्ति संघर्ष के पश्चात् शिथिल हो जाती है। उनके मन में निर्वेद भर आता है। निर्वेद में खेद, दुख, विराग और पश्चात्ताप की भावना का विचित्र सम्मिश्रण रहता है। इसकी उत्पत्ति आशा और विश्वास के समाप्त होने पर होती है। मन खिन्नता से भर जाता है। पश्चात्ताप के द्वारा मन अपनी दुर्बलताओं को स्वयं जान जाता है और उसे ग्लानि होती है। परास्त होकर मनु के मन की भी यही स्थिति थी। आज पतन का समस्त चित्र उनके सम्मुख था। वे अपनी भूल जान गये थे। ग्लानि से भरा मन खोये हुए वैभव को प्राप्त करने का प्रयत्न करता है। मनु को उसकी श्रद्धा चेतना पुनः मिल जाती है। वह स्वयं अपना परिचय देती है। चेतना की इस काव्यात्मक परिभाषा में कवि ने दार्शनिक निर्देश भी किये हैं। चेतना सरस, सजल, मधुर और विकसित है। श्रद्धा-चेतना ने मनु के जीवन की समस्त जड़ता हर ली थी, एक नये प्रभात का उदय हुआ। मनु का मन गद्‌गद् हो उठता है। चेतना के प्रति वे कृतज्ञता प्रदर्शित करते हैं। उसके वरदान को उनके मन ने स्वीकार किया। मनु कहता है :

हृदय बन रहा था सीपी-सा
तुम स्वाती की बूँद बनीं
मानस शतदल झूम उठा था
तुम उसमें मकरन्द बनीं

मानव मन की चेतना उसका प्राण है। वह साक्षात् 'अमृत' है। चेतना को अन्तर्मुखी बनाना भी आवश्यक है, अन्यथा मानव की शक्ति क्षीण होती रहती है। किन्तु अभी मनु के मन का झंझावात पूर्णतया शान्त न हो सका था। पश्चात्ताप और ग्लानि निराशा का संचार कर रहे थे। वे जीवन के इन्द्रजाल से घबड़ा उठे और पुनः भाग खड़े हुए।

पश्चात्ताप और ग्लानि अन्त में मनुष्य को उसकी चेतना से समन्वित भी कर सकते हैं। दार्शनिक शब्दों में मानव आत्मा का मूल रहस्य जान जाता है। उसके समक्ष शक्ति साकार हो उठती है। उसे आत्मदर्शन हो जाता है। 'दर्शन' के आरम्भ में ही श्रद्धा जीवन के रहस्य का उद्‌घाटन अपने पुत्र से करती है। चेतना को प्रत्येक वस्तु का बोध रहता है। वह संसृति की समस्या सुलझाती है। चेतना का स्थान सर्वोपरि है। मानव को जीवन की वास्तविकता का दर्शन कराने के पश्चात् श्रद्धा चेतना इड़ा की बुद्धि को भी समझाती है। इड़ा अपनी भूल स्वीकार कर लेती है। वह अपनी अकिंचनता लेकर चेतना के गौरव के सम्मुख विनत होती है। चेतना बुद्धि को उसकी भी वास्तविक रूपरेखा बताती है। बुद्धि पूर्णतया त्याज्य नहीं; वह ज्ञान

है, किन्तु उसका अतिवाद अनुचित है। चेतना उसका महत्त्व स्थापित कर मानव को उसके हाथों सौंप देती है। 'समरसता' का सन्देश देकर पुनः अपने मनु के कल्याण के लिए चल पड़ती है। चेतना का कार्य है, मन का पथ-प्रदर्शन। श्रद्धा मनु को पुनः पा लेती है। अन्त में मनु श्रद्धा-चेतना का वास्तविक रूप जान जाते हैं। वह 'मातृमूर्ति विश्वमित्र' है। श्रद्धा अपनी सम्पूर्ण चेतना से मनु के मन में जीवन का सत्य-दर्शन भरती है। एक युग के पश्चात् मनु को उनकी खोयी हुई चेतना मिली और उन्होंने उसके वास्तविक महत्त्व को जाना। मन जब तक अपनी चेतना शक्ति को नहीं पहचानता, मृग-मरीचिका में भटकता रहता है। चेतना प्रत्येक वस्तु का दर्शन मानव-मन को करा देती है। वास्तविक तत्त्व स्पष्ट हो जाता है। जगत, जीवन से लेकर सत्य तक उसके क्षेत्र में आ जाते हैं। चेतना के कारण मन शान्ति का अनुभव करता है। सर्वत्र प्रकाश छा जाता है। मन के समक्ष ज्योत्स्ना की सरिता प्रवाहित होने लगी। समस्त अन्धकार विलीन हो गया। नटराज स्वयं प्रसन्नता से नृत्य कर उठे। इन सुन्दर चित्रों का दर्शन मन चेतना, विश्वास और श्रद्धा के ही द्वारा कर सकता है।

दर्शन के साथ ही मन जीवन रहस्य को जान जाता है। रहस्य का ज्ञान दर्शन का उद्देश्य है। चेतना के सहयोग से मन आत्मदर्शन कर लेता है। उसकी भ्रान्ति समाप्त हो जाती है। वस्तुएँ अपने वास्तविक रूप में आ जाती हैं। मन की चंचलता समाप्त हो जाती है। वह सुन्दर और शाश्वत का ही ग्रहण करता है। उसका लक्ष्य क्षणिक तृप्ति के स्थान पर चिरन्तन सत्य की प्राप्ति हो जाता है। रहस्य की अभिव्यंजना में मन को केवल भौतिक परितोष ही नहीं होता, वरन् अन्तरतम भी प्रसन्न हो उठता है। चेतना में सामंजस्य लाने की अद्भुत क्षमता होती है। रहस्यवाद और मनोविज्ञान के पारस्परिक सम्बन्ध पर विचार करते हुए अन्डरहिल ने लिखा है कि... "रहस्यवादी को यह भली-भाँति ज्ञात होता है कि सामान्य मानव में आध्यात्मिक भावना उसकी चेतनता के आवरण में निहित रहती है। इस दृष्टि से वह मनोवैज्ञानिक से भी अधिक वैज्ञानिक है।[32] प्रसाद की कल्पना मनोविज्ञान के धरातल से ऊपर उठती है। 'रहस्य' के अन्तर्गत उन्होंने श्रद्धा के द्वारा जीवन की पूर्णता, उसके शाश्वत मूल्यों के रहस्य का उद्घाटन कराया है। चेतना मन को दुर्बलता से लड़ने की शिक्षा देती है। उसके सहारे मन निरन्तर उच्च भावना की ओर बढ़ता जाता है। भविष्य की आशा उसे निरन्तर गतिमान करती है। श्रद्धा इच्छा, ज्ञान, क्रिया का स्वरूप समझाती है। ज्ञान और ज्योति से समन्वित चेतना में ही इसकी शक्ति होती है। इच्छा पाप-पुण्य की जननी है। इसका उदात्तीकरण भाव की सर्वोत्कृष्टता है। इच्छा का सर्वोत्तम रूप ही वैदिक काम है। कर्म अत्यन्त भीषण जगत है। ज्ञान वास्तव में सामंजस्य हेतु है, किन्तु विषमता का प्रसार करता है। अन्त में श्रद्धा उन्हें समन्वित करती है।

अन्तिम भाव आनन्द है। मन वास्तव में किसी-न-किसी रूप में तृप्ति और

परितोष के लिए प्रयत्नशील रहता है। इन सभी का समीकरण आनन्द में होता है। आनन्द अधिक व्यापक और आध्यात्मिक शब्द है। उसका क्षेत्र मनोवैज्ञानिकों के 'सुखेप्सावृत्ति' से अधिक विस्तृत है। आनन्द की उपलब्धि में यत्नशील मानव अनेक अनुभवों और संघर्षों से गुजरता है, किन्तु अन्त में चेतना की सहायता से उसे उसकी प्राप्ति होती है। आनन्द चिरन्तन आनन्द है। संसार का समस्त ज्ञान आनन्द के लिए ही प्रयत्नशील है। वह मानव की अनवरत साधना है। मानव-मन का प्रतीक मनु अन्त में जीवन के चरम लक्ष्य को पा जाता है। आनन्द-प्राप्ति के साथ ही समस्त द्वयता और मनोवैज्ञानिक जटिलताएँ समाप्त हो जाती हैं। मन की शक्तियाँ केन्द्रित होकर कार्य करती हैं। जीवन की सम्पूर्णता और उसके शाश्वत मूल्यों से ही यह आनन्दवाद निर्मित होता है।

आनन्द के निर्माण में प्रसादजी ने शैव दर्शन का अधिक आश्रय लिया। शैवग्रन्थों के अनुसार शिव आनन्दरूप है। इसका मनोवैज्ञानिक आधार है, संसार में अपने व्यक्तित्व का अधिकाधिक प्रसार। आनन्द की प्राप्ति भावनाओं के सम्मिश्रण से होती है। अनेक मानसिक क्रिया-व्यापार सम्मिलित रूप से उसका सृजन करते हैं। उसकी प्रक्रिया एकाकी नहीं, सम्मिलित है। मनु आनन्द-प्राप्ति के नाना उपाय इड़ा और सारस्वत नगर-निवासियों को बताते हैं। भेद-भाव का विस्मरण, संसृति की सेवा, पूर्ण काम आदि मिलकर ही मन को आनन्द देते हैं। अन्त में मनु के मन में शुद्ध, शाश्वत चेतना व्याप्त हो जाती है। केवल मनु ही नहीं, समस्त मानवता का मन आनन्द से भर जाता है।

मानव-मन का मनोवैज्ञानिक विश्लेषण, उसकी प्रकृतियों का सूक्ष्म निरीक्षण करने में कवि ने आधुनिक मनोविज्ञान और भारतीय दर्शन से निकटता स्थापित की। मानवीय भावों के साथ आध्यात्मिक निरूपण भी उनका लक्ष्य था। 'कामायनी' में मन के भावों में एक तारतम्य प्रतीत होता है। आधुनिक मनोविज्ञान भी इससे सहमत है। उसके अनुसार मानसिक क्रिया क्रमिक रीति से होती है। एक भाव का सम्बन्ध अन्य से रहता है। मानव-मन के मानसिक झंझावात की एक रूपरेखा कवि ने प्रस्तुत की है। मनु तथा श्रद्धा साधारण पुरुष-नारी की भाँति प्रतीत होते हैं। किन्तु दार्शनिक समन्वय के कारण श्रद्धा अधिक आदर्शमयी हो गयी है। उसमें भारतीय आत्मा तथा पाश्चात्य चेतना का समन्वय है। अपने नारी रूप में श्रद्धा कोमल भावनाओं का प्रतीक है। वह मनु पर ममता रखती है। सदा उसके हित की कामना करती है। मैकडूगल भी इसे स्वीकार करता है कि कोमल हृदय की नारियाँ शीघ्र सहानुभूति और दया प्रदर्शित करने लगती हैं।[33] भावनाओं के चित्रण में मूल भावना के साथ कवि ने उससे सम्बन्धित अन्य भावनाओं को भी लिया है। चिन्ता के साथ विस्मरण, जड़ता आदि का वर्णन है। आशा में जिज्ञासा, कुतूहल, अनुराग, आकांक्षा का समावेश है। श्रद्धा के गुण, दया, माया, ममता, समर्पण, विश्वास आदि

आ गये हैं। काम, कर्म के व्यापक और संकुचित दोनों रूप चित्रित हैं। ईर्ष्या में हीनता की भावना, द्वेष और प्रपीड़न की भी चर्चा है। लज्जा की सूक्ष्म भावना में संकोच, संकेत को स्थान मिला। स्वप्न, निर्वेद की धूमिल भावनाएँ छाया-खंडों की भाँति अंकित हैं। उच्चतर भाव दर्शन, रहस्य, आनन्द शाश्वत उपादानों से निर्मित हैं। इस प्रकार मनुष्यता का मनोवैज्ञानिक इतिहास-सा प्रस्तुत हो जाता है।

मन का विश्लेषण करने के अतिरिक्त प्रसाद ने उसमें सामाजिक मनोविज्ञान का भी समावेश किया है। सारस्वत प्रदेश की स्थिति उससे प्रभावित प्रतीत होती है। समस्त प्रजा एक साथ मनु के विरुद्ध विद्रोह कर देती है। एक क्षण के लिए वह अपने नियामक का भी ध्यान नहीं रखती। इसका कारण स्वयं राजा का एकांगी शासन है। सारस्वत प्रदेश केवल भौतिक दृष्टि से ही सम्पन्न है, उसे नीति की शिक्षा नहीं दी गयी, अन्यथा राजा के प्रति प्रजा विप्लव कैसे करती। अन्त में भी समस्त नगर-निवासी सामूहिक मनोविज्ञान से प्रभावित हैं। मानवता का विकास होने के कारण 'कामायनी' में मानव-विज्ञान के चिह्न वर्तमान हैं। वनजीवी मनु नगर में आकर विशाल भवनों का निर्माण करता है। उसके साधन निरन्तर बढ़ते जाते हैं। इधर-उधर बिखरे रहने वाले समुदाय अन्त में समाज का निर्माण करते हैं।

'संघर्ष' सर्ग का भौतिक विकास वर्तमान सभ्यता का चित्रण है। यज्ञ तथा आखेट करने आदि की स्थिति से मनु नागरिक सभ्यता तक पहुँचते हैं। अन्त में ज्ञान की वृद्धि दर्शन, अध्यात्म का निर्माण करती है। श्रद्धा कोई नील परिधान धारण किये थी, किन्तु इड़ा के चरणों में नूपुर थे, वह आलोक वसन पहने थी। क्रमिक विकास में मानव-विज्ञान के केवल संकेत मात्र प्राप्त होते हैं। विद्वान स्वीकारते हैं कि सभ्यता का क्रमिक विकास होता है।[34] 'कामायनी' भी इस ओर इंगित करती है। श्रद्धा अपने भावी पुत्र के लिए वेतसी-लता का झूला डालती है। उसने 'कुटीर' का निर्माण किया। 'कामायनी' में मानवता की विकास-रेखाएँ स्पष्ट हैं। मातृ-सत्ता-युग के अन्तर पितृ-सत्ता-युग आता है। मनु का आरम्भिक व्यक्तिवाद अन्त में सार्वभौमिक भावना में परिणत होता है। प्रारम्भ की भावनाएँ आदिम मानव में भी विद्यमान थीं, किन्तु अन्तिम भाग की उच्चतर भावनाएँ सभ्यता के विकास के साथ ही उसने सीखीं। वन में रहने वाले आदिम मानव को भी अपनी चिन्ता रहती थी, किन्तु जीवन में गतिशील प्रयास आधुनिक ज्ञान-विज्ञान की देन है। बर्बरता और सभ्यता के मध्य एक विभेदक रेखा खींच देना सम्भव नहीं, किन्तु क्रमिक विकास द्वारा उनमें परिवर्तन और अन्तर देखा जा सकता है। सर आर्थर कीथ ने निरन्तर गतिमान सभ्यता को एक सम्मिश्रण की स्थिति में स्वीकार किया है।[35] कामायनी मानव-विज्ञान की दृष्टि से विकास की इन रेखाओं का प्रतिपादन करती है।

समन्वय और समरसता

दार्शनिक दृष्टि से 'कामायनी' एक प्रौढ़ कृति है। इसके पूर्व गीतों का आश्रय लेने के कारण प्रसाद अपने चिन्तन पक्ष का प्रतिपादन बिखरे हुए रूप में ही कर सके। यहाँ उन्हें काव्य में सर्वप्रथम बार पर्याप्त अवसर मिला। एक व्यापक आधार के कारण वे दार्शनिक सत्य का निरूपण कर सके। 'कामायनी' के कवि ने सर्वत्र सामंजस्य पर दृष्टि रखी है। यह सामंजस्य अथवा मिलन प्रत्यभिज्ञा दर्शन का समरसता सिद्धान्त है। विरोधी शक्तियों को केन्द्रित कर उनमें सम्मिलन स्थापित करना उसका लक्ष्य है। अध्यात्म के क्षेत्र का प्रमुख संघर्ष प्रकृति और पुरुष का है। इसी कारण देवत्व का विध्वंस हुआ था। मनु इससे अपनी रक्षा करना चाहते हैं, किन्तु अन्त में भौतिक उन्नति के लिए वे क्षणभर प्रकृति पर शासन कर लेते हैं। वैज्ञानिक यन्त्रों से प्रकृति पर अनुशासन करते हैं। सांख्य दर्शन में प्रकृति-पुरुष की समस्या पर विशेष प्रकाश डाला गया। सांख्यकारिका 10, 11 के अनुसार सत, तम, रज गुणों में साम्यावस्थारूप प्रकृति कारणरहित नित्य, व्यापक, निष्क्रिय, एकाकी, निराश्रित, निरवयव, स्वतन्त्र, विवेकरहित, सामान्य, अचेतन और प्रसवधर्मिणी है। इसके विपरीत पुरुष त्रिगुणातीत, विवेकी, विशेष, चेतन, अविकारी तथा नित्य है। प्रकृति और पुरुष के संयोग से ही सृष्टि का सृजन होता है।[36] विरोधी शक्तियाँ मिलकर एक दूसरे की पूर्ति करती हैं। सांख्य दर्शन (गौड़पाद) अन्धे और लँगड़े का उदाहरण प्रस्तुत करता है, जिसमें वे मिलकर कार्य कर लेते हैं। 'कामायनी' के अन्त में प्रकृति-पुरुष का संघर्ष समाप्त हो जाता है। प्रकृति का अणु-अणु समस्त नागरिकों को आह्लादित कर देता है। कैलास तथा मानसरोवर आनन्द के भंडार बन जाते हैं।

समन्वय के अधिक व्यावहारिक पक्ष में नारी-पुरुष आते हैं। श्रद्धा और इड़ा दोनों मनु को अपनी सहानुभूति देती हैं। श्रद्धा ने उन्हें हृदय दान दिया था। उनकी जड़ता उसने हर ली। प्रलयकालीन क्षुब्ध मनु को सृष्टि में नियोजित करने का श्रेय श्रद्धा को ही है। सम्पूर्ण कथानक में उसका स्थान सर्वोपरि है। जीवन में आनन्द लाने का श्रेय भी उसे है। वास्तथ में श्रद्धा के अभाव में मनु का जीवन शून्य-सा रह जाता है। उसका समर्पण त्यागमय है। इड़ा भी कम त्याग नहीं करती। जब मनु को कहीं शरण न थी तब उसने उन्हें आश्रय दिया। क्षुब्ध मनु को राज्य का नियामक बना दिया। किन्तु मनु नारी के वास्तविक मूल्य और स्नेह को नहीं समझ पाते :

'तुम भूल गये पुरुषत्व मोह में कुछ सत्ता है नारी की
समरसता ही सम्बन्ध बनी अधिकार और अधिकारी की।'

कोमल नारी पुरुष के कठोर हृदय पर केवल अपनी सहृदयता से ही शासन कर सकती है। कौमार्य प्रतिमा नारी 'कामायनी' में पुरुष को समर्पण करती दिखाई देती है। श्रद्धा अपने मनु को 'सरिता, मरु, नग, कुंज, गली' में खोज लेने के लिए विकल है। किन्तु मनु भी उसे एक बार पाकर भयावने अन्धकार में फिर खो नहीं

देना चाहते। वे अन्त में अपनी समस्त भावनाएँ उसे समर्पित करते हैं। नारी-पुरुष की समस्या का समाधान कवि ने दोनों के स्नेहपूर्ण मिलन में कराया है। श्रद्धा-मनु मिलकर आनन्द तक जा सकते हैं। वास्तव में नारी पुरुष एक-दूसरे के पूरक हैं। 'वासना' सर्ग के आरम्भ में उन्हें गृहपति-अतिथि, प्रश्न-उत्तर, सिन्धु-लहर, प्रभात-किरण, आकाश-घनश्याम के सुन्दर प्रतीकों में चित्रित किया गया है। नारी-पुरुष की चिरन्तन समस्या को प्रसादजी ने आदर्शवादी रीति से सुलझाया है। स्वयं मनु नारी को अनेक विशेषणों से समन्वित करते हैं। अपने त्याग, बलिदान से ही नारी माया, ममता का बल तथा शान्तिमयी शीतल छाया होती है। कवि की दृष्टि में नारी-पुरुष का संगम ही जीवन का सुख है।

कामायनी में एक समस्या राजा-प्रजा, अधिकारी-अधिकृत, शासक-शासित, व्यक्ति-समाज की भी है। मनु का अपनी आत्मजा प्रजा से संघर्ष हुआ। स्वयं जनता उनके विरुद्ध विद्रोह कर उठी। इसके मूल में सहयोगिता का अभाव है। मनु ने प्रजा के लिए नियम बनाये थे किन्तु नियामक होकर वे स्वयं उनका पालन करने को तत्पर न थे। वे अत्याचारी और व्यभिचारी हो गये। मनु वास्तविक राजा भी न थे। राष्ट्र-स्वामिनी तो इड़ा थी। वे केवल एक मन्त्री की भाँति थे। रानी पर अधिकार करने के अतिरिक्त उन्होंने प्रजा की भी चिन्ता न की। प्रजा ने विद्रोह किया। संघर्ष में मनु आहत हुए। इड़ा के द्वारा कवि ने शासक-शासित के सुन्दर सम्बन्ध की व्याख्या की है :

लोक सुखी हो आश्रय ले यदि उस छाया में
प्राण सदृश तो रमो राष्ट्र की इस काया में।

मन में बुद्धि-हृदय की भाँति सुख-दुख, आशा-निराशा का अनवरत संघर्ष चला करता है। व्यक्ति थोड़े-से दुख में निराश हो उठता है। साधारण-सा क्षणिक सुख उन्मत्त कर देता है। सुख-दुख तो एक ही जीवन के दो अंग हैं। मानव-जीवन की सफलता दोनों का भार वहन करने में है। सुख-दुख से लड़ता-भिड़ता मनु अन्त में आनन्द तक पहुँचता है। श्रद्धा ने अपने प्रथम परिचय में निराश आदिपुरुष को सुख-दुख का रहस्य समझाया था। "दुख की रात्रि के अन्तिम प्रहर में ही सुख का नवल प्रभात विकसित हो जाता है। अभिशाप के आवरण में वरदान छिपे रहते हैं। दुख से ही सुख का विकास होता है।" अपने सुखों की तृप्ति में ही मग्न रहने वाले मनु की वासना बढ़ती जाती है और अन्त में उसे कष्ट होता है। श्रद्धा अधिक तटस्थ है। सुख-दुख जीवन का शृंगार करते हैं। इसी प्रकार कर्म और भोग का समन्वय भी आवश्यक है। केवल भोग की कामना करने वाला व्यक्ति प्रगति नहीं कर सकता। इच्छा-पूर्ति के लिए कर्म की अपेक्षा होती है। भोग-कर्म और जड़-चेतन को एक साथ प्रसाद ने लिया है।

'कामायनी' का लक्ष्य जीवन में सामंजस्य का प्रयास है। विरोधी शक्तियों के

संगम से ही सुख की प्राप्ति सम्भव है। जब समस्त विरोध एक ही केन्द्रबिन्दु पर आकर किसी कार्य में नियोजित होते हैं तभी वास्तविक सुख-शान्ति का सृजन होता है, अन्यथा विरोधी शक्तियाँ एक दूसरे से संघर्ष कर अपनी शक्ति क्षीण किया करती हैं। जीवन के प्रत्येक क्षेत्र में सामंजस्य तथा सन्तुलन की अपेक्षा है। मानव का प्रतीक मनु इस समन्वय-दृष्टि से वंचित होने के कारण अनेक कष्ट भोगता है। उसके बुद्धि-हृदय आपस में संघर्ष करते रहते हैं। यह द्वन्द्व तब तक चलता रहता है जब तक श्रद्धा जीवन में समन्वय नहीं ला देती। काम के अभिशाप में यही विरोध की भावना है :

मस्तिष्क हृदय के हो विरुद्ध दोनों में हो सद्भाव नहीं
वह चलने को जब कहे कहीं, तब हृदय विकल चल जाय कहीं।

भारतीय दर्शन काफी समन्वयवादी रहा है। उपनिषदों की अद्वैत भावना द्वयता को समाप्त कर देती है। आत्मा केवल परमात्मा की छाया है। आत्मा-परमात्मा का मिलन ही आनन्द है। 'आत्मानन्द' के द्वारा उपनिषद् आत्मा और आनन्द में अधिक भेद स्वीकार नहीं करते। वृहदारण्यक एक दृष्टान्त के द्वारा अद्वैत से प्राप्त सुख की रूपरेखा प्रस्तुत करता है। उसका कथन है कि प्रिया से आलिंगन कर पुरुष किसी भी बाह्य अथवा आन्तरिक वस्तु को नहीं जानता। परमात्मा से मिलन होने पर जीवन की यही स्थिति हो जाती है।[37] ब्रह्मसूत्र का वेदान्त दर्शन भी अद्वैत का प्रतिपादन करता है। शंकर माया को मिथ्या मानकर अद्वैत का समर्थन करते हैं। तत् और त्वं, ब्रह्म तथा जीव का समन्वय आवश्यक है। सच्चिदानन्द में सत् चित्, आनन्द का लय हो जाता है। आत्मा की सत्ता में विश्वास न करने वाला बौद्ध दर्शन भी मध्यमप्रतिपदा मार्ग का अनुसरण करता है। भोग-विराग की अन्तिम सीमाएँ अकल्याणकारिणी हैं। अन्तों के मध्य में रहना ही सम्यकृता है। दो पारस्परिक भिक्षुओं का संवाद इस मत की स्थापना करता है। 'संसार का परित्याग कर निवृत्ति मार्ग पर चलने वाले प्रव्रजित के लिए दोनों सीमाओं का सेवन ही अधिक श्रेयस्कर है। मानव के उद्धार का मार्ग दो अन्तों का त्याग कर मध्यमार्ग है।' बुद्ध ने इसी का प्रतिपादन किया। यह चित्त को शान्ति, सम्यक् ज्ञान प्रदान करता है। इसी में निर्वाण निहित है। इस प्रकार तार्किक बौद्ध दर्शन भी जीवन में 'सौमनस्य' का पक्षपाती है। नागार्जुन के दर्शन को डॉ. राधाकृष्णन उपनिषदों की अद्वैत भावना के समीप रखते हैं।[38] सांख्य दर्शन सत्, रज, तम में समन्वय स्थापित करता है। आधुनिक दार्शनिक एवं मनोवैज्ञानिक भी जीवन में सामंजस्य को महत्त्व देते हैं। सामंजस्य की इस भावना में समस्त विरोध को समाप्त कर नवनिर्माण की कल्पना है।

शैव दर्शन के समरसता-सिद्धान्त ने सामंजस्य पर विस्तृत विवेचना प्रस्तुत की। शैव चिन्तक समग्र सृष्टि को शिव का प्रसाद मानते हैं। शिव को सर्वोपरि सत्ता स्वीकार करने वाला भक्त उसी से सामंजस्य की कामना करता है। शिव की शक्ति

से विश्व का निर्माण होता है। संसार शक्ति का ही उन्मेष है। शक्ति और शिव सदा एक दूसरे में निहित रहते हैं। शक्ति अन्तर्मुखी होकर शिव बन जाती है; शिव बहिर्मुख होकर शक्ति बनता है। शिव और शक्ति में क्रमशः एक की प्रधानता और अन्य की न्यूनता रहती है। शिव-शक्ति के सामरस्य की दशा 'परमशिव' है। शैव दर्शन की विभिन्न शाखाओं ने इसी को अनेक रूपों में ग्रहण किया।[39] प्रत्यभिज्ञादर्शन का शिव-शक्ति तत्त्व त्रिपुरामत में कामेश्वर-कामेश्वरी का रूप प्राप्त करता है जो 'त्रिपुरासुन्दरी' के सामंजस्य में परिवर्तित हो जाता है। शैव दर्शन में ज्ञान-भक्ति का सुन्दर सम्मिश्रण है। शुष्क ज्ञान मार्ग और सरस भक्ति दोनों का ही समन्वय यहाँ प्रस्तुत हुआ। 'बोधसार' में नरहरि का कथन है : ज्ञान के पूर्व द्वयता का मोह उत्पन्न होता है। ज्ञान के प्रकाश से द्वैत की कल्पना भक्त बुद्धि द्वारा करता है। यह कल्पित द्वैत अद्वैत से भी सुन्दर है। समरसता के आने पर द्वयता अमृत के समान आनन्ददायिनी हो जाती है। जीव-परमात्मा का मधुर मिलन दम्पति-संयोग की भाँति सुखकर होता है। समरसता उसका अलौकिक रूप है। प्रत्यभिज्ञा के अनुसार विश्व-निर्माण की इच्छा से परमेश्वर अपने शिव और शक्ति दो रूप बना लेता है। शिव ज्योति है, शक्ति विमर्श। शिव के अहं तथा शक्ति के इदं का मिलन ही सामरस्य है। समरसता की स्थिति में समस्त द्वयता समाप्त हो जाती है। अस्ति-नास्ति का भेद विलीन हो जाता है। समरसता के अभाव में विनाश और प्रलय होता है। शैव दर्शन शिवभक्ति के समन्वय में ही सुख मानता है। शिव चित् रूप होकर भी जड़ है। शक्ति के अभाव में उसे प्रकाश का बोध नहीं होता। उसमें चेतना भरने का कार्य शक्ति करती है। आगमशास्त्रों में इसकी चर्चा है :

न शिवेन बिना देवी न देव्या च बिना शिवः
नान योरन्तरं किंचित् चन्द्रचन्द्रिकयोरिव।

उपनिषद् का अद्वैतवाद शैव दर्शन में आकर अधिक सरस हो गया। उसकी समरसता में भक्ति-भावना का भी समन्वय हुआ। दक्षिण तथा काश्मीर में प्रसरित होने वाली शैवों की दो विभिन्न शाखाएँ क्रमशः ज्ञान और भक्ति का अधिक आग्रह करती है। आणव एक विभेदक वस्तु है और उससे मुक्ति पाना शैवागम के अनुसार नितान्त अनिवार्य है। आणव से मानव दुष्कर्म में प्रवृत्त होता है, अनेक भेद हो जाते हैं। इससे मुक्ति मिलते ही सर्वत्र एकरूपता, समरसता दिखाई देने लगती है। समरसता का प्रतिपादन करने वाला शैव दर्शन सुख-दुख, पाप-पुण्य में कोई मौलिक अन्तर नहीं स्वीकार करता। सुख-दुख केवल अनुकूल वेदनीय तथा प्रतिकूलवेदनीय है। भेदक दृष्टि न रखकर सामंजस्य में विश्वास करने के कारण ही शिव अमृत, विष दोनों को एक साथ धारण करते हैं। वाम पाश में सदा विद्यमान होकर भी पार्वती शिव की निर्विकल्पता नहीं समाप्त करतीं। शैव-दर्शन की समरसता में अद्वैत भावना का सरस प्रतिपादन हुआ। समरसता से लोक-कल्याण भी सम्भव है। इस समरसता

का प्रतीक शिव का नाट्य है; वे नटराज हैं।

शैव दर्शन से प्रभावित होते हुए भी 'कामायनी' की समरसता अधिक व्यावहारिक है। उसमें केवल धार्मिक, दार्शनिक अथवा आध्यात्मिक पक्ष का ही ग्रहण नहीं; वह जीवन की अधिकांश समस्याओं का समाहार कर लेती है। अन्त में समस्त विरोधी शक्तियाँ समन्वित होकर कार्य में नियोजित होती हैं। संघर्ष का अन्त होता है, भेदभाव समाप्त हो जाते हैं। प्रसाद की समरसता-कल्पना पर्याप्त व्यापक है। उसमें व्यक्ति के अन्तर्तम से लेकर विश्व तक के संघर्ष को समाप्त करने का प्रयास है। कवि ने जीवन को सम्पूर्ण इकाई के रूप में ग्रहण किया है, अन्तर और बाह्य दोनों उसी के रूप हैं। 'कामायनी' के आरम्भ का मनु अपनी आन्तरिक, मानसिक विषमताओं से पीड़ित है। उसने देवता रहकर जीवन के समस्त सुख-विलास भोगे थे। अनायास ही प्रलय आया और वह वैभव, ऐश्वर्य विलीन हो गया। तभी मनु को उसकी क्षणभंगुर अपूर्णता का आभास मिला। अतीत का सुख और वर्तमान का दुख मिलकर मनु के मन में आन्तरिक द्वन्द्व का सृजन करते हैं। उनमें विचित्र जड़ता आ जाती है। श्रद्धा इस अवसर पर जीवन में सामंजस्य लाने के लिए कहती है। दुख के अनन्तर सुख आता है, अन्धकार के पश्चात् प्रकाश होता है। विरोधों में समन्वय करती हुई वह कहती है :

नित्य समरसता का अधिकार
उमड़ता कारण जलधि समान
व्यथा से नीली लहरों बीच
बिखरते सुख मणि गण द्युतिमान।

वह शक्ति के बिखरे हुए विद्युतकणों में समन्वय करने का सन्देश देती है। इस सामरस्य का ग्रहण न करने के कारण मनु का मन पथभ्रष्ट हो जाता है। 'वासना' में नारी-पुरुष का मिलन केवल भौतिक एवं बाह्य था। वह समरसता का निम्न रूप है। उन दोनों का सामंजस्य स्थापित करने के लिए प्रसाद ने 'लज्जा' सर्ग में 'सन्धिपत्र' की कल्पना की है। समरसता का सर्वोत्कृष्ट रूप कवि ने इच्छा, ज्ञान, क्रिया के समन्वय द्वारा प्रस्तुत किया है। ये तीनों ही विरोधी शक्तियाँ समरस होकर कल्याणकारिणी बनती हैं। मन की द्वयता समाप्त हो जाती है। जब तक मानव संसार और स्वयं में भेद रखता है, उसे कष्ट होते हैं। संसार में स्वयं की कल्पना ही श्रेयस्कर है। मन के अन्तर का काम स्वयं समरसता की आवश्यकता स्वीकार करता है : **'समरसता ही सम्बन्ध बनी, अधिकार और अधिकारी की।**

अन्तर्जगत में हृदय-बुद्धि का समन्वय अपेक्षित है। सुख-दुख के प्रति एक तटस्थ दृष्टिकोण की आवश्यकता है। समरसता का प्रतीक शिव हैं जो निर्विकल्प रहते हैं। प्रसाद की धारणा है कि मन में समरसता, सामंजस्य और सन्तुलन स्थापित करने से बाह्य जगत में सम्मिलन स्थापित हो जाएगा! मन सर्वोपरि है। वही प्रत्येक वस्तु

ग्रहण करता है। मन में सन्तुलन आने से बाह्य वस्तुएँ स्वयं समरस हो जाएँगी। इसी कारण कवि ने मनोवैज्ञानिक आधार पर मन में सामंजस्य स्थापित कराने का प्रयत्न किया। बाह्य जगत में आकर प्रसाद समरसता के विषय में अधिक आधुनिक और व्यावहारिक हो गये हैं। उन्होंने जीवन की भौतिक समस्याओं को भी लिया। शासक-शासित, पुरुष-नारी, व्यक्ति-समाज में भी सामंजस्य आवश्यक है। सारस्वत प्रदेश की भौतिक उन्नति का वास्तविक कारण 'सहयोग भावना' थी। आर्थिक और राजनीतिक विषमताओं का भी अन्त आवश्यक है। वैज्ञानिक तथा प्राकृतिक शक्ति का समन्वय मानव को अधिक सुखी बना सकेगा। बुद्धि की प्रतिनिधि इड़ा भी 'शीतल सौमनस्य' विखराती है। समरसता के अभाव में राजा और प्रजा का संघर्ष होता है। दैनिक कार्य से लेकर सार्वभौमिक जगत तक सामंजस्य की आवश्यकता है। श्रद्धा संसार में 'तल्लीनपूर्ण राग की छाया' पा जाती है। इड़ा के समीप अपने पुत्र को छोड़ते हुए भी वह समरसता के प्रचार की शिक्षा देती है। यह उसका सार्वभौमिक स्वरूप है। आध्यात्मिक जगत में समरसता की कल्पना 'कामायनी' में शैवदर्शन के अधिक निकट है। इस समरसता का मूलाधार श्रद्धा है। मानसिक जगत की विषमता को समाप्त करनेवाली यह सात्विक वृत्ति मन को उच्चतम भावभूमि पर ले जाती है। 'समतल' पर ही वह समरसता की स्थापना करती है। इच्छा, ज्ञान, क्रिया तीनों की शक्ति सामंजस्य के अभाव में क्षीण होती रहती हं। इच्छा मन, ज्ञान, मस्तिष्क तथा क्रिया इन्द्रिय के व्यापार हैं। इन तीनों में सामंजस्य ही जीवन की पूर्णता है। इनके अभाव में वह एकांगी हो जाएगा। श्रद्धा इच्छा, ज्ञान, कर्म का जब अलग-अलग वर्णन करती है तो वे विचित्र प्रतीत होते हैं। इच्छा से शब्द, स्पर्श, रूप, रस, गन्ध का सम्बन्ध है। ज्ञान की वृद्धि अनेक भेदों का कारण बनती है। कर्म में सतत संघर्ष है। यह समरसता के अभाव के ही कारण है :

ज्ञान दूर कुछ, क्रिया भिन्न है
इच्छा क्यों पूरी हो मन की
एक दूसरे से न मिल सके
यह विडम्बना है जीवन की।

इन तीनों के मिलते ही दिव्य प्रकाश छा जाता है। शैव दर्शन के अनुसार शंकरजी ने त्रिपुर-दाह किया था। प्रसाद की इच्छा, ज्ञान, क्रिया के समन्वय की कल्पना इसी के निकट है। चेतना कल्याणमयी श्रद्धा अपनी स्मित से उनमें समन्वय स्थापित करती है। इसके पश्चात् मनु स्वयं समरसता का प्रचार करने लगते हैं। सारस्वत प्रदेश के निवासियों को उपदेश देते समय वे द्वयता को ही विस्मृति बताते हैं। इस अवसर पर प्रसाद की समरसता के कई रूप प्रस्तुत होते हैं। मनु आन्तरिक, सामाजिक, आध्यात्मिक आदि क्षेत्रों में समन्वय कर लेते हैं। 'कामायनी' की समरसता एक व्यापक भूमि पर प्रतिष्ठित है। उसमें शैवदर्शन की समरसता, मनोवैज्ञानिकों के सन्तुलन

तथा अन्य दार्शनिकों के सामंजस्य का सम्मिलन-सा प्रस्तुत हुआ है। 'कामायनी' सर्वत्र समरसता का प्रचार करती दिखाई देती है। एक ओर यदि वह आध्यात्मिक जगत में मानव को ले जाना चाहती है, तो साथ ही वर्तमान विषमता को समाप्त करने का प्रयास भी करती है। अन्तिम तीन सर्ग दर्शन, रहस्य, आनन्द समरसता से परिपूर्ण हैं। प्रसाद की समरसता की आधारशिला श्रद्धा है। श्रद्धा कोमल भावनाओं का प्रतीक होने के कारण समन्वय की क्षमता से समन्वित है। अपने नाटक 'एक घूँट' में भी समरसता तथा समन्वय पर प्रसाद ने विचार किया। आनन्द जीवन में इसी सामंजस्य का पक्षपाती है।[40] समरसता प्रसाद साहित्य का मूल स्वर है। 'कामायनी' का अन्त इसी समरसता की प्रतिष्ठा से होता है :

समरस थे जड़ या चेतन
सुन्दर साकार बना था।

आनन्द की कल्पना

समरसता से आनन्द की सृष्टि होती है। जब समस्त द्वयता, संघर्ष, विषमता समाप्त हो जाते हैं तब सुख, शान्ति में सन्देह कैसा? जीवन का लक्ष्य ही आनन्द है। संसार के सभी ज्ञान-विज्ञान उसी की खोज में लगे हुए हैं। साहित्य और दर्शन का यह प्रयास एक दूसरे के अधिक समीप दिखाई देता है। साहित्य का रस दर्शन का आनन्द है। साहित्यिक रसनिष्पत्ति के द्वारा वही कार्य करता है जो दार्शनिक आनन्दसृजन से। आनन्द तक जाने के विभिन्न मार्ग दार्शनिकों ने बताये हैं। किन्तु 'आनन्द' शब्द का प्रयोग शैवदर्शन में बहुलता से प्राप्त होता है। इसके पूर्व भी वेदान्तवासियों ने सत्, चित्, आनन्द की कल्पना की थी। रजस, तमस के स्थान पर जब सत्त्व गुण की प्रधानता हो जाती है तब आनन्द का आविर्भाव होता है। इस आनन्द की उपलब्धि व्यक्तिवाद के विनाश द्वारा ही सम्भव है।

अद्वैत अथवा समरसता के आधार पर आगमों ने अपने आनन्दवाद की स्थापना की। स्पन्दशास्त्र के अनुसार जगत में सर्वत्र, प्रत्येक काल में आनन्द व्याप्त रहता है। यह आनन्द-परमशिव का ही एक रूप है। जब शिव सार्वकालिक, सर्वत्र विद्यमान है तो फिर आनन्द का अस्तित्व भी होगा ही। तैत्तरीय उपनिषद् का 'अयमात्मा परमानन्दः' इन आगमों में आकर पूर्ण विकसित हुआ। इसमें उन्होंने काम, प्रेम और सौन्दर्य-भावना का समन्वय कर लिया। इसी कारण शैवागम की आनन्द-कल्पना जीवन के किंचित् निकट आकर व्यावहारिक हो गयी। मन पर किसी प्रकार का नियन्त्रण रखने की आवश्यकता न रह गयी, क्योंकि सर्वत्र आनन्दराशि ही बिखरी हुई है। संसार से किसी प्रकार के वैराग्य की आवश्यकता नहीं। जीवन स्वयं शिव का प्रसाद होने के कारण आनन्दरूप है। परमेश्वर की पाँच शक्तियों में आनन्द भी एक है। वह स्वयं प्रेम और आनन्द के कारण सृष्टि का निर्माण करता है। वीर शैवमत के अनुसार जगत सत्य है। शंकर की भाँति वे उसे मिथ्या नहीं मानते। 'सच्चिदानन्द

परमशिव’ ही सर्वोपरि है। सौन्दर्यलहरी का कथन है :

त्वमेव स्वात्मानं परिणमयितुं विश्ववपुषा
चिदानन्दकारं शिव युवति भावेन विमृषे। (35)

शैव दर्शन की दोनों प्रमुख शाखाएँ आनन्द की प्रतिष्ठा करती हैं। शैव आत्मा को और शाक्त जगत को प्रधानता देकर शिव में लीन होने का उपदेश देते हैं। शैव दर्शन की आनन्द-कल्पना में अन्य सरस भावनाओं का भी समन्वय होने के कारण उसे साहित्य में स्थान मिला। आनन्दवर्द्धनाचार्य, अभिनवगुप्त आदि ने आनन्द से रस का भी सम्बन्ध स्थापित किया। धर्म और दर्शन का आनन्दवाद साहित्य में आकर जीवन के निकट हो गया। आचार्य अभिनवगुप्त ने इस समन्वय का विशेष प्रयास किया। उनकी सौन्दर्य-सम्बन्धी धारणा आनन्द और रस के सुन्दर समन्वय पर आश्रित है।[41] आनन्द के प्रतिपादन में समन्वय दृष्टि रखी गयी। समरसता ही आनन्द है। इस प्रकार आनन्दवाद में एक साथ अनेक समस्याओं का समाहार प्रस्तुत किया गया। आन्तरिक जीवन में यदि उससे आत्मतोष मिला तो बाह्य जगत में समता आयी। आनन्दवाद की दृष्टि विशुद्ध भावमूलक है। उसमें अन्य तार्किक और बौद्धिक दर्शनों का अधिक आग्रह नहीं। उसकी प्राप्ति अन्तर तथा शिव के अनुग्रह से ही होती है; अन्य सभी उपाय व्यर्थ हैं। आनन्द प्राप्ति की साधन प्रणाली में आनन्दमय कार्यों का समावेश है। आनन्दवाद की यह शैव विचारधारा भारतीय दर्शन और साहित्यक्षेत्र में अपनी समन्वय दृष्टि के कारण एक विशिष्ट स्थान प्राप्त करती है।

‘कामायनी’ अन्त में आनन्द की प्रतिष्ठा करती है। काव्य और दर्शन दोनों का यही प्रयोजन है। आनन्द की कल्पना में प्रसाद का व्यक्तिगत चिन्तन भी निहित है। उपनिषद् की अद्वैत भावना से लेकर आधुनिक भौतिक सुख तक की कल्पना का इतिहास उनके सम्मुख था। समाज की बदलती हुई परम्परा के प्रकाश में उन्होंने उसका उपयोग किया। बीसवीं शताब्दी में प्रसाद के सामने अन्य विषमताएँ और समस्याएँ थीं। इन परिस्थितियों पर उन्होंने एक साथ विचार किया। इनका उत्तर समरसता तथा आनन्द से देने के कारण उसमें अनेक तत्त्वों का समावेश हो गया। इस विषय में कवि ने स्वयं स्वीकार किया है, “शैवों का अद्वैतवाद और उनका सामरस्य वाला रहस्य सम्प्रदाय, वैष्णवों का माधुर्य भाव और उनके प्रेम का रहस्य तथा काम कला की सौन्दर्य उपासना आदि का उद्गम वेदों और उपनिषदों की वे साधना प्रणालियाँ हैं, जिनका उन्होंने समय-समय पर अपने संघों में प्रचार किया। प्राचीन आर्य लोग सदैव से अपने क्रियाकलाप में आनन्द, उल्लास और प्रमोद के उपासक रहे, और आज के भी अन्यदेशीय तरुण आर्य संघ आनन्द के मूल संस्कार से संस्कृत और दीक्षित हैं। आनन्द भावना, प्रिय कल्पना और प्रमोद हमारी व्यवहार्य वस्तु थी।[42] ‘कामायनी’ में उन्होंने इस भूली हुई परम्परा का प्रतिपादन किया। उसकी रूपरेखा का निर्माण उन्होंने इतनी कुशलता से किया कि बदलती हुई परिस्थिति से

भी उसका संयोग हो गया।

आनन्द के प्रतिपादन में श्रद्धा को सर्वाधिक महत्त्व दिया गया। कोमल भावनाओं से भरी हुई यह चेतन शक्तिरूपा नारी आदि-पुरुष को आनन्द तक ले जाती है। यह आनन्द मन से लेकर विश्व तक प्रसारित किया गया। आध्यात्मिक दृष्टि से 'कामायनी' की परिसमाप्ति कैलास पर्वत की मनोहर उपत्यका में होती है, जहाँ आनन्द स्रोत बहता है। वहाँ कोई भी शापित अथवा तापित नहीं रहता। तुलसी के रामराज्य की तरह वास्तव में उस स्थल पर मनु ऋषि-रूप में प्रतिष्ठित होते हैं। सारस्वत प्रदेश की प्रजा उनके दर्शन मात्र से उल्लसित हो उठती है। यह एक प्रकार का चमत्कारिक प्रभाव है। मनोवैज्ञानिक क्षेत्र में चेतना शक्ति श्रद्धा मनु के मन में समन्वय स्थापित कर उसे अनेक विषमताओं से बचा लेती है। मानसिक उलझनें समाप्त होने पर ही शान्ति प्राप्त हो सकती है। आन्तरिक तृप्ति के लिए सद्वृत्तियों का भी परित्याग नहीं किया गया। व्यक्ति, परिवार, समाज, देश, संसार सभी को आनन्द का दान देना श्रद्धा का उद्देश्य है। मनु के व्यक्तिगत पाश में बँधकर वह आनन्द को सीमित नहीं कर देती। उसकी आनन्द-कल्पना असीम, अनन्त है। 'कामायनी' का आनन्द ऋषि, साधक अथवा वैरागी की सम्पत्ति नहीं है। कर्म से मानव उसकी प्राप्ति कर सकता है, वन में जाने की आवश्यकता नहीं। कवि निवृत्ति मार्ग का पक्षपाती नहीं है। जीवन के प्रति अडिग आस्था, सार्थक कर्म, सत्काम, सत्य का ग्रहण स्वयं आनन्द-प्राप्ति के लिए पर्याप्त है। प्रेम स्वयं आनन्द है। प्रेम का व्यापक और उदात्त रूप ही श्रद्धा है। वह सभी से प्रेम करती है, इसी की शिक्षा देती है। स्वयं अपनी चेतना से लेकर सर्व संसार तक का प्रेम उसका लक्ष्य है। आनन्द को व्यापकत्व प्रदान करने के लिए 'कामायनी' के कवि ने कर्म, काम का विशद निरूपण किया। श्रद्धा के कर्म में पशु-पक्षी, मानव के प्रेम से लेकर जनसेवा तक आ जाती है। 'प्रेम-पथिक' का विकसित रूप वह श्रद्धामय प्रेममूलक आनन्दवाद है। व्यावहारिकता को प्रमुखता देने के कारण 'कामायनी' के आनन्दवाद में आशा और जागृति का सन्देश है। कवि कर्म का सन्देश देता है :

यह नीड़ मनोहर कृतियों का
यह विश्व कर्म रंगस्थल है
है परम्परा लग रही यहाँ
ठहरा जिसमें जितना बल है।

व्यावहारिक जगत में जहाँ 'कामायनी' का आनन्द मनु के निकट सारस्वत नगर निवासियों का आगमन है, वहीं आध्यात्मिक क्षेत्र में शिव का नृत्य उसका आभास देता है। इसी अवसर पर मनु, मन, समाज को पूर्ण परितोष होता है। उच्च भावभूमि पर जाने के कारण अपने अन्तिम रूप में वह रहस्यमय भी बनता है। रहस्यवादी इसे तन्मयता अथवा अभेद की स्थिति कहते हैं। उस समय एक विचित्र अवस्था होती

है जिसका वर्णन सम्भव नहीं, केवल अनुभव किया जा सकता है। रहस्यवादी इस चिरन्तन आनन्द के लिये आजीवन प्रयत्नशील रहते हैं। शिव का नृत्य इसी स्थिति का प्रतीक है। वास्तविक जगत में मानव चतुर्दिक तृप्ति की कामना करता है। अन्तर्मन की भूख और प्यास से लेकर पेट की ज्वाला तक वह शान्त करना चाहता है। आधुनिक युग में कवि का यही समन्वय प्रयास है। भौतिक तृप्ति, आध्यात्मिक उन्नति सभी आनन्द की इस रूपरेखा में समाविष्ट होते हैं। 'कामायनी' के पात्र अपने सुख और परितोष के लिए इधर-उधर भटकते दिखाई देते हैं। वे आन्तरिक तृप्ति चाहते हैं। जो आनन्द पथ श्रद्धा सभी को दिखाती है, उस पर वह स्वयं निरन्तर चलती रहती है। आनन्द की उपलब्धि कर्म द्वारा होती है, केवल ज्ञान अथवा चिन्तन से नहीं। ये उसी के सहयोगी हैं। इसी कारण ज्ञान, इच्छा, कर्म का समन्वय ही आनन्द का स्रष्टा है। कवि की आनन्द-कल्पना सार्वभौमिक स्नेह तथा विश्वबन्धुत्व पर अवलम्बित है। केवल अपने लिए मोक्ष की कामना करके आनन्द-प्राप्ति कर लेने की प्रणाली से उनका व्यावहारिक आनन्दवाद काफी आगे है। यहाँ मानव और मानवता ही सर्वोपरि है। मानव से वे 'भूमा' को अपनाने के लिए कहते हैं। सुख दो प्रकार के होते हैं, अल्प तथा बहुल। अल्प संकुचित और संकीर्ण होता है, इस कारण उसका ग्रहण कष्टकर होता है। भूमा ही वास्तविक सुख है। व्यक्ति का समष्टि में पर्यवसान होना आवश्यक है। छान्दोग्य में भूमा के विषय में कहा गया "भूमा ही सुख है। अल्प में सुख नहीं। भूमा ही अमृत है। अल्प मर्त्य है। भूमा आत्मा की भाँति सर्वत्र व्याप्त है।"[43] सनतकुमार ने 'भूमा' की इस परिभाषा को नारद से कहा। 'भूमा' संसार को एक सम्पूर्ण इकाई के रूप में देखने का ही प्रयत्न है। 'वसुधैव कुटुम्बकम्' इसके समीप है। 'चन्द्रगुप्त' का दाण्ड्यायन आत्मदर्शन के कारण किसी बलवान की इच्छा की क्रीड़ा-कन्दुक नहीं बन सकता। उसे भूमा के सुख और महत्ता का आभास हो चुका है। 'भूमा' को कवि ने आनन्द का एक चरण माना है। भूमा के अन्तर्गत आत्मतृप्ति, परतृप्ति दोनों आ जाते हैं। मन को किसी भी कार्य के लिए शक्ति की आवश्यकता होती है। इस आन्तरिक शक्ति के कारण अहं का प्राधान्य न हो जाये, इसी हेतु व्यापक दृष्टि, सर्वग्रहण भी उपेक्षित है। श्रद्धा 'भूमा' के विषय में कहती है :

विषमता की पीड़ा से व्यस्त
हो रहा स्पन्दित विश्व महान्
यही दुख सुख विकास का सत्य
यही भूमा का मधुमय दान।

नियति

चिन्तन के दार्शनिक क्षेत्र में 'कामायनी' में नियति को भी स्थान प्राप्त है। 'आँसू' की अभिशापमय नियति यहाँ आकर अधिक व्यापक हो जाती है। इसके पूर्व वह निर्मोही

तथा निष्ठुर थी। वियोगकाव्य के अनुरूप कवि ने उसका चित्रण किया था। जीवन के आरम्भ में प्राप्त होने वाले अनेक उत्थान-पतन के दृश्यों में क्रमशः तटस्थता आती गयी। दार्शनिक-मनन ने उसमें किंचित् परिवर्ततन किया। नियति के विषय में उनकी व्यक्तिगत अनुभूति दर्शन से मिलकर एक अन्य रूप में प्रस्तुत हुई। 'कामायनी' में जलप्लावन के समाप्त होते ही कवि नियति की सूचना देता है :

उस एकान्त नियति शासन में
चले विवश धीरे-धीरे

नियति मन को कार्य में नियोजित करती है। इस प्रकार वह एक सत्ता है, जो शासन करती है। इसके पूर्व देवसृष्टि का विनाश भी नियति की प्रेरणा से हुआ था। नियति शब्द का प्रयोग शैवदर्शन में हुआ। कला, विद्या, राग, काल, नियति पाँच कंचुक हैं, जो जीव को आवृत कर लेते हैं। नियति प्रत्येक वस्तु का नियमन करती है।[44] व्यक्ति के कार्यों पर वह एक प्रकार का प्रतिबन्ध लगा देती है। आगम की नियति शक्तिशालिनी है। कामायनी में इसका ग्रहण उस चेतन शक्ति के रूप में किया गया जिसके सम्मुख मानव विवश हो जाता है। मानव केवल अपने कर्म पर विश्वास कर सकता है, उसके परिणाम पर नहीं। साधारण भाग्य, कर्म अथवा प्रारब्ध एक विचित्र प्रकार की जड़ता ला देते हैं, किन्तु सुख-दुख दोनों का ही दान देने वाली 'कामायनी' की नियति जीवन को गतिमान करती है। वह मनुष्य की उच्छृंखलता पर एक प्रकार का अनुशासन और प्रतिबन्ध है। उसका सम्बन्ध प्रकृति से है। प्रकृति की सचेतन अभिव्यक्ति इसी रूप में होती है। संसार का समस्त क्रिया-व्यापार नियति के द्वारा चलता है। वह व्यक्तिगत नहीं, समष्टिगत है। नियति केवल मनु का जीवन ही परिचालित नहीं करती, वरन् समग्र संसार उसी से नियन्त्रित है : 'नियति चलाती कर्मचक्र यह. . .(कामायनी, पृ. 267)।

अपना जीवन नियति को सौंपकर मनुष्य का निष्क्रिय हो जाना अनुचित है। किन्तु नियति से संघर्ष करना भी उचित नहीं। वह गतिशील चेतना की भाँति स्वयं अपना कार्य करती है। मनु के उत्थान-पतन के पीछे उसकी शक्ति है। मनु और श्रद्धा का मिलन उसी पर अवलम्बित है। 'दो अपरिचित से नियति अब चाहती थी मेल।' चिन्ता के भीषण वातावरण से लेकर आनन्द के चरम लक्ष्य तक इस नियति का कार्यकलाप चलता रहता है। साधारण भाग्यवादी स्वयं को अदृश्य शक्ति के हाथों सौंप देता है, किन्तु नियतिवादी कार्यरत रहकर उसके परिणाम की व्यर्थ कामना नहीं करता। वह पूर्वजन्म के कर्मों का फल स्वीकार कर निराश नहीं होता और न भाग्य से भिक्षा ही माँगता है। 'कामायनी' की नियति समरसता और आनन्द में सहयोग प्रदान करने वाली वस्तु है। उसके दान को स्वीकार करना ही होगा। ऋषि जगत्कारु का कथन है कि "कर्मफल तो स्वयं समीप आते हैं, उनसे भागकर कोई बच नहीं सकता।"[45] प्रसाद की नियति और कर्म में सामीप्य है। देवताओं की

उच्छृंखलता को नियति ने प्रलय का शाप दिया। मनु और श्रद्धा का मिलन मानवता के विकास के लिए अनिवार्य था। नियति ने मनु की संकीर्ण मनोवृत्ति के कारण उसे संघर्ष का अभिशाप दिया। अन्त में नियति सामरस्य ले आयी। इस प्रकार प्रकृति का क्रिया-व्यापार नियति के द्वारा चलता है।

सामयिक प्रश्न

जीवन की सामयिक समस्याओं को भी 'कामायनी' में परोक्ष स्थान प्राप्त है। दार्शनिक क्षेत्र में कवि मानव मन को आध्यात्मिकता तक ले जाने का प्रयत्न करता है। किन्तु उसकी भौतिक आवश्यकताओं का भी उसने बहिष्कार नहीं किया। जीवन के यथार्थ को तिलांजलि नहीं दी जा सकती। मानवता के विकास के साथ-साथ उसकी समस्याएँ बढ़ती जाती हैं। श्रद्धा के प्रवेश ने नारी-पुरुष के संयोग से होने वाली समस्याओं का सृजन किया। श्रद्धा के कुतूहल का ध्यान कर मनु ने यज्ञ आरम्भ किया। इसी के अनन्तर आने वाले शिशु के लिए कामायनी काले ऊन की पिट्टयाँ तथा छोटा-सा कुटीर बनाती है। तकली भी चलने लगती है। ये बढ़ती हुई आवश्यकताएँ उस समय अनेक हो जाती हैं जब 'कामायनी' की मानव-सभ्यता नगर में पहुँचती है।

सारस्वत प्रदेश आधुनिक राज्य-कल्पना का चित्र है। बुद्धिवाद की प्रतिनिधि इड़ा को उसके निर्माण का श्रेय प्राप्त है। मनु परामर्शदाता के रूप में स्थान पाते हैं। नगर का वर्णन करते हुए कवि ने वैज्ञानिक उत्कर्ष को उसका श्रेय दिया है। 'स्वप्न' में श्रद्धा देखती है, 'मनु के नगर में दृढ़ प्राचीर और मन्दिर हैं। वर्षा, धूप, शिशिर, छाया सभी से मानव अपनी रक्षा कर सकता है। धातु गलाकर नये आभूषण बनते हैं। ज्ञान-व्यवसाय की वृद्धि हो रही है।' इसी अवसर पर प्रजा प्रजापति के विरुद्ध विद्रोह कर देती है। 'संघर्ष' में यह विप्लव भयंकर रूप धारण कर लेता है। राजनीतिक समस्याओं के प्रतिपादन में प्रसाद ने आदर्श-यथार्थ का समन्वय किया। विज्ञान और बुद्धि के अतिवाद का भीषण परिणाम दिखाकर उन्होंने एक नये सांस्कृतिक विचार की स्थापना की। सारस्वत नगर की प्रजा भौतिक दृष्टि से अवश्य सम्पन्न थी, किन्तु राजा ने उन्हें कर्तव्य और अधिकार का बोध न कराया था। उसे एक सांस्कृतिक चेतना की अपेक्षा थी। प्रजा का विद्रोह इसी के अभाव में हुआ। वह कहती है :

प्रकृत शक्ति तुमने यन्त्रों से सबकी छीनी
शोषण कर जीवनी बना दी जर्जर झीनी

राजनीतिक समस्याओं के निराकरण के लिए 'कामायनी' में एक आदर्श प्रजातन्त्र की कल्पना की गयी है। 'इड़ा' सर्ग के अन्तर्गत काम ने मनु के प्रजातन्त्र को शाप दिया था कि उसमें कोलाहल, कलह हो। उसके कथन द्वारा कवि ने आधुनिक विभीषिका का चित्र प्रस्तुत किया। 'स्वप्न' और 'संघर्ष' में वही साकार हो उठा।

'कामायनी' के अनुसार देवताओं की वैभवपूर्ण अमरावती सुखी न थी। भौतिक सुख से सम्पन्न सारस्वत प्रदेश में भी शान्ति न थी। एक ओर यदि भोग-विलास की प्रधानता थी, तो अन्य वर्ग यान्त्रिक जीवन व्यतीत कर रहे थे।

'कामायनी' की प्रजातन्त्र-कल्पना सम्पूर्ण मानवता को लेकर की गयी। उसका धरातल सार्वभौमिक है। कवि ने संघर्ष केवल सारस्वत प्रदेश में ही दिखाया, किन्तु आदर्श राज्य की स्थापना में समग्र मानवता को ले लिया। राज्य में सर्वप्रथम समस्या व्यक्ति और समाज की है। व्यक्ति समाज का ही एक अंग है। वह सामाजिक प्राणी होने के कारण उससे विलग नहीं रह सकता। स्थूल दृष्टि से समाज अत्यन्त विशाल होता है, किन्तु व्यक्ति भी नगण्य नहीं कहा जा सकता, क्योंकि उसी से समाज का अस्तित्व है। मनु समाज का एक प्राणी है, जो अपने बुद्धि बल से नियामक बन गया। वह समस्त समाज की अवहेलना कर इड़ा के साथ व्यभिचार करना चाहता है। समाज इसे कदापि नहीं सहन कर सकता। सम्पूर्ण समाज ने एक व्यक्ति को अपनी सेवा और निष्ठा दी थी। व्यक्ति का कर्तव्य है कि वह समाज का ध्यान रखे। अधिकार और कर्तव्य को साथ-साथ चलना चाहिए। अपने व्यक्तिगत स्वार्थ के लिए सम्पूर्ण समाज का अहित उचित नहीं। उसी प्रकार समाज भी व्यक्ति को नगण्य समझकर समाप्त नहीं कर सकता। 'कामायनी' में व्यक्ति और समाज एक-दूसरे के पूरक हैं। व्यक्ति अपनी आध्यात्मिक उन्नति के साथ समाज का भी हित करता रहे, यही उसका स्वर है। मनु अन्त में आध्यात्मिक दृष्टि से ऋषित्व प्राप्त करते हैं, साथ ही सामाजिक कल्याण के लिए भावी मानवता को सन्देश देते हैं। श्रद्धा व्यक्ति और समाज दोनों को लेकर चलती है। मनु को खोजने के लिए जाते हुए भी वह इड़ा और मानव को राष्ट्रहित तथा समरसता-प्रचार का सन्देश दे जाती है। व्यक्ति और समाज में वह समन्वय स्थापित करती है। शासक-शासित की समस्या राजनीतिक है। मनु नियामक होकर भी नियम नहीं मानना चाहते थे और स्वयं को 'चिर-स्वतन्त्र' कहते थे। उनका शासन निरंकुश होता जा रहा था। इसी कारण विप्लव हुआ। इड़ा राष्ट्र की काया में प्राण की भाँति रम जाने के लिए कहती है। श्रद्धा मानव-इड़ा को जनसेवा की शिक्षा देती है :

तुम दोनों देखो राष्ट्र-नीति
शासक बन फैलाओ न भीति

अन्त में मनु के निकट स्वयं प्रजा पहुँचती है मानो अयोध्यानिवासी राम के पास वन में गये हों। राजनीतिक रूप में मनु प्रजापति हैं। प्रसाद की प्रेरणा 'मनुस्मृति' प्रतीत होती है। वहाँ मनु नियामक तथा नीति के विधायक हैं। कामायनी की राजनीतिक धारणा मनुस्मृति के मनु को प्रमुख पात्र बनाकर भी नवीन समस्याओं को लेती है। समग्र मानवता को अपना विषय बनाने के कारण कवि की कल्पना सार्वभौमिकता को ग्रहण करती है। मनु स्वयं अपनी भूल स्वीकार करता है कि

सम्पूर्ण देश बसाकर भी मेरा मानस प्रदेश सूना है। संसार के सतत् संघर्ष के समाधान में कवि आदर्शवादी है। वह गाँधीवादी से भी प्रभावित है। गाँधी की अहिंसा, सत्य का प्रयोग राजनीतिक के साथ ही आध्यात्मिक है। वे वास्तव में पूर्ण मानवीय हैं और उस समय की कल्पना करते हैं, जब ईश्वर का ही नियम होगा, मानवता को किसी शासन की आवश्यकता न होगी।[46] कामायनी की पंक्तियाँ हैं :

जीवन का कोमल तन्तु बढ़े
तेरी ही मंजुलता समान
चिर नग्न प्राण उनमें लिपटें
सुन्दरता का कुछ बढ़े मान ।
किरणों-सी तू बुन दे उज्ज्वल
मेरे मधु जीवन का प्रभात
जिसमें निर्वसना प्रकृति सरल
ढँक ले प्रकाश से नवल गात ।

श्रद्धा के इस तकली-गीत में गाँधीवाद का स्वर है। इसके पूर्व उसने मनु को अहिंसा का सन्देश दिया था। वह पशु-पक्षी को भी कष्ट देना नहीं चाहती। 'कामायनी' का समाजवाद मानवता के कल्याण की कामना करता है। श्रद्धा की तकली और उसी के साथ बुनी जाने वाली ऊन की पट्टियाँ, सर्वोदय के प्रतीक हैं। सारस्वत नगर-निवासियों ने सहयोगिता से देश को वैभवशाली बनाया था। वर्ग और वर्णभेद के कारण मनु के नगर में वैषम्य बढ़ा। कामायनी वर्ग-संघर्ष का समर्थन नहीं करती। इस क्षेत्र में कामायनी युग के सर्वोत्कृष्ट व्यक्तित्व गाँधी की अहिंसा, स्वावलम्ब से प्रभावित है, साथ ही उसमें कवि के व्यक्तिगत चिन्तन और मनन का भी योग है। उसका मूल स्वर यही है :

शक्ति के विद्युतकण, जो व्यस्त
विकल बिखरे हैं, हो निरुपाय
समन्वय उसका करे समस्त
विजयिनी मानवता हो जाय।

कामायनी में प्रायः मानवता सम्बन्धी विषयों को लिया गया है। आध्यात्मिक, सामाजिक, राजनीतिक, मनोवैज्ञानिक, व्यक्तिगत अधिकांश पक्षों पर उसमें विचार है। उसमें जीवन-विकास की आवश्यक वस्तुओं का ग्रहण है। व्यक्तिगत क्षेत्र में मानव की अनुभूतियों का चित्रण कवि ने किया। इनका सम्बन्ध मन से है। मन का अधिकाधिक प्रसार, व्यक्तित्व का सही विकास ही मानव के लिए उचित है। सामाजिक क्षेत्र में स्त्री-पुरुष की समस्या ली गयी। उनके प्रेम की रूपरेखा भी कवि ने निर्धारित कर दी। उनका स्नेहिल संगम जीवन की सफलता है। वास्तव में नारी एक शक्ति है जो पुरुष को प्राप्त होती है। इड़ा ने बुद्धि और श्रद्धा ने हृदय दिया

था, किन्तु मनु कुछ समय तक 'पुरुषत्व मोह' में उनका उचित उपयोग न कर सके। समाज की कुछ आवश्यकताओं पर 'कामायनी' ने विचार किया और राजनीतिक पक्ष को भी ग्रहण किया। राजनीति में प्रचलित वादों का परित्याग कर कवि ने एक व्यापक दृष्टि रखी है। आध्यात्मिक दृष्टि से कामायनी का चिन्तन पक्ष उदात्त और प्रौढ़ है। उसमें दार्शनिक, मनोवैज्ञानिक विषयों का समाहार है। श्रद्धा, काम, कर्म की सुन्दर परिभाषा की गयी। प्राचीन भारतीय ग्रन्थों में इन शब्दों का ग्रहण अवश्य है, किन्तु आधुनिक परिस्थितियों को विचार में रखकर 'कामायनी' में उनका नवीन स्वरूप निर्धारित किया गया।

जीवन में मूल वस्तु श्रद्धा है। संसार की विषमता के मूल में श्रद्धा का अभाव है। मनुष्य मनुष्य पर विश्वास नहीं करता; स्वार्थ और विषमता की वृद्धि होती जा रही है। श्रद्धा से प्रेम और सहानुभूति का उदय होता है। जीवन को सुखी बनाने के लिए कर्म की नितान्त आवश्यकता है। 'कामायनी' में इस तथ्य का समर्थन है। कर्म के अभाव में जड़ता, निराशा का संचार होता है जो जीवन को जर्जर और पंगु बना देता है। काम की व्यापक परिधि में समग्र जीवन का समावेश हो जाता है। बीच में इस शब्द को संकुचित कर दिया गया था। 'कामायनी' में उसका नव जागरण प्रस्तुत हुआ। समरसता, सौमनस्य, सन्तुलन की जीवन में नितान्त आवश्यकता है। विरोधी शक्तियों का मिलन ही कल्याणकारी हो सकता है। साधारण, व्यक्तिगत विषय से लेकर वृहत् समस्या तक में इसकी आवश्यकता है। समरसता से आनन्द की उत्पति होती है, जिस प्रकार काव्य में स्थायी भाव, संचारी भाव, विभाव, अनुभाव के संयोग से रसनिष्पत्ति। उच्च भाव-भूमि पर मानव को ले जाने के लिए अद्वैत, रहस्य का भी समावेश है। शिव के नृत्य से विषमता की शान्ति होती है। आजीवन युद्ध करता हुआ मानव अन्त में विश्व नियन्ता की प्राप्ति चाहता है। आध्यात्मिक क्षेत्र में किसी-न-किसी रूप में मुक्ति की प्राप्ति मानव की पिपासा रही है। 'कामायनी' में इसे व्यावहारिक स्वरूप प्रदान किया गया। मनु अन्त में जिस आनन्द को पाते हैं, उसका रहस्य वे समस्त मानवता को बताते हैं।

दार्शनिक शब्द

'कामायनी' में यथास्थान प्रसाद ने दार्शनिक शब्दों का प्रयोग किया। इनकी रूपरेखा में उन्होंने आवश्यक परिवर्तन कर उन्हें व्यावहारिक बनाया। इसी कारण प्राचीनतम पौराणिक आख्यान में भी नवीन विषयों का प्रतिपादन किया जा सका। समरसता, आनन्द आदि शैव-दर्शन में प्रयुक्त होने वाले शब्दों की उन्होंने धार्मिकता से रक्षा की। उनकी समरसता आध्यात्मिकता की परिधि से निकलकर व्यक्ति, समाज, राजनीति तक आयी। आनन्द भी केवल आध्यात्मिक जगत, रहस्यमय प्रदेश तक सीमित न रहा। दर्शन में प्रयुक्त शब्दों की रूढ़िवादिता उन्होंने समाप्त की। देव-दानव-संघर्ष की

पौराणिक गाथाओं से उन्होंने मानस जगत के संघर्ष की कल्पना की। देवत्व को भी अपूर्ण कहकर 'कामायनी' ने मानवता को प्रतिष्ठित किया। मानव ही सर्वोपरि है। 'भूमा' शब्द प्राचीन ग्रन्थों से ग्रहण किया गया। 'कामायनी' में 'माया' का प्रयोग भी कई स्थानों पर हुआ है। सांख्य दर्शन के अनुसार माया सर्व विभीषिकाओं का मूल है। वह मानव के उत्कर्ष में बाधक है। वह सदा पुरुष को, प्रकृति बनकर अपने पाश में बाँधती रहती है। शंकर का मत भी इसी के निकट है। इसके विपरीत शैव माया को उस शक्ति के रूप में स्वीकार करता है, जो आणव से आत्मा को मुक्त कर उसे शक्ति प्रदान करती है। वह शाश्वत है तथा इन्द्रिय और ज्ञान द्वारा आत्मा को आणव से युद्ध करने में सहायता देती है। वह चिरन्तन 'परनिशा' है।[47] 'कामायनी' में श्रद्धा आत्मसमर्पण के समय 'माया' का भी दया-ममता आदि के साथ ही दान देती है। पर उसका दूसरा रूप भी गृहीत है। श्रद्धा इच्छालोक दिखाकर कहती है :

'माया राज्य यही परिपाटी
पाश बिछाकर जीव फाँसना'

छलना के रूप में माया का ग्रहण करने के कारण मनु ने इड़ा को 'मायाविनि' कहा था। इस मिथ्या रूप को कवि ने स्वीकार नहीं किया। 'कामायनी' में माया का प्रयोग विभिन्न अर्थों में हुआ, किन्तु कवि स्वयं उसे एक शक्ति रूप मानता है :

नारी माया ममता का बल
वह शक्तिमयी छाया शीतल

'माया' की भाँति ही 'नियति' की कल्पना भी उदात्त भावना की ओर अधिक है। वास्तव में कवि का दृष्टिकोण सृजनात्मक रहा है। शब्द, स्पर्श, रूप, रस, गन्ध की चर्चा भी शैवग्रन्थों में प्राप्त है। ये पंच विषय 'तन्मात्र' कहलाते हैं जो मायाजन्य तामस वस्तुएँ हैं। मनु इन्हीं से ग्रसित रहता है। 'मधु', 'मधुमय' आदि शब्दों का प्रयोग 'कामायनी' में किसी विशेष सीमित अर्थ में नहीं है। ऋग्वेद में मधु का प्रयोग हुआ है। उसके अनुसार 'वायु मधु वितरित करती है, सरिताओं में मधु प्रवाहित है, समस्त अन्न मधुमय हो। रजनी, प्रातः, धरणी, धूलि, आकाश ये सभी मधुमय हों।[48] 'कामायनी' में मधु का ग्रहण सरलता, तरलता, प्रिय वस्तु के रूप में है। मनु के जीवन में काम का प्रवेश मधुमय वसन्त बनकर आता है। मधु की इस सरस कल्पना से कवि ने मधुमय, मधुरिम, मधुमास, मधुऋतु, माधुरी आदि शब्दों का उपयोग किया। इसके अतिरिक्त अन्य प्राचीन दार्शनिक ग्रन्थों में प्रयुक्त महाचिति, संवेदन आदि अन्य शब्द 'कामायनी' में आये हैं, जिन पर कवि की कल्पना की छाया है तथा उन्हें इस प्रकार व्यावहारिक बनाने का प्रयास है।

'कामायनी' का चिन्तन कवि के गम्भीर अध्ययन का परिचायक है। उसमें दार्शनिक तथ्यों का समावेश सुन्दर काव्यात्मक रीति से प्राप्त होता है। उपनिषदों

का अद्वैत, शैवदर्शन की समरसता, आनन्द, बौद्धों की करुणा आदि की छाया उससे मिलती है। चिन्तन का क्षेत्र इतना व्यापक है कि जीवन की समस्या पर मौलिक विचार और स्वतन्त्र धारणाएँ सहज सुलभ हैं। चिन्तन-मनन काव्य से एकाकार हो गया है। 'काव्य में दर्शन और दर्शन में काव्य है।' 'कामायनी' का कवि एक ही साथ सफल कवि तथा चिन्तक है, किन्तु उसमें तारतम्य का अभाव भी स्वीकार करना होगा।

सन्दर्भ

1. रवीन्द्र साहित्य, पृ. 15
2. शतपथ ब्राह्मण : 13/4/2/7
3. शतपथ ब्राह्मण : 10/5/2/20
4. राधाकृष्णन : इंडियन फ़िलासफ़ी, 1, पृ. 72
5. मेकडॉनल : वैदिक माइथॉलोजी, पृ. 52
6. शतपथ ब्राह्मण : 12/8/4/4
7. वही : 10/1/6/7,8
8. मैत्री उपनिषद : 2/3
9. कठोपनिषद : 1/2/21
10. प्रसाद : जनमेजय का नागयज्ञ, पृ. 54
11. प्रसाद : आकाशदीप, 'स्वर्ग के खंडहर में' कहानी
12. वही : वही, पृ. 92
13. प्रसाद : अजातशत्रु, पृ. 144
14. छान्दोग्य उपनिषद : 6/8
15. के.सी. पाण्डे : अभिनवगुप्त, पृ. 172
16. प्रश्नोपनिषद् : 4/2
17. ऐतरेयोपनिषद : 3/2
18. मांडूक्योपनिषद : 2/7
19. स्टाउट : मैनुअल आफ़ साइकोलाजी; पृ. 30
20. विलियम जेम्स : प्रिंसिपिल्स आफ़ साइकोलाजी, खंड-2, पृ. 450
21. मैकडूगल : एन आउटलाइन आफ़ साइकोलाजी, पृ. 324
22. वही, पृ. 314
23. फ्रायड : कलेक्टेड पेपर्स, खंड 4
24. छान्दोग्योपनिषद : 5/10
25. प्रसाद : कामना, पृ. 5
26. प्रसाद : काव्य और कला, पृ. 20
27. गीता : 5/3

28. मैकडूगल : एन आउटलाइन आफ़ साइकोलाजी, पृ.324
29. वृहदारण्यक उपनिषद : 4/3/9
30. फ्रायड : कलेक्टेड पेपर्स : खंड 4, पृ. 174
31. प्रसाद : कामायनी, पृ. 7
32. अन्डरहिल : मिस्टिसिज्म, पृ. 53
33. मैकडूगल : एन आउटलाइन आफ़ साइकोलाजी, पृ. 335
34. टेलर, एन्थ्रोपालोजी, भाग 1, पृ. 15
35. आर्थर कीथ : एसे आन ह्यूमन इवोल्यूशन, पृ. 69
36. राधाकृष्णन : इंडियन फ़िलासफ़ी, भाग 2, पृ. 287
37. वृहदारण्यकोपनिषद : 4/3/21
38. राधाकृष्णन : इंडियन फ़िलासफ़ी, भाग 1, पृ. 644
39. जे.सी. चटर्जी : काश्मीर शैविज्म, पृ. 57
40. प्रसाद : एक घूँट, पृ. 63
41. के.सी. पाण्डे : इंडियन एस्थेटिक्स, पृ. 104
42. प्रसाद : काव्य और कला, पृ. 21
43. छान्दोग्योपनिषद : 7/23-25
44. तन्त्रालोक : 6/160
45. प्रसाद : जनमेजय का नागयज्ञ, पृ. 41
46. गाँधी : नानवायलेन्स इन पीस एंड वार, पृ. 225
47. तन्त्रालोक : 6/117, 8/4
48. ऋग्वेद : 1/90

काव्य संसार

युग और स्थिति के अनुसार विचारधारा में परिवर्तन होता रहा, किन्तु काव्य के उपादानों में अधिकांश ने किसी-न-किसी रूप में भाव का महत्त्व अवश्य स्वीकार किया। संस्कृत के आचार्यों ने भाव से ही स्थायी भाव, संचारी भाव, विभाव, अनुभाव आदि का निर्माण किया। साहित्यदर्पणकार ने इन्हीं के संयोग को रस की संज्ञा दी। मनोविज्ञान के अनुसार सृष्टि की वस्तुओं की हमारे अन्तःकरण पर छाप (इम्प्रेशन) पड़ती है। भाव, विचार किंचित गुम्फित होने के कारण उसी रूप में बाहर नहीं आ पाते, उनका निरोध (सप्रेशन) होता है। इसी के पश्चात् अभिव्यक्ति (इक्सप्रेशन) का स्थान है। अन्तिम रूप संसूचन (सजेशन) का है। काव्य-प्रक्रिया में सर्वप्रथम मन में कोई भाव अथवा विचार आता है। 'कल्पना के प्रश्रय द्वारा' उसे शक्ति मिलती है। अन्त में भाषा के द्वारा वह प्रकाशित हो जाता है। अलफ्रेड एडवर्ड हाउसमैन भावना को काव्य और काव्य को भाव कहता है। भावना को कल्पना से काव्य का विषय बनाया जा सकता है। भाव और कल्पना का अन्योन्याश्रित सम्बन्ध है। भाव आदि अनुभव के अधिक समीप है, तो कल्पना कृतित्व के। कल्पना के द्वारा कवि भावों का उदात्तीकरण कर उन्हें संयोजित रूप में प्रस्तुत करता है। भाव का कल्पना द्वारा प्रकाशन करने के लिए भाषा के माध्यम की आवश्यकता होती है। उदात्त भावना के प्रतिपादन हेतु भाषा में भी परिवर्तन होना स्वाभाविक है। काव्य की भाषा में किसी वस्तु का चित्र प्रस्तुत कर देने की क्षमता होती है, साथ ही उससे अर्थव्यंजना भी होती है। सम्पूर्ण अभिव्यक्ति एक विशिष्ट शैली द्वारा की जाती है। छन्द आदि का विधान इसी के अन्तर्गत आता है। काव्य की सृजन-प्रक्रिया में भाव का महत्त्वपूर्ण स्थान है। भाव को कल्पना, भाषा और शैली द्वारा काव्य में व्यक्त किया जाता है।

काव्य में मूल्यांकन की प्रणालियाँ भी युग और स्थिति के अुनसार परिवर्तित होती रहती हैं। संस्कृत में रस, वक्रोक्ति, अलंकार, ध्वनि, रीति आदि के सम्प्रदायों ने अपने मत की स्थापना की। भरतमुनि ने रस को प्रधानता दी : 'वाक्यम् रसात्मकम् काव्यम्'। भामह ने 'काव्यालंकार' में शब्द-अर्थ का समन्वय कर अलंकार को भी स्थान दिया। दंडी का 'काव्यादर्श' स्फोट का समर्थक है। वामन के अनुसार 'रीतिरात्मा काव्यस्य' ही उचित है। उद्भट अलंकारवादी है। आनन्दवर्द्धनाचार्य का 'ध्वन्यालोक'

ध्वनि को ही सर्वस्व मानकर चलता है। कुन्तक ने वक्रोक्ति को प्रधानता दी। इस प्रकार भारतीय साहित्यशास्त्र में काव्य-मूल्यांकन की अनेक प्रणालियाँ मिलती हैं। किन्तु किसी-न-किसी रूप में काव्य की भावात्मक अथवा रसात्मक सत्ता अवश्य स्वीकार की गयी है। काव्य का लक्ष्य आनन्द है। पश्चिम में अरस्तू का काव्यशास्त्र पर्याप्त समय तक काव्य-मूल्यांकन का प्रतिनिधिग्रन्थ रहा। दुःखान्त नाटक को साहित्य का सर्वोत्कृष्ट रूप कहकर उसने होमर का उदाहरण भी सम्मुख रखा। अंग्रेजी में शेक्सपियर के युग तक अरस्तू के आधार पर ही काव्य का मूल्यांकन होता रहा। कला कला के लिए और कला जीवन के लिए का द्वन्द्व आरम्भ होने पर सिद्धान्तों में परिवर्तन हुआ। स्वच्छन्दतावादी कवि ने स्वयं अपने काव्य की व्याख्या की। कवि शेली ने काव्य को समस्त ज्ञान का भंडार मानकर कवि को देवदूत की संज्ञा दी। कोलरिज ने मनोवैज्ञानिक आधार पर काव्य में हृदय-बुद्धि का समन्वय आवश्यक माना। बढ़ती हुई सामाजिक, आर्थिक, राजनीतिक समस्याओं के साथ ही. कविता और जीवन का सम्बन्ध निकट आता गया। राजनीतिक वादों की छाया काव्य पर भी पड़ी। इस प्रकार काव्य की कसौटियाँ भिन्न-भिन्न समय में परिवर्तित होती रहीं। हिन्दी साहित्य के इतिहास में काफी समय तक संस्कृत के सिद्धान्त ग्रहण किये गये। द्विवेदी-युग में खड़ी बोली के प्रवेश के साथ जीवन-दर्शन और नैतिक आदर्शों की ओर अधिक अभिरुचि हुई। छायावाद ने सूक्ष्म मानवीय भावनाओं को ग्रहण किया। रामचन्द्र शुक्ल के 'काव्य में लोकमंगल की साधना' के स्थान पर छायावाद ने 'सत्यं, शिवं, सुन्दरम्' को अधिक अपनाया। स्वयं प्रसाद ने अपना आदर्श आनन्दवादी रखा। काव्य को 'आत्मा की संकल्पात्मक मूल अनुभूति' मानकर उन्होंने अनुभूति को प्रधानता दी। उसमें श्रेय, प्रेय, आदर्श, यथार्थ का समन्वय ही उचित है। उन्होंने रस और आनन्द में सामीप्य स्थापित किया। जीवन का समावेश साधारणीकरण द्वारा होता है। काव्य को व्यापक भूमि पर प्रतिष्ठित कर वे आनन्द ही उसका उद्देश्य मानते हैं।[1]

भाव-भूमि

'कामायनी' का भाव तथा कल्पना पक्ष कवि के व्यक्तित्व से अनुप्राणित है। कथा को मनोनुकूल निर्मित करने के अतिरिक्त कवि ने विभिन्न भावों का निरूपण तथा वस्तु-वर्णन भी स्वतन्त्र रूप से किया है। कामायनी में प्रत्येक सर्ग का शीर्षक एक मनोविकार है। उसके वर्णन में मनोवैज्ञानिक विश्लेषण के अतिरिक्त रूप-चित्रण तथा गुण-प्रकाशन भी हुआ है। मानसिक वृत्तियों को साकार रूप देने का प्रयत्न यहाँ प्रतीत होता है। प्रलय की दशा में एकाकी पुरुष का चिन्ता-निमग्न होना स्वाभाविक है। मनु उसे सम्बोधित करते हुए अपनी जिज्ञासा से प्रश्न करता है। अन्तर में उठने वाला यह सूक्ष्म भाव कवि के शब्दों में मूर्तिमान हुआ है। चिन्ता के समस्त गुणों को

लेकर कवि ने कहा है : बुद्धि, मनीषा, मति, आशा, चिन्ता तेरे हैं कितने नाम :

हे अभाव की चपल बालिके
री ललाट की खल लेखा
हरी भरी-सी दौड़ धूप, ओ
जल माया की चल रेखा।

अभाव में चिन्ता का उदय होता है। उस समय ललाट पर अनेक रेखाएँ आ जाती हैं। कवि ने उसे 'बहरी' कहकर सम्बोधित किया है। चिन्ता का चित्रण करने के पश्चात् वह मानसिक जगत में उसके प्रभाव का वर्णन करता है। विभिन्न प्रकार के भावों के प्रतिपादन का प्रयत्न 'कामायनी' द्वारा किया गया। चिन्ता, काम, वासना, कर्म, ईर्ष्या, इड़ा, संघर्ष आदि उत्तेजनमय भावों के निरूपण में उसी के अनुरूप प्रखर चित्रों का प्रयोग हुआ। वासना का चित्रण करने में कवि अधिक संयत प्रतीत होता है। आरम्भ में ही वह अनेक उपमाओं द्वारा पुरुष-नारी के संसर्ग की सूचना देता है। 'राग-रंजित चन्द्रिका' सहयोग प्रदान करती है। वासना की परिणति का भी वर्णन सांकेतिक रीति से किया गया है :

छूटतीं चिनगारियाँ उत्तेजना उद्भ्रान्त
धधकती ज्वाला मधुर, था वक्ष विकल अशान्त

कर्म के अन्तर्गत पशुबलि, हिंसा आदि की चर्चा है। वेदी की निर्मम प्रसन्नता, पशु की कातर वाणी, धधकती ज्वाला, रुधिर के छींटे कर्मकांड का परिचय देते हैं। 'ईर्ष्या' में मनु का ज्वलनशील अन्तर पूर्ण आवेशमय, उत्तेजनमय हो जाता है। वे एक ही साँस में अपनी ईर्ष्या की अभिव्यक्ति करते चले जाते हैं, कोई विराम नहीं। इस अवसर पर भावों में एक प्रवाहमयता आ गयी है और इसी आवेग में मनु चल देते हैं। उनके भाव-प्रकाशन में इस समय कोई तारतम्य नहीं, केवल उत्तेजनावश वे कहते रहते हैं। तभी वे नारी के प्रेम की व्यापकता को विभाजन कहते हैं। स्वयं अपने पुत्र से उन्हें ईर्ष्या होती है। बुद्धिवाद के निरूपण में झंझा, विक्षुब्ध, तर्कजाल आदि शब्दों का प्रयोग हुआ है। संघर्ष की भयानक अवस्था के प्रतिपादन में कवि ने उत्तेजक वक्तव्यों की सहायता ली। कोमल एवं सूक्ष्म भावों के चित्रांकन में कवि के मधुर भाव जागृत होते हैं। आशा के साथ उषा का उदय, आलोकरश्मियों का प्रभा विकीर्ण करना नैसर्गिक है। इस जागृत भाव के साथ सुर-संस्कृति सजग हो जाती है। जिज्ञासा, कुतूहल अनेक प्रश्न करने लगते हैं। श्रद्धा के निरूपण में कामायनीकार ने उदात्त-कल्पनाओं का अवलम्ब लिया। सम्पूर्ण काव्य की पृष्ठभूमि होने के कारण उसे विशेष महत्त्व प्राप्त है। श्रद्धा का रूपवर्णन उसके गुणों की भी व्यंजना करता है। सौन्दर्य के साथ वृत्ति भी चित्रित हो जाती है :

नित्य यौवन छवि से ही दीप्त
विश्व की करुण कामना मूर्ति

स्पर्श के आकर्षण से पूर्ण
प्रकट करती ज्यों जड़ में स्फूर्ति।

काम का सरस भाव-निरूपण मनोहर कल्पनाओं द्वारा 'कामायनी' में प्रतिपादित किया गया है। मनु के अन्तरतम में उठता हुआ काम भाव जीवन में मादकता घोलता है। वसन्त की मधुरता लेकर काम ने प्रवेश किया। मनु का प्रश्न भाव को मूर्तिमान कर देता है :

जब लीला से तुम सीख रहे
कोरक कोने में लुक रहना
तब शिथिल सुरभि से धरणी में
बिछलन न हुई थी? सच कहना।

काम की भाँति लज्जा भी अत्यन्त सूक्ष्म भाव है। काम की क्रियाएँ कभी-कभी स्पष्ट भी हो जाती हैं, किन्तु लज्जा की चेष्टा पर एक आवरण रहता है। कोमल किसलय के अंचल में छिपी हुई नन्ही कलिका की भाँति वह अन्तरतम में प्रविष्ट होती है। गोधूलि वेला में किसी के अंचल में जलता हुआ स्नेह दीपक झिलमिलाता रहता है। कवि ने लज्जा को सौन्दर्य की धात्री कहा है। लज्जा की सूक्ष्म भावना कहती है :

मैं देवसृष्टि की रति रानी
निज पंचवाण से वंचित हो
बन आवर्जना मूर्ति दीना
अपनी अतृप्ति-सी संचित हो

'कामायनी' के अन्तिम तीन सर्गों में दार्शनिक भावों का निरूपण है। इच्छा, ज्ञान, कर्म का एक साकार रूप प्रस्तुत किया गया है। प्रत्येक भाव के रूप, गुण का प्रतिपादन हुआ है। साथ ही भाव-प्रक्रिया का भी संकेत दिया गया है। अनुभूति समन्वित होने के कारण भाव काव्य में मूर्तिमान हो गये हैं। केवल भाव प्रतिपादन काव्य की रसात्मक अनुभूति में अधिक सहयोग नहीं प्रदान करता। मानसिक तथ्यों की साकारता केवल उनका व्यंजित रूप है, 'कामायनी' में उनका निरूपण अनुभूति के आधार पर भी है। इन स्थायी भावों से सम्बन्धित अन्य संचारी भावों का उल्लेख भी किया गया है। चिन्ता अपने साथ शोक, विषाद, करुणा को लेकर चलती है। आशा जागृति, जिज्ञासा, मोह का सृजन करती है। श्रद्धा के समस्त उदात्त गुण उसमें निहित हैं। काम की सरसता और मादकता भी बोल रही है। वासना में अतृप्ति, उच्छृंखलता, मूर्च्छना है। लज्जा का संकोच स्पष्ट है। कर्म लालसा को लेकर चलता है। ईर्ष्या का संकुचित रूप भी आभासित हो जाता है। इड़ा की बुद्धिवादी प्रवृत्तियाँ उसके साथ हैं। स्वप्न की मूर्च्छना स्वाभाविक है। संघर्ष का भयानक रूप चित्रित है। निर्वेद की उदासी, जड़ता भी प्रकट है। अन्तिम तीनों उदात्त भावों के संचारी

उसके अनुरूप हैं। इस प्रकार अन्य भावों का समावेश इन्हीं के अन्तर्गत हो गया है। 'कामायनी' में अनेक भावों का एक साथ समावेश काव्य से एकाकार होकर आया है। मनोवैज्ञानिक विश्लेषण और दार्शनिक निरूपण काव्य के अंग हो गये हैं।

कल्पना-पक्ष

भाव के आधार पर कल्पना काव्य-निर्माण में तत्पर होती है। वह अनुभूति को चिरन्तनता प्रदान कर स्थायी रूप में अंगीकार कर लेती है। आई. ए. रिचर्ड्स कल्पना के अनेक रूपों की चर्चा करते हैं। काव्य-कल्पना जीवन के अनेक अनुभवों का उदात्तीकरण कर उन्हें आनन्दमय बना लेती है।[2] कोलरिज के विचार इसी के निकट हैं। यह कल्पना कवि की कारयित्री प्रतिभा होती है। 'प्रज्ञानवनवोन्मेषशालिनी प्रतिभा मता' के द्वारा कवि अपने सृजन में सफल होता है। कथानक योजना से लेकर सूक्ष्म चित्रांकन तक की प्रक्रिया में उसका सहयोग रहता है। उदात्त कल्पना काव्य को महानता प्रदान करती है। इसी कारण आरम्भिक युग के कलाकार इतिहास-प्रसिद्ध पौराणिक कथा को काव्य-विषय बनाते थे। कल्पना में सत्य का समावेश उसमें संवेदनशीलता लाता है और पाठक का उसके साथ तादात्म्य सरलता से हो जाता है। मानवीय भावों का ग्रहण और अंकन दोनों ही क्रियाएँ कवि को करनी पड़ती हैं। वह समाज से प्रेरणा लेकर कल्पना से उसे भव्य बनाकर पुनः लौटा देता है। 'कामायनी' में कथानक की रूपरेखा का निर्माण अनेक प्राचीन ग्रन्थों के आधार पर हुआ है। यत्र-तत्र बिखरी हुई कथा को कल्पना के द्वारा कवि ने एकसूत्र में बाँधा। ऐतिहासिक कथानक में नवीन विषयों का समावेश भी उसने अपनी मौलिक उद्भावनाओं द्वारा किया। मनु के प्राचीनतम आख्यान की पौराणिकता पर कल्पना एक आधुनिक कलेवर चढ़ाती है। स्वप्न देखकर श्रद्धा मनु के पास पहुँचती है। मनु निर्वेद के कारण पुनः पलायन करते हैं। कैलास आश्रम पर सभी का पुनर्मिलन होता है। इन मौलिक कल्पनाओं से 'कामायनी' का कथानक सज्जित है। एक ओर यदि इतिहास की रक्षा हुई तो साथ ही उसे नवीनतम स्वरूप भी प्रदान किया गया। पुरागाथा-इतिहास का नया रूप कामायनी में स्पष्ट है। पात्रों की नियोजना में कल्पना का सहयोग है और मनु, श्रद्धा, इड़ा अपना एक स्वतन्त्र व्यक्तित्व भी रखते हैं। शतपथ ब्राह्मण की कथा के अतिरिक्त ऋग्वेद, पुराण, उपनिषद् आदि में उनकी व्याख्या है। पर प्रसाद ने अपनी अनुभूति और कल्पना के द्वारा उनका नवनिर्माण किया। युगों पूर्व के पात्रों में नवीनता आयी है। मनु का ऋषित्व, श्रद्धा का देवी रूप सभी मानवीय धरातल पर अंकित हैं। कवि ने उन्हें मानवीय गुणों से सज्जित किया। मानव होकर ही वे समस्त मानवीय संवेदना प्राप्त कर सकते हैं। पुराने पात्रों के मानवीकरण में कवि की महान् कल्पना-शक्ति का परिचय प्राप्त होता है। जीवन के स्वाभाविक उत्थान-पतन में गिरता-पड़ता मनु स्वयं चरम आदर्श तक जाता है।

आदि से अन्त तक वह मानव है। श्रद्धा नारी की विभूती से विभूषित है। श्रद्धा का रूप कल्पना की सहायता से सूक्ष्म रूप में अंकित हुआ है :

आह वह मुख! पश्चिम के व्योम
बीच जब घिरते हों घनश्याम
अरुण रवि मंडल उनको भेद
दिखाई देता हो छबिधाम ।

वस्तु-विधान

वस्तु-वर्णन में भाव का स्वरूप प्रस्तुत करने के साथ ही विविध मनोदशाएँ और मानसिक भावनाएँ कामायनी में चित्रित की गयी हैं। सूक्ष्म भावों का चित्रांकन करने में कवि को सफलता प्राप्त हुई है पर स्थूल वस्तु-चित्रण में कामायनीकार अधिक नहीं रमता। इसीलिए विभाव पक्ष का सर्वांगीण अंकन नहीं दिखाई देता। लज्जा, काम को साकार रूप प्रदान करने में वस्तु-वर्णन की सर्वोत्कृष्ट कला का प्रयोग किया गया, किन्तु 'संघर्ष' का रेखांकन उसी कौशल से न हो सका। सम्भवतः सौन्दर्यवादी कलाकार को प्रखर भावों की अनुभूति भलीभाँति नहीं हो पायी। भाव के साथ अनेक दार्शनिक तथ्यों का भी वर्णन काव्य में आया है। अन्तिम तीन दर्शन-प्रधान सर्गों में इसका स्वरूप मिलता है। 'दर्शन' में श्रद्धा मनु का मिलन एक सर्वांग ज्योति का सृजन करता है। सर्वत्र प्रभापुंज विकीर्ण होने लगा :

आनन्दपूर्ण तांडव सुन्दर
झरते थे उज्ज्वल श्रम सीकर
बनते तारा, हिमकर, दिनकर
उड़ रहे धूलि कण से भूधर।

इच्छा, ज्ञान, कर्म का वर्णन भावमय होकर भी वस्तुसमन्वित है। भावरूप में प्रवृत्तियों के प्रभाव का ही वर्णन कवि ने ग्रहण किया। इच्छा आलिंगन की भाँति मधुर प्रेरणा बनकर स्पर्श कर लेती है। वह जीवन की मध्यभूमि है जो रसधारा से सिंचित होती रहती है। क्रिया-व्यापारों के द्वारा कवि उसका चित्र प्रस्तुत करता है। कर्मलोक की अभिव्यक्ति कोलाहल, पीड़ा विकलता आदि के द्वारा हुई है। आकांक्षा और तीव्र पिपासा उसी के अनुरूप हैं। ज्ञान अपना परिमित पात्र लेकर बूँद-बूँद वाले निर्झरों से जीवन का रस माँगता है। त्रिपुर अपने पृथक् रूप में अभिशापमय हैं। उनका मिलन आनन्द का रूप प्रस्तुत करता है। एक स्वर्णिम ज्वाला स्वप्न, स्वाप सभी को भस्म कर आनन्द का प्रकाश विकीर्ण करती है। भाव तथा दार्शनिक वस्तु-वर्णन सूक्ष्म चित्रांकन के आधार पर हुआ है।

'कामायनी' का रूप-वर्णन मानसिक वृत्तियों के प्रकाशन के साथ चलता है। मनु के पौरुषमय रूप को प्रस्तुत करते हुए कवि ने कहा :

अवयव की दृढ़ मांस पेशियाँ
ऊर्जस्वित था वीर्य अपार
स्फीत शिराएँ स्वस्थ रक्त का
होता था जिनमें संचार ।

अन्तर-बाह्य के समन्वय से सम्पूर्ण चित्र निर्मित हुआ है। आदिपुरुष की इस रूपरेखा में उसका शरीर और मन, दोनों पक्ष आभासित होते हैं। प्रसाद विशेषण अथवा उपमा द्वारा रूपचित्रण करते हैं। जलप्लावन समाप्त होने पर आशा के उदय के साथ स्वस्थ मनु भी उठे, ज्यों क्षितिज के बीच से कान्त अरुणोदय। श्रद्धा उपमानों के द्वारा मनु को सम्बोधित करती है। साधारण संकेत से ही परिवर्तन का बोध हो जाता है। काम ने मनु की चेतना को शिथिल कर दिया। 'वासना' में 'छूटती चिनगारियाँ' स्थिति का अंकन करती हैं। मृगया से लौटे मनु का चित्र 'शिथिल शरीर' से प्रस्तुत किया गया है। संघर्ष की अवस्था में शारीरिक परिवर्तन अधिक नहीं होता। अन्तिम रूप में मनु पुनः अपना वास्तविक गुण प्राप्त करते हैं। लज्जा के रूप-वर्णन में प्रसाद की कला अधिक मुखर हुई है। काव्य में चली आती नखशिख-वर्णन परम्परा का आभास 'आँसू' में था, किन्तु यहाँ आकर उसका परित्याग कर दिया गया। रूप-वर्णन के साथ उसके गुण का भी आभास देना प्रसाद की कला है। श्रद्धा के प्रथम सौन्दर्यांकन में सूक्ष्म कल्पनाओं की योजना मिलती है :

किये मुख नीचा कमल समान
प्रथम कवि का ज्यों सुन्दर छन्द

नारी की सम्पूर्ण लज्जा लेकर श्रद्धा सम्भवतः अपरिचित मनु से आनतबदना ही प्रश्न करती है। उसकी वाणी का माधुर्य उसे 'मधुकरी' बना देता है। स्वयं उसके स्वर-सन्देश में मधुरता, स्निग्धता थी। शरीर-छटा पर झुका कमल। श्रद्धा के मुख से सौरभ विकीर्ण हो रहा था। आदिकवि के प्रथम छन्द 'मा निषाद प्रतिष्ठां त्वमगमः शाश्वतीः समाः' की प्रेरणा करुणा थी। श्रद्धा निर्जन के उस तपस्वी पर दयालु हो उठी। उसकी दया ने एक अपरिचित के सम्मुख अपना कंठ खोल दिया। श्रद्धा के प्रथम छन्द की करुणा आदिकवि की कविता के समान थी। प्रथम उपमान की सार्थकता सुन्दर है। उस रूपराशि पर मनु लुट जाता है। उसे वह सब 'इन्द्रजाल' की भाँति प्रतीत होता है। श्रद्धा के रूपवर्णन में गुणों का आभास देने का प्रयास स्पष्ट है। 'शिशु शाल' से श्रद्धा के कौमार्य की अभिव्यंजना होती है। नील परिधान के बीच खुले हुए उसके मृदुल सुकुमार अंग की सुषमा का परिचय देने के लिए अलौकिक उपमान का प्रयोग किया गया है :

खिला हो ज्यों बिजली का फूल
मेघ-बन-बीच गुलाबी रंग

गुलाबी रंग का कान्तिमय शरीर विद्युत की-सी छटा विकीर्ण कर रहा था। मेघ-वन

नीले परिधान के लिए प्रयुक्त हुआ है। मनु के नयनों का इन्द्रजाल सम्भवतः इसी अपार सौन्दर्य के कारण था। श्रद्धा का मुख पश्चिम के व्योम में घिरती हुई घनमाला से झाँकते हुए अंशुमाली की भाँति था। मुख की कान्ति के लिए अचेत ज्वालामुखी की कल्पना की गयी है। पास ही बिखरने वाले केश छोटे-छोटे नील मेघ-शावकों की भाँति चन्द्रमा से अमृत भर लेना चाहते थे। सम्पूर्ण रूप-वर्णन को चित्र-रूप में प्रस्तुत कर कवि उसे अशरीरी बना देता है :

कुसुम कानन अंचल में मन्द
पवन प्रेरित सौरभ साकार
रचित परमाणु पराग शरीर
खड़ा हो ले मधु का आधार।

नवीन उपमानों का प्रयोग कवि ने किया है। बाह्य चित्रण की अपेक्षा उसने आन्तरिक प्रकाशन का अधिक ध्यान रखा। श्रद्धा का अन्य रूप वासना के अन्तर्गत प्राप्त होता है। केवल संकेतों के द्वारा स्थिति का अंकन किया गया है :

गिर रही पलकें, झुकी थी नासिका की नोक
भ्रू-लता की कान तक चढ़ती रही बेरोक।
स्पर्श करने लगी लज्जा ललित कर्ण कपोल
खिला पुलक कदम्ब-सा था भरा गदगद बोल।

लज्जा के कारण श्रद्धा का सौन्दर्य छाया की भाँति सूक्ष्म हो जाता है। आन्तरिक वृत्ति का उदय होते ही प्राणों में एक मादक शिथिलता-सी आने लगती है। मन किसी के चरणों में झुक जाता है। अन्तर कदम्ब की माला की भाँति पुलकित हो उठता है। तरल हँसी स्मित बनकर रह जाती है, केवल नेत्रों में ही वक्रता देखी जा सकती है। रूपवर्णन में लज्जा के साथ होने वाली वास्तविक मनोदशा का अंकन कवि ने किया है। श्रद्धा स्वयं अपनी स्थिति स्पष्ट कर देती है :

छूने में हिचक, देखने में
पलकें आँखों पर झुकती हैं
कलरव परिहास भरी गूँजें
अधरों तक सहसा रुकती हैं।

श्रद्धा की सुप्तावस्था का वर्णन है :

जागृत था सौन्दर्य यदपि वह
सोती थी सुकुमारी
रूप चन्द्रिका में उज्ज्वल थी
आज निशा-सी नारी।

श्रद्धा के भावी मातृत्व का वर्णन करने में कामायनी के कवि ने नैतिकता की भी रक्षा कर ली। कालिदास ने 'रघुवंश' के तृतीय सर्ग में रानी सुदक्षिणा का वर्णन

किया है : गर्भिणी रानी कुशगात हो गयी थीं। उन्होंने अपने अनेक आभूषण निकाल डाले। उनका मुख लोध्र प्रसून की भाँति पीत हो गया। उनका रूप रजनी के अन्तिम प्रहर की भाँति था जब केवल दो-चार तारिकाएँ ही शेष रह जाती हैं, और चन्द्रमा भी पीत पड़ जाता है। ग्रीष्मान्त में प्रथम वर्षा होने से वन के लघु सरों की भूमि सोंधी हो जाती है और गयंद उसे जीभर सूँघा करते हैं। मिट्टी खाने से रानी सुदक्षिणा का सुख भी सुवासित था। राजा दिलीप एकान्त में उसे बार-बार सूँघ कर भी तृप्त नहीं होते थे। कालिदास के वर्णन की सूक्ष्म ऐन्द्रियता का आभास कामायनी में सरस कल्पना द्वारा छिपा दिया गया। प्रसाद ने उसका उदात्त चित्र प्रस्तुत किया :

केतकी गर्भ-सा पीला मुँह
आँखों में आलस भरा स्नेह
कुछ कृशता नयी लजीली-सी
कम्पित लतिका-सी लिये देह।

कालिदास ने सुदक्षिणा के स्तनों का भी वर्णन किया है। 'कामायनी' में 'मातृत्व बोझ से झुके हुए' मात्र कहकर कवि ने संकेत कर दिया। सोने की सिकता में उसाँस भरकर बहती हुई कालिन्दी अथवा स्वर्गंगा में इन्दीवर की पंक्ति का हास की उपमाएँ रूप-वर्णन को मर्यादित रखती हैं। अन्त में श्रद्धा को नारी के महान् मातृत्व रूप से विभूषित किया गया :

दुर्भर थी गर्भ मधुर पीड़ा
झेलती जिसे जननी सलील

इसी के पश्चात् विरहिणी श्रद्धा का चित्र प्राप्त होता है। वियोग की स्थिति में नारी का रूप-वर्णन साहित्य में पर्याप्त हुआ है। कामायनी की विरहिणी स्थूल ऊहात्मक रेखाओं में नहीं बाँधी गयी। 'आँसू' की सार्वभौमिक वेदना का चित्रकार नारी में करुण विप्रलम्भ को साकार कर देता है। श्रद्धा वेदना की प्रत्यक्ष मूर्ति है। सन्ध्या के धूमिल वातावरण की भाँति उसका जीवन है। कुसुम-वसुधा पर पड़ी कामायनी में अब मकरन्द नहीं, केवल दो-चार रेखाएँ ही शेष हैं। प्रकृति के धूमिल चित्रों को कवि विरह-व्यंजना के लिए प्रयुक्त करता है। प्रभात का शशि, उदास सन्ध्या, मुकुलित शतदल, जलधर की-सी दशा थी उसकी। प्रकृति का धूमिल वातावरण अपने चित्र से नारी के वियोग को प्रतिध्वनित करता है। उसकी अन्तर्दशा स्पष्ट हो उठती है :

एक मौन वेदना विजन की, झिल्ली की झनकार नहीं
जगती की अस्पष्ट उपेक्षा, एक कसक साकार रही
हरित कुंज की छाया भर थी वसुधा आलिंगन करती
वह छोटी-सी विरह नदी थी जिसका है अब पार नहीं।

इड़ा को श्रद्धा विरहिणी की 'धुँधली छाया'-सी दिखाई पड़ती है जिसकी वाणी में करुण वेदना थी। उसका शिथिल शरीर, विश्रृंखल वसन, खुली कवरी वियोग का

आभास देते हैं। वह छिन्न पत्र, मकरन्द लुटी, मुरझायी हुई कली की भाँति थी।

इड़ा का सौन्दर्यांकन अधिक प्रखर रेखाओं से हुआ। बिखरी अलकें तर्कजाल का आभास देती हैं। शशि-खंड-सा स्पष्ट भाल बौद्धिकता का प्रतीक है। अनुराग और विराग से भरे नेत्र थे उसके। वह प्रभात की भाँति प्रभा विकीर्ण करती हुई आयी। वक्षस्थल पर समस्त ज्ञान-विज्ञान एकत्र था। सम्पूर्ण छविचित्र बुद्धि का स्वरूप प्रस्तुत करता है। मलयाचल की बाला सारस्वत प्रदेश की रानी थी। श्रद्धा और मनु के मिलन के अनन्तर वह 'मन की दबी हुई उमंग लिये' पड़ी रहती है। पश्चात्ताप और क्षोभ के कारण उसका स्वरूप परिवर्तित हो जाता है :

वह इड़ा मलिन छवि की रेखा
ज्यों राहु ग्रस्त-सी शशि लेखा
जिस पर विषाद की विष रेखा

मनु और श्रद्धा के निकट जाते हुए इड़ा गैरिकवसना सन्ध्या की भाँति थी, जिसके सब कलरव शान्त हो चुके थे। अन्तिम वर्णन मानव का है। बालक के स्वाभाविक चापल्य को सीधी-सादी रेखाओं में व्यक्त किया गया, किसी भाव-अंकन का अधिक आग्रह उसमें नहीं है। दुष्यन्त के भरत की भाँति मानवता का प्रतिरूप मानव था। उसके मुख पर अपरिमित तेज था, और आगे चलकर :

केहरि किशोर से अभिनव
अवयव प्रस्फुटित हुए थे
यौवन गम्भीर हुआ था
जिसमें कुछ भाव नये थे।

'कामायनी' के रूप-वर्णन की विशेषता है कि रूप-गुण को प्रस्तुत करने में भावना और कल्पना का समन्वय हुआ है। श्रद्धा का उदात्त तथा इड़ा का बौद्धिक रूप कथानक के अनुरूप हैं। साधारण नारी-पुरुष-चित्रण के स्थान पर व्यक्तियों के व्यापक रूप और व्यक्तित्व को प्रस्तुत किया गया है। परिवर्तित होने वाले मनोभावों के अनुकूल रूप-चित्र खींचे गये हैं। आरम्भ की सौन्दर्यमयी श्रद्धा विरह में धूमिल हो जाती है। लज्जा उसकी छवि को छायामय कर देती है। अन्त में उसका नैसर्गिक रूप आता है। रूपवर्णन में सर्वत्र प्रकृति की गुणसम्पन्न उपमाओं को अभिव्यक्ति का साधन बनाया गया है। छवि-प्रकाशन के साथ आन्तरिक अभिव्यक्ति भी होती जाती है। रूप गुण को भी साथ लेकर चलता है।

प्रकृति-दृश्य

'कामायनी' की प्रकृति प्रायः एक पृष्ठभूमि का कार्य करती है। वातावरण के अनुसार उसका प्रयोग किया गया है। आरम्भ में जलप्लावन और हिमगिरि का वर्णन है। इसी पठिका पर मनु को प्रस्तुत किया गया है। प्रकृति को आधार बनाकर कथा

को आरम्भ करने की प्रणाली संस्कृत में प्रचलित है। 'कामायनी' उस परम्परा में योग देती है। प्रसाद प्रकृति और मानव में एक तादात्म्य स्थापित कर लेते हैं, इस कारण उनका प्रकृति-चित्रण संश्लिष्ट योजना से पूर्ण रहता है। प्रस्तुत, स्वाभाविक, स्वतन्त्र रूप में 'कामायनी' प्रकृति का वर्णन अधिक नहीं करती। 'आशा' सर्ग में हिमालय का वर्णन पृष्ठभूमि के रूप में हुआ है। रहस्य और आनन्द सर्ग में प्रकृति का स्वतन्त्र स्वरूप अवश्य निखरा है।

प्रकृति और मानव के क्रियाव्यापारों को 'कामायनी' प्रायः एक साथ लेकर चलती है। पात्रों की स्थिति का विश्लेषण प्रकृति के द्वारा हो जाता है। वह मानव की चिर-सहचरी बन आयी है। 'कामायनी' का कवि प्रकृति-प्रेमियों की भाँति उसके सौन्दर्य पर मुग्ध होकर नैसर्गिक रूप का वर्णन नहीं करता। वह प्रकृति के गुण और मानवीय क्रिया-व्यापार में एक समन्वय स्थापित करता है। 'कामायनी' में आरम्भ से ही प्रकृति का चित्र मनु के व्यक्तित्व को साथ लेकर चला है। दूर-दूर तक विस्तृत हिम की स्तब्धता मनु के हृदय की भाँति थी। इधर-उधर खड़े हुए दो-चार देवदारू वृक्ष तपस्वी की भाँति लम्बे थे। प्रकृति उसकी मर्म वेदना और करुणा विकल कहानी को सुन रही थी। प्रकृति की जड़ता में चेतनता का ही नहीं वरन् मानवीयता का आरोप भी प्रसाद ने किया। वड्र्सवर्थ अपनी प्रकृति से वार्तालाप करता है, किन्तु 'कामायनी' की प्रकृति मानव की सहचरी बनकर उसके प्रश्नों का उत्तर अपनी मौन भाषा में दे जाती है। 'पुरस्कार' कहानी का प्रसंग है : अरुण ने अपने अश्व को मौन रहने का संकेत किया, उस सुषमा को देखने के लिए, परन्तु कोकिल बोल उठा। जैसे उसने अरुण से प्रश्न किया 'छिः कुमारी के सोये हुए सौन्दर्य पर दृष्टिपात करने वाले धृष्ट, तुम कौन?'[3] 'कामायनी' में प्रकृति का प्रयोग वातावरण के रूप में भी किया गया है। मनु में उठती हुई वासना के अवसर पर प्रकृति मादकता से भर जाती है। विधु किरण मधु बरसाती हुई काँप जाती है। पवन मधुभार से पुलकित हो मन्थर गति से चला जा रहा है। प्रकृति उन्हें उद्दीप्त करती है। स्थिति के अनुकूल प्रकृति का प्रयोग 'कामायनी' की विशेषता है। शिशिर की निशा भी अलसाई पड़ी थी। कौमुदी की मधुमय छटा मनु में मादकता घोल रही थी। प्रकृति के ये वर्णन उद्दीपन के रूप में आते हैं :

मनु निरखने लगे ज्यों-ज्यों यामिनी का रूप,
वह अनन्त प्रगाढ़ छाया फैलती अपरूप,
बरसता था मदिर कण-सा स्वच्छ सतत अनन्त
मिलन का संगीत होने लगा था श्रीमन्त।

'कामायनी' की प्रकृति काव्य की सहयोगिनी है। मानव की जिज्ञासा, सुन्दरता, मनोभावना का आभास उसके द्वारा प्राप्त होता है। मनु की अन्तर्निहित जिज्ञासा की अभिव्यक्ति आस-पास बिखरी हुई प्रकृति की विभूति से हो जाती है। विश्वदेव,

सविता, सोम, मरुत किसके शासन से परिचालित हैं? इस अनन्त, रमणीय, विराट विश्वदेव के प्रति आदिपुरुष की जिज्ञासा जागृत हो जाती है। हिमालय की पृष्ठभूमि 'कुमारसम्भव' की समकक्षता में प्रस्तुत की जा सकती है। कालिदास ने भारत के इस मुकुट का विस्तृत वर्णन किया है। देवता के समान पूजनीय भारत के उत्तर में स्थित हिमालय प्रदेश में अनेक क्रिया-व्यापार चलते रहते हैं। प्रकृति की सम्पूर्ण शोभा से कालिदास ने उसे विभूषित किया है। 'कामायनी' का आरम्भ और अन्त दोनों हिमालय की उपत्यका में होते हैं। प्रलय शान्त होने के पश्चात् हिमगिरि के उत्तुंग शिखर पर यज्ञ आरम्भ कर देने वाले मनु अन्त में कैलास पर्वत पर समस्त मानवता को आनन्द का सन्देश देते हैं। जीवन की समग्रता, महानता का प्रतीक हिमालय भारतीय काव्य में युगों से वन्दनीय रहा है। 'कामायनी' इसी परम्परा का पालन करती है। कालिदास ने 'कुमार-सम्भव' में हिमालय का मानवीकरण कर मैना से उसका परिचय भी करा दिया है। 'कामायनी' का हिमालय आनन्द की पृष्ठभूमि बनकर आया है। प्रसाद को प्रकृति से उस सीमा तक अनुराग नहीं जो प्रकृति के कवियों में प्राप्त होता है। उन्होंने उसका प्रयोग काव्य और कला के उदात्तीकरण में किया। भावनाओं की वाहक, अभिव्यंजक होने के अतिरिक्त अप्रस्तुत अलंकारों के रूप में उसका प्रयोग किया गया। प्रकृति के प्रतीक, रूपक और उपमा अपनी सम्पूर्ण सजीवता की अभिव्यक्ति करते हैं। श्रद्धा के सौन्दर्य-निरूपण में प्रकृति के उपादानों ने सहायता की। व्योम में घिरते हुए घनश्याम नारी के कुन्तल बनकर आये हैं। किसलय की अरुणिमा हास का परिचायक है। श्रद्धा की समस्त शोभा प्रकृति के रूपकों में साकार हुई है :

उषा की पहिली लेखा कान्त
माधुरी से भींगी भर मोद
मदभरी जैसे उठे सलज्ज
भोर की तारक द्युति की गोद।

'कामायनी' के भावमय स्थल प्रकृति के उपादानों से निर्मित हैं और यह प्रकृति-वर्णन काव्य-कला में सहायता प्रदान करता है। प्रकृति स्वतन्त्र रूप में रस-संचार का प्रयत्न नहीं करती, मानवीय कार्यकलापों के मिलन से ही इसमें सफल होती है। उसके विभिन्न रूपों को ग्रहण भावों को मांसलता प्रदान करने के लिए किया गया है। वस्तु-वर्णन को सरस बनाने का श्रेय प्रकृति के इन उपादानों को है। कहीं-कहीं कामायनी की प्रकृति अपने रहस्यमय रूप को भी प्रस्तुत करती है। सम्पूर्ण चित्रों के द्वारा बिम्बग्रहण का कार्य कामायनी में प्रकृति ने किया है। एक सौन्दर्यचित्र है :

हो चकित निकल आयी सहसा
जो अपने प्राची के घर से
उस नवल चन्द्रिका से बिछले
जो मानस की लहरों पर से।

कथा-चक्र

'कामायनी' की कथा सरल रेखाओं से निर्मित हुई है। उसके वस्तु-विन्यास में किसी दीर्घ वंश-परम्परा, विस्तृत घटनाक्रम और पात्रों की बहुलता नहीं मिलती। 'रघुवंश' की भाँति उसमें अनेक चरित्रों के चित्रण का प्रयत्न नहीं है। आदि-पुरुष के द्वारा मानवता का विकास उसका उद्देश्य है। कामायनीकार का लक्ष्य वर्णनात्मक न होकर, सूक्ष्म विश्लेषण की ओर अधिक था। उसने वस्तु-विन्यास का प्रयोग प्रबन्धात्मकता लाने के लिए किया। कथावस्तु को आरम्भ, प्रयत्न, प्राप्त्याशा, नियताप्ति और फलागम में विभाजित करने की भारतीय प्रणाली है। अरस्तू कथानक की एकता में समय, स्थान और कार्य का समन्वय मानता है। दुःखान्त नाटकों के लिए उसने जिन सिद्धान्तों का प्रतिपादन किया उनमें इसका विशेष महत्त्व है। उसकी धारणा है कि कथानक की इस एकता का सम्बन्ध नायक के क्रिया-व्यापारों की एकता से नहीं स्थापित किया जा सकता। कथानक का वर्गीकरण सरल तथा जटिल दो भागों में उसने किया। 'कामायनी' का कथानक सरल है, उसमें अधिक जटिलता नहीं। अरस्तू के अनुसार प्रबन्धकार का कथानक दुःखान्त नाटक से अधिक विस्तृत हो सकता है। प्रबन्ध-काव्य में एक सम्पूर्ण क्रिया-व्यापार का आदि, मध्य, अन्त में विभाजन होना आवश्यक है। 'कामायनी' के वस्तु-विन्यास में भारतीय कथावस्तु तथा पाश्चात्य दुःखान्त नाटक का समन्वय जैसा है। कथानक का चरमोत्कर्ष दुःखान्त की स्थिति तक चला जाता है। मनु का श्रद्धा से विलग होना इसकी सूचना देता है। श्रद्धा का उन्हें एक बार पाकर पुनः खो देना, इसकी पुष्टि करता है। किन्तु कामायनी की परिसमाप्ति भारतीय रसनिष्पत्ति के अनुकूल हुई है।

संस्कृत काव्य में अभिशाप कथा की धारा में परिवर्तन करते दिखाई देते हैं। यूनानी काव्यों में परिस्थितियों की योजना किसी अदृश्य शक्ति पर अवलम्बित है। 'कामायनी' का कथानक स्वाभाविक गति से चलता है। ईर्ष्या के कारण मनु का श्रद्धा को त्याग कर चल देना मनोवैज्ञानिक है। 'स्वप्न' सर्ग कवि की कल्पना है। इड़ा का अनायास मनु को मिल जाना कथानक को गतिमान करता है। लघु कथानक में इने-गिने पात्रों के द्वारा अधिक आरोह-अवरोह की आशा नहीं की जा सकती। चिन्ता, आशा की सुन्दर पृष्ठभूमि पर 'कामायनी' प्रतिष्ठित है। श्रद्धा का आगमन तथा काम, वासना, लज्जा कथानक को गति प्रदान करते हैं। 'कर्म' में आने वाली विडम्बना का साधारण आभास होता है। अन्त में 'ईर्ष्या' में मनु का भाग जाना उसे स्पष्ट कर देता है। कथानक के इस पट-परिवर्तन के साथ ही वातावरण धूमिल पड़ने लगता है। इड़ा का प्रवेश केवल क्षण भर के लए एक आशा-रेखा-सा चमक कर विलीन हो जाता है। 'स्वप्न' और 'संघर्ष' में पुनः विषमता आ जाती है। श्रद्धा का आगमन, एक दीर्घ अवकाश के पश्चात् वातावरण को नवीन आलोक से भर देता है। किन्तु मनु का निर्वेद के कारण पलायन, एक बार कथानक को पुनः विशृंखल कर

देता है। श्रद्धा, इड़ा, मनु के साथ होने के कारण परिस्थिति पूर्व की भाँति अधिक गम्भीर नहीं होती। श्रद्धा का मनु को रहस्य समझाना कथानक में तटस्थता ले आता है। अन्त में आनन्द की रसनिष्पत्ति होती है।

'कामायनी' का वस्तु-विन्यास अपनी नाटकीयता लेकर प्रस्तुत हुआ। कथोपकथन और संवादों के द्वारा घटनाक्रम आगे बढ़ता है। सूक्ष्म मनोभावों का निरूपण भी संवाद शैली में हुआ है। कामायनी में नाटकीयता का समावेश प्रचुर मात्रा में है। नाटक और काव्य के समन्वय से प्रसाद ने वस्तु-विन्यास का निर्माण किया। नाटक की भाँति कामायनी में केन्द्रीकरण का प्रयास ही अधिक है। सम्पूर्ण वस्तु मनु के चारों ओर घिरी-सी दिखाई देती है। आरम्भ से अन्त तक वह केन्द्रबिन्दु बना रहता है। कामायनी का वस्तु-विन्यास अधिक विस्तृत न होकर भावमय और केन्द्रित है। मनोवैज्ञानिक रीति से कवि ने उसे स्वाभाविक गति प्रदान की।

चरित्र-सृष्टि

चरित्र-चित्रण को पाश्चात्य समीक्षकों ने अधिक महत्त्व दिया। पात्रों की विशेषताओं के उद्‌घाटन द्वारा एक उत्कंठा जागृत की जाती है। किसी भी निर्माण में पात्रों को पृथक् व्यक्तित्व प्रदान किया जाता है। उनके प्रति सहानुभूति जगायी जाती है। पात्र अपने व्यक्तित्व द्वारा स्वयं आकर्षण का केन्द्र बन जाते हैं। शेक्सपियर के पात्रों में उनकी विशेषताएँ निकाल लेने पर शेष ही क्या रहेगा। हेमलेट का मानसिक अन्तर्द्वन्द्व, शाइलाक का लोभ, रोमियो-जूलियट का प्रेम, कैसियस का छल सभी विशिष्ट हैं। चरित्र-चित्रण द्वारा नाटककार ने उनमें प्राण-प्रतिष्ठा की है। पश्चिम में प्रचलित चरित्र-चित्रण की प्रणाली को व्यापक प्रसार प्राप्त हुआ। होमर के हेलेन का सौन्दर्य आज भी प्रसिद्ध है। भारत में चरित्र-सृष्टि रस सिद्धान्त के अन्तर्गत आ जाती है। सत् और असत् दोनों प्रकार से पात्र आनन्द-सृजन में सहायक होते हैं। एक आदर्श बनकर आता है, तो अन्य से चेतना मिलती है। राम का अनुकरण और रावण का त्याग एक ही उद्देश्य तक ले जाते हैं। साहित्य के लक्ष्य को रस अथवा आनन्द मान लेने से भारतीय साहित्य-शास्त्रियों ने एक व्यापक क्षेत्र को चुना। साधारणीकरण में पात्रों की व्यक्तिगत विशेषताओं को अधिक स्थान नहीं प्राप्त हो सकता; वे केवल प्रतिनिधित्व कर सकते हैं। पश्चिम के व्यक्तिवाद से प्रभावित चरित्र-चित्रण तथा भारतीय रस सिद्धान्त पर स्वयं प्रसाद ने विचार किया। उनके अनुसार चरित्र-चित्रण की प्रधानता का रस से प्रत्यक्ष सम्बन्ध नहीं प्रतीत होता। 'भारतीय दृष्टिकोण रस के लिए इस चरित्र और व्यक्ति-वैचित्र्यों को रस का साधन मानता है, साध्य नहीं। रस में चमत्कार ले आने के लिए इनको बीच का माध्यम-सा ही मानता आया।[4]

प्रसाद की दृष्टि 'कामायनी' में रस पर भी रही है, यद्यपि उसका चरित्र-चित्रण सफल है। पात्रों की पौराणिकता विलीन न करते हुए भी कवि ने उन्हें केवल

व्यक्तिगत विशेषताओं से समन्वित करने का प्रयास नहीं किया। उसके पात्र प्रतिनिधि बनकर आये हैं। उनमें चिन्तन का एक विशेष रूप निहित है। वे मानवीय इकाइयाँ हैं, जिनमें किसी दर्शन का समाहार हुआ। कवि उनके माध्यम से किसी लक्ष्य तक जाना चाहता है। उनमें चरित्रांकन केवल व्यक्तिगत विशेषताओं के रूप में नहीं किया गया, वरन् उनसे प्रतीक का काम भी लिया गया। मनु और श्रद्धा यदि एक ओर साधारण पुरुष-स्त्री रूप में आते हैं, तो साथ ही वे मन, हृदय के भी प्रतिरूप हैं। पात्रों में इसी कारण एक सार्वभौमिक चेतना निहित है जो उन्हें देश-काल से ऊपर उठा ले जाती है। वे दार्शनिक और मनोवैज्ञानिक आधार पर प्रतिष्ठित हैं। उनकी व्यक्तिगत विशेषताएँ, सार्वजनिकता का आभास देती हैं। केवल थोड़े-से पात्रों द्वारा समग्र जीवन की अभिव्यक्ति के लिए उनकी मानसिक स्थिति का विश्लेषण कवि करता है। 'कामायनी' नाटकीय-शैली के द्वारा पात्रों का अन्तर्मन खोलती है। श्रद्धा और लज्जा, मनु तथा काम का मानसिक उद्घाटन चरित्र-चित्रण की अपेक्षा लक्ष्यपूर्ति में अधिक सहयोग प्रदान करता है। परिस्थिति, वातावरण के अनुसार पात्रों के मन में उठनेवाले भाव केवल उनकी व्यक्तिगत मनःस्थिति का प्रकाशन नहीं करते, उससे समस्त मानवता का आभास मिलता है। 'कामायनी' के चरित्र-चित्रण में पुराण, इतिहास, दर्शन और मनोविज्ञान का अवलम्ब कवि ने ग्रहण किया, तथा चरित्रों को एक व्यापक धरातल पर रखकर उनमें चिन्तन को निहित किया। उस प्रकार चरित्र किसी आदर्श तक जाने में एक माध्यम का कार्य करते हैं।

मनु

'कामायनी' में कथा मनु के चारों ओर घूमती दिखाई देती है। वे केन्द्रबिन्दु प्रतीत होते हैं। काव्य का आरम्भ और अन्त उन्हीं के द्वारा होता है। मनु की चरित्र-सृष्टि में प्रसाद ने यथार्थ को अधिक ग्रहण किया। मनु एक साधारण मानव है जो जीवन के संघर्षों को झेलता हुआ अन्त में आनन्द तक पहुँचता है। वह वासना, ईर्ष्या की स्वाभाविक दुर्बलताओं से ग्रसित है, किन्तु आगे बढ़ने की उसकी आकांक्षा नहीं मरती। काव्य में नायक के चरित्र-चित्रण की चली आती हुई परम्परा में प्रायः आदर्श और महान् का ही ग्रहण अधिक हुआ है। संस्कृत के आचार्यों ने नायक को विशेष महत्त्व दिया है। दंडी का 'काव्यादर्श' नायक को चतुर और उदात्त के रूप में रखता है। विश्वनाथ ने 'साहित्य दर्पण' में नायक के लिए किसी सुर, कुलीन क्षत्रिय का होना अनिवार्य माना, जिसमें धीरोदात्त के गुण हों। इसके लिए उसे अत्यन्त गम्भीर, क्षमाशील, स्थिर, अहंकारहीन होना चाहिए। एक ही वंश के अनेक कुलीन राजाओं के होने पर अधिक नायक भी हो सकते हैं। नायक को अधिकाधिक महान् रूप में चित्रित करने की प्रणाली को 'कामायनी' में नहीं स्वीकार किया गया। पश्चिम में नायक को शक्तिशाली स्वरूप देने की परम्परा अधिक समय तक न चल सकी।

प्रबन्ध-काव्य को सार्वभौमिकता प्रदान करने के साथ ही नायक की रूपरेखा में भी परिवर्तन हुआ। होमर के नायक में एक साथ प्रेम और श्रद्धा की भावना निहित है। दान्ते स्वयं अपने काव्य का नायक बनकर प्रस्तुत होता है। बियेट्रिस और वर्जिल को भी उसमें प्रमुख स्थान मिला। प्रबन्धकाव्यों की भाँति नाटकों के नायकत्व में भी नवीन दृष्टिकोण से कार्य आरम्भ हुआ। पश्चिम में महान् काव्य और महान् नाटक के लक्ष्य में अधिक अन्तर नहीं रखा जाता।[5] सोलहवीं शताब्दी में शेक्सपियर ने हेमलेट, रोमियो आदि कई नायकों की कल्पना की। गेटे ने अपने फ़ाउस्ट को नायक का पद प्रदान किया। अपनी समस्त दुर्बलताओं को लेकर फ़ाउस्ट आगे बढ़ता है। जीवन की स्वाभाविक आकांक्षाओं को नाटककार ने उसमें घनीभूत कर दिया है। शापेनहार के 'आदर्श मानव' की अपेक्षा वह 'यथार्थ मानव' है, पर उसकी भी महानता है। वह मेफ़िस्टाफ़ेल्स से कहता है, ''मेरा जीवन इसी पृथ्वी से आनन्द का दान लेता है। मेरे शोक पर ही सूरज प्रकाशित होता है।''[6]

'कामायनी' का मनु साहित्य में बढ़ती हुई मानवीय भावना से अनुप्राणित है। इस मानवीयता का ग्रहण यूरोपीय साहित्य में प्रचुरता से हुआ। केवल आदर्श और महान् ही नहीं, किन्तु यथार्थ का चित्रण करना भी आवश्यक समझा गया। समग्र जीवन पर दृष्टि रखने वाले कलाकारों ने सुख-दुख, आशा-निराशा, उत्थान-पतन को नायक में समन्वित किया, क्योंकि भावनाएँ जीवन का कठोर सत्य हैं। यथार्थ चित्रण के परिणामस्वरूप स्पेन्सर की फ़्येरी क्वीन और गेटे के फ़ाउस्ट के नायक धार्मिक कवियों की भाँति आदर्शवादी न होकर मानवीय और यथार्थ हैं। हिन्दी में छायावाद ने मानवीयता की इस परम्परा को अपनाया, रूमानी ढंग से ही सही। ऐतिहासिक और धार्मिक नायकों का आदर्शवादी स्वरूप श्रद्धा और विश्वास की दृष्टि से उचित हो सकता है, किन्तु उनके साथ संघर्षशील मानव का सम्पूर्ण तादात्म्य कठिन। राम का आदर्श लोकरंजनकारी रूप भक्त को आह्लादित कर सकता है, किन्तु सामान्य व्यक्ति, जो जीवन की कठोरताओं से युद्ध कर रहा हो, सम्भवतः उसमें अपनी भावनाओं को कम खोज पायेगा। छायावाद ने पृथ्वी और मानव को रूमानी ढंग से काव्य में स्थान दिया जिसमें अच्छी-बुरी भावनाओं का समावेश है। जीवन के सत्य का ग्रहण उसने किया जो बदलते हुए युग के अनुरूप है, और जिसमें स्वाभाविक उत्थान-पतन समाविष्ट हैं।

मानवता का प्रतीक मनु आधुनिक संघर्षशील व्यक्ति का प्रतीक है। अपनी आन्तरिक भावनाओं से लेकर जीवन की भौतिक समस्याओं तक वह युद्ध करता है। कई प्रश्न उसके सम्मुख आते हैं। एक ओर यदि मन में काम, वासना और ईर्ष्या के भाव उठते हैं, तो साथ ही वह जीवन की प्रहेलिका को भी सुलझाने में प्रयत्नशील है। मानव की सम्पूर्ण जिज्ञासा से वह रहस्यमय संसार को देखता है। आन्तरिक दुर्बलताओं को लेकर भी वह ऊपर उठना चाहता है। मनोवैज्ञानिक आधार पर

चित्रित मनु का मानसिक द्वन्द्व जीवन का सत्य है। इस दृष्टि से मनु अपने प्राचीन कलेवर में भी आधुनिक और नवीन है। उसका चित्रांकन पश्चिम की यथार्थवादी परम्परा से प्रभावित है। एक दृष्टि से मनु को काव्य का परम उत्तेजित नायक भी कहा जा सकता है, किन्तु प्रसाद ने मानवीकरण के साथ उसका उदात्तीकरण भी किया है। संस्कृत के प्रबन्धकाव्यों में बाह्य जगत में देव-दानव संघर्ष का चित्रण किया जाता था। देवों की विजय और दानवों की पराजय दिखाकर आदर्श की स्थापना सभी काव्यों में की गयी है। संस्कृत का यह बाह्य स्वरूप 'कामायनी' के कवि ने अन्तर्मुखी कर दिया है। देव-दानव संघर्ष स्वयं मनु के अन्तरप्रदेश में चल रहा है। गेटे का फ़ाउस्ट भी कहता है : "मेरे ही वक्षस्थल में दो आत्माएँ निवास करती हैं। एक पलायिनी, किन्तु दूसरी सदा जलती रहती है।"[7] मनु के मन में एक द्वन्द्व चलता रहता है और अन्त में श्रद्धा के द्वारा उसका समन्वय आनन्द का सृजन करता है। मानव का प्रतिरूप होने के कारण उसमें एक सामान्य व्यक्ति की प्रवृत्तियाँ निहित हैं। 'चिन्ता' की निराशा से लेकर आनन्द के अन्तिम उद्देश्य तक पहुँचने वाले मनु का क्रियाव्यापार मानव के अनुरूप है। नायक में अतिरंजना और अतीन्द्रियता भरने का व्यर्थ प्रयास नहीं किया गया। प्रलय को देखकर नायक मनु को निराशा होती है। वे अतीत की स्मृतियों में उलझते हैं। धीरे-धीरे जीवन की कामना प्रबल होती है। नारी का प्रवेश काम, वासना का उदय करता है। ईर्ष्या, संघर्ष आदि की भावनाएँ भी स्वाभाविक हैं। अन्त में वह मानव के चरम लक्ष्य आनन्द को पाता है। मानव-मन में उठने वाले भावों और विचारों का अंकन मनु की चरित्र-सृष्टि द्वारा प्रसाद ने किया है। अपने प्रेमी रूप में वह सौन्दर्यवादी है। श्रद्धा की रूपराशि पर वह प्रथम बार में ही लुट जाता है। निराश व्यक्ति को साधारण स्नेह-सम्बल मिलते ही नवजीवन प्राप्त होता है। केवल वासना और तृप्ति तक सीमित रह जाने वाला मनु सुख और शान्ति की खोज में भागता है। किन्तु वास्तविक शान्ति पलायन में नही, संघर्ष में है। इड़ा के रूप पर आकृष्ट होनेवाला मनु अपनी तृप्ति चाहता है। पराज़य उसे वास्तविकता का बोध कराती है। फिर वह श्रद्धा का अनन्य उपासक बन जाता है। अपनी दुर्बलता का ज्ञान उसे रहता है। आत्मबोध और पश्चात्ताप उसे उच्च भाव-भूमि पर ले जाने में सहायक होते हैं। इड़ा से वह कहता है : **देश बसाया पर उजड़ा है सूना मानस देश यहाँ।**

नियामक रूप में मनु एक क्षण के लिए अपना उत्तरदायित्व भूल जाते हैं। उनकी उच्छृंखलता और भौतिक प्रवृत्ति के फलस्वरूप संघर्ष होता है। पौरुष के मद और अहंकार से वे पराजित होते हैं। उनकी आकांक्षाएँ ऊपर उठने को प्रतीत होती हैं, किन्तु परिस्थितियाँ मार्ग में व्यवधान बनकर आती हैं। कामायनी का मनु स्वर्ग की कामना नहीं करता, वह पृथ्वी पर ही समरसता और आनन्द प्राप्त करता है। देवत्व की अपूर्णता को जान लेनेवाला व्यक्ति अब उस भोग-विलास की कामना

नहीं करता। उसके हृदय में जीवन के प्रति आरम्भ से ही जिज्ञासा की भावना थी। उसका मन चिन्ता से भर गया था। मृत्यु की चिर-निद्रा पर उसे आश्चर्य था। चारों ओर बिखरी हुई प्रकृति की विभूति ने उसे असमंजस में डाल दिया। श्रद्धा से प्रथम मिलन के समय वह अत्यधिक निराश था क्योंकि उसे अपने प्रश्नों का उत्तर नहीं मिल रहा था। 'जीवन' ही उसके सम्मुख सबसे बड़ा प्रश्न था। श्रद्धा से जीवन का सत्य जानकर मनु कर्म में प्रवृत्त हुए, पर ईर्ष्या के कारण उन्होंने उसका परित्याग किया। इड़ा से भी उन्होंने 'जीवन का मोल' पूछा था। जीवन की प्रहेलिका को सुलझाने में वे प्रयत्नशील दिखाई देते हैं। अपने इस प्रयास में उन्हें अनेक कष्ट हुए और अन्त में उन्होंने श्रद्धा के सहयोग से समरसता का महामन्त्र भावी मानवता को बताया। प्राणों की अतृप्ति मनु को दूर तक ले गयी। जीवन के जिस सत्य को उन्होंने कठिन साधना के पश्चात् प्राप्त किया, उसे मानवता के कल्याण में नियोजित कर दिया। नायक की महानता इसी में निहित है कि अन्त में सम्पूर्ण सारस्वत प्रदेश उनके दर्शनार्थ कैलास घाटी पहुँचता है, और आनन्दित हो उठता है। उनका अन्तिम स्वरूप भारतीय ऋषि तथा धीरोदात्त नायक की भाँति है।

मनु की चरित्र-सृष्टि में उनके पौराणिक और ऐतिहासिक रूप का भी ध्यान रखा गया। वेद-पुराण के मनु ऋषि, यज्ञकर्ता, प्रथम मानव के रूप में प्रतिष्ठित हैं। वे देवता तुल्य माने गये हैं। वैदिक परम्परा से आगे निकलकर 'मनुस्मृति' में वे एक सफल नियामक रूप में दिखाई देते हैं। वे प्रजापति बनकर समाज में शान्ति-व्यवस्था स्थापित करते हैं। इसके अतिरिक्त शतपथ ब्राह्मण में मनु का हिंसक तथा उच्छृंखल रूप प्राप्त होता है। किलात, आकुलि की प्रेरणा से उन्होंने वहाँ भी हिंसा की। अपनी दुहिता इड़ा पर वे आकृष्ट हो उठे। 'कामायनी' में मनु के ऐतिहासिक स्वरूप की भी रक्षा हुई है। किंचित कल्पना के अतिरिक्त कवि ने उनके अधिकांश रूप को ग्रहण कर लिया। मनु के मन का विश्लेषण तथा उनकी स्वाभाविक प्रवृत्तियों का निरूपण प्रसाद की कल्पना है जिससे उनका रूप अधिक मानवीय हो गया। 'कामायनी' के मनु आदर्श की अपेक्षा स्वाभाविक अधिक हैं। तुलसी ने राम के नायकत्व को 'मर्यादापुरुषोत्तम' की संज्ञा दी, किन्तु उन्हें अलौकिक रूप में चित्रित किया। वे पुरुष होकर भी दैवी शक्ति से सम्पन्न हैं। उनके ईश्वरीय गुणों के कारण व्यक्ति श्रद्धानत होता है। कालिदास ने दैवी पात्रों में भी मानवीय भावनाओं का आरोप किया। 'कुमारसम्भव' में शिव-पार्वती का अतीन्द्रिय रूप पूर्णतया समाप्त नहीं हो जाता। 'कामायनी' के मनु का नायकत्व मानवीय है। उनके अन्तरतम की भावना, कामना और वासना प्रत्येक मानव में उठती है। उनका अन्तिम लक्ष्य आनन्द भी अधिकांश का उद्देश्य होता है। प्रसाद ने मनु का उदात्तीकरण किया है। श्रेय-प्रेय, आदर्श-यथार्थ के समन्वय से उनकी चरित्र-सृष्टि हुई। अरस्तू के नायक की भाँति मनु में भी क्रिया-शक्ति है जो उन्हें गतिमान करती है। यह शक्ति कभी-कभी अनुचित

कार्य में लग जाती है, किन्तु अन्त में समीकरण उचित दिशा में होता है। उनकी बिखरी हुई शक्तियाँ आनन्द में नियोजित होती हैं। मनु के चरित्र-निर्माण में प्रसाद की दृष्टि बहुमुखी थी। शेक्सपियर के रोमियो की भाँति वह केवल प्रेमी अथवा रोमांटिक नायक नहीं है और न वह कालिदास का दुष्यन्त ही है। उसके रूप का अंकन करने में प्रसाद की दृष्टि व्यापक रही है। भारतीय परम्परा में प्रकृतिरूपा नारी पुरुष के पीछे भागती है। किन्तु 'कामायनी' का मनु एक सच्चे मानव की भाँति श्रद्धा के प्रति अपनी सम्पूर्ण कृतज्ञता प्रकट करता है। देवि, मंगलमयि आदि सम्बोधन उसके लिए प्रयुक्त करता है और एक बार उसे पाकर पुनः भयावने अन्धकार में खो नहीं देना चाहता। मनु भावुक, जिज्ञासु, अहेरी, यज्ञकर्ता, प्रणयी, विलासी, ईर्ष्यालु, नियामक, योद्धा आदि अनेक रूपों में आते हैं। सम्पूर्ण मानव का चित्रण उनके द्वारा करना 'कामायनी' का लक्ष्य है। मनु की आरम्भिक कामनाओं से स्वाभाविकता का आभास मिलता है। चारों ओर बिखरी हुई जलराशि देखकर उसका मन चिन्ता और शोक से भर जाता है। अभी-अभी वह देवत्व का विनाश देख चुका है, उसकी भी याद आ जाती है। जीवन के प्रति मोह होते ही किसी साथी की इच्छा जागृत होती है :

कब तक और अकेले ? कह दो
हे मेरे जीवन बोलो ?
किसे सुनाऊँ कथा? कहो मत,
अपनी निधि न व्यर्थ खोलो।

मनु की समस्याओं में आधुनिकता है। कई सामयिक प्रश्नों का समाहार उनके द्वारा प्रस्तुत किया गया। अपने एकाकी जीवन से लेकर पत्नी, कुटुम्ब, राज्य, सृष्टि तक के रूप मनु के सम्मुख क्रमशः आते हैं। एक नेता की भाँति वे सार्वभौमिकता का सन्देश अन्त में समस्त सारस्वत निवासियों को देते हैं। स्वाभाविक दुर्बलताओं के साथ ही प्रसाद ने उनमें पौरुष और शक्ति को सन्निाहित किया, जिससे वे आकर्षण केन्द्र बनते हैं। श्रद्धा ने प्रथम परिचय के समय उन्हें 'तरंगों से फेंकी मणि' कहकर सम्बोधित किया था, जो अपनी प्रभा की धारा से निर्जन का अभिषेक कर रहे थे। वह आजीवन उन्हें निकट रखने का प्रयत्न करती रही। इड़ा अपनी बुद्धिवादी प्रवृत्तियों के होते हुए भी मनु पर स्नेह रखती है। आकर्षक व्यक्तित्व के अतिरिक्त मनु की महानता का परिचायक है, उनका पश्चात्ताप। यह पश्चात्ताप उन्हें उत्कर्ष की ओर ले जाने में सहायक हुआ। मनु के व्यक्तित्व का निर्माण करने में प्रसाद ने एक व्यापक आधार ग्रहण किया। उसका चित्रांकन अनेक रेखाओं से हुआ है। उसके व्यक्तित्व में समष्टि, सामान्य का निरूपण किया गया। मनु मानव जीवन की पूर्ण इकाई बनकर 'कामायनी' में प्रस्तुत हुआ है। शक्ति-समन्वित होने के कारण जब वह अपने मत का प्रतिपादन करने लगता है, तब उसके सत्य की अवहेलना करना कठिन हो जाता है। ईर्ष्या के उदय होने पर वह श्रद्धा से कहता है :

देखा क्या तुमने कभी नहीं
स्वर्गीय सुखों पर प्रलय नृत्य?
फिर नाश और चिरनिद्रा है
तब इतना क्यों विश्वास सत्य?

उसकी दुर्बलताएँ उसे पतित नहीं बना देतीं, वरन् इन्हीं सीढ़ियों पर चढ़कर वह आगे बढ़ता है। 'कामायनी' का मनु आधुनिक मनुष्य है।

श्रद्धा

श्रद्धा की चरित्र-सृष्टि नारी के सर्वोत्कृष्ट स्वरूप में की गयी है। पौराणिक, ऐतिहासिक दृष्टि से भारतीय ग्रन्थों में उसका भव्य और मंगलमय रूप प्राप्त होता है। वह ऋषिका भी है। भावमूलक व्याख्या में वह सात्विकी वृत्ति के रूप में आती है। काम की पुत्री होने के कारण वह कामायनी नाम से अभिहित है। उसने मनु को जो अपना परिचय दिया, उसे ज्ञात होता है कि वह गन्धर्व देश की निवासिनी है और ललित कलाओं में उसकी रुचि है। इसी अवसर पर 'हृदय सत्ता के सुन्दर सत्य' को खोजने का उसका कुतूहल भी प्रकट हो जाता है। कामायनी को प्रसाद ने समस्त आन्तरिक गुणों से विभूषित कर दिया। वह उनकी सर्वोत्तम नारी-कल्पना है। तितली का साहस, देवसेना का त्याग, अलका की शक्ति, मधूलिका का प्रेम, सालवती का सौन्दर्य एक साथ में आये हैं। वह आत्मसमर्पण के समय कहती है :

दया, माया, ममता लो आज
मधुरिमा लो, अगाध विश्वास
हमारा हृदय रत्न निधि स्वच्छ
तुम्हारे लिए खुला है पास।

एक साथ इतने मानवीय गुणों से समन्वित नारी आदि से अन्त तक मनु का पथ-प्रदर्शन करती है। दया और ममता के ही कारण उसने दुःखी मनु को आत्मसमर्पण किया था। इस समर्पण में व्यक्तिगत प्रेम की अपेक्षा एक लोकमंगल, सार्वभौमिक कल्याण की भावना थी। सृष्टि के विकास की भावना से प्रेरित होकर कामायनी ने मनु का वरण किया। मानवता के प्रतीक मनु की जड़ता और निराशा वह हर लेती है। जीवन के जिस जागृत आशावाद और कर्म का सन्देश उसने उन्हें दिया वह गीता के कर्मवाद की भाँति प्रतीत होता है। श्रद्धा अपना सर्वस्व समर्पित कर मनु से कहती है :

और यह क्या तुम सुनते नहीं
विधाता का मंगल वरदान
शक्तिशाली हो विजयी बनो
विश्व में गूँज रहा जय गान।

सृष्टि और जीवन का रहस्योद्घाटन करते हुए उसने कहा : "केवल तप ही जीवन का सत्य नहीं, वह तो एक करुण, क्षीण, दीन अवसाद मात्र है। नूतनता में ही आनन्द है। प्रकृति के वैभव से परिपूर्ण समस्त भूखंड भोग के लिए है।"

'कामायनी' की श्रद्धा एक महान् चेतना तथा शक्ति के रूप में प्रस्तुत हुई है। सम्पूर्ण कथानक को वही गतिमान करती है, तथा समस्त सुख और आनन्द का सृजन उसी के द्वारा हुआ। वह मनु को कर्म में नियोजित करके उनकी हिंसात्मक प्रवृत्तियों को रोकने का प्रयत्न करती है। मानवता के आदि पुरुष को उच्च आदर्श की ओर ले जाना उसका लक्ष्य है। अन्त में अपनी पवित्रता और निष्ठा के कारण वह विजय भी प्राप्त करती है। इस सफलता के मूल में निष्काम कर्म तथा त्याग की भावना निहित है। केवल वैयक्तिक सुख और तृप्ति के लिए नहीं, वरन् दया और करुणा से प्रेरित होकर वह कार्य करती है। वह संसृति की बेलि को विकसित, पल्लवित और पुष्पित करने की कामना रखती है। उसके प्रेम में व्यापकत्व अधिक है। पशु-पंछी तक को वह किसी प्रकार का कष्ट नहीं देना चाहती। मनु के मन में इसी कारण ईर्ष्या का उदय होता है कि कामायनी के प्रेम पर उनका एकाधिकार नहीं रहा। श्रद्धा अपने व्यक्तित्व का विकास करती चलती है। अन्त में सारस्वत नगर के निवासी उसके अपने हो जाते हैं। इड़ा से किसी प्रकार की ईर्ष्या उसे नहीं होती। यही नहीं, वह स्वयं अपने पुत्र मानव को उसके संरक्षण में छोड़ जाती है।

श्रद्धा के अभाव में मनु का जीवन केवल शून्य रह जाता है। कर्म-मार्ग में मानवता के विकास के लिए नियोजित कर, किलात-आकुलि से उन्हें बचाने का प्रयत्न करती है। ईर्ष्यावश जब मनु उसे छोड़कर चले जाते हैं, तब वह निराश नहीं होती। एक बार उन्हें पुनः खोजने का प्रयास करती है। सारस्वत प्रदेश के मुमूर्षु मनु को पाकर उसे आह्लाद होता है। मनु जब पुनः अपने मानसिक झंझावात में उसे छोड़कर चल देते हैं, तब भी वह स्वयं पर विश्वास नहीं खोती। तितली को भांति उसे अपने प्रेम में आस्था है। मधुवन के चले जाने पर ति ने शैला से कहा था, "संसार भर उनको चोर, हत्यारा और डाकू कहे, किन्तु मैं जानती हूँ कि वे ऐसे नहीं हो सकते। इसलिए मैं कभी उनसे घृणा नहीं कर सकती। मेरे जीवन का एक-एक कोना उनके लिए उस स्नेह के लिए सन्तुष्ट है[8]।" कामायनी भी इड़ा से कहती है :

मैं अपने मनु को खोज चली
सरिता मरु नग या कुंज गली
वह भोला इतना नहीं छली
मिल जाएगा, हूँ प्रेम पली।

श्रद्धा की दृष्टि व्यापक है, वह 'सर्वमंगला' है। मनु के व्यक्तिगत प्रेम में उसका प्रेम साधारण रोमांटिक कोटि का हो जाता, किन्तु उसका स्नेह आदर्श रूप में अंकित

है। मिलन के क्षणों में केवल भोग-विलास की कामना और वियोग में रीतिकालीन नायिका की-सी दशा उसकी नहीं होती। वियोग-वेला में भी वह अपनी पराजय मानने को तैयार नहीं। उसका चरित्र एक सन्तुलन से परिव्याप्त है, जो उसे दुःख में भी क्रन्दन से नहीं भर देता। व्यावहारिक जगत में वह एक कुशल गृहिणी के रूप में चित्रित है। आने वाले भावी शिशु के लिए वह बेतसी लता का झूला डाल देती है। एक सुन्दर कुटीर का उसने निर्माण किया और तकली कात-कातकर ऊनी पट्टियाँ भी बनायीं। 'गृहलक्ष्मी' के इस गृहविधान पर स्वयं मनु आश्चर्यचकित रह जाते हैं। भारतीय नारी-जीवन की पूर्णता मातृत्व में है जबकि वह गृहलक्ष्मी पद को सार्थक करती है। प्रसाद 'कामायनी' की श्रद्धा को अन्त में इसी उदात्त स्वरूप से समन्वित कर देते हैं। भावी मानवता का विकास करने वाला मानव उसी की स्नेह-छाया में विकसित होता है। उसका मातृत्व ही उसकी पूर्णता है। मनु स्वयं कहते हैं :

तुम देवि ! आह कितनी उदार
यह मातृ मूर्ति है निर्विकार

अपनी वात्सल्य भावना को श्रद्धा पशु-पंछी तक प्रसारित कर देती है। एक क्षण के लिए भी उसकी मनोवृत्ति संकुचित नहीं होती। इड़ा, मनु सभी उसके कष्ट का कारण होकर भी स्नेह के पात्र बनते हैं। वह इड़ा के वास्तविक मूल्य को जानकर उससे राष्ट्रनीति का संचालन करने के लिए कहती है। राजनीति के क्षेत्र में वह शासक बनकर किसी को भी कष्ट न देने के लिए कह जाती है। सम्पूर्ण मानवता के प्रति उसकी ममतामयी, समान दृष्टि बनी रहती है। साधारण कुटुम्ब से लेकर राज्य और समग्र में सृष्टि तक उसका प्रसार देखा जा सकता है। इच्छा, ज्ञान और क्रिया की रूपरेखा समझकर अन्त में उनका समन्वय कर कामायनी अपने जीवनदर्शन के सर्वोत्कृष्ट स्वरूप को प्रकट कर देती है। जीवन के चरम उद्देश्य आनन्द का सृजन वही करती है।

आन्तरिक गुणों से विभूषित होने के साथ ही कामायनी अपने शारीरिक सौन्दर्य में भी अद्वितीय है। उसकी रूपराशि मनु को इन्द्रजाल की भाँति प्रतीत हुई। उसके स्वरों में भ्रमरी का मधुर गुंजन है। वह नित्य नवयौवना है। उसके मुख पर प्रतीची के अस्तंगामी अंशुमाली का-सा प्रकाश है। प्रसाद ने कामायनी में सौन्दर्य को साकार कर दिया है। उसकी इस छवि के प्रथम दर्शन में ही मनु भक्त बन गया। वासना के अवसर पर इसी 'छविभार' से दबकर वह बरबस समर्पण कर देता है। विश्वरानी, सुन्दरी नारी, जगत की मान, कामायनी उसे सुकुमारता की रम्य मूर्ति प्रतीत होने लगती है। श्रद्धा का रूप-यौवन लज्जा के अवसर पर समस्त मृदुता को लेकर प्रस्तुत होता है। भारतीय सौन्दर्यांकन में लज्जा का विशेष महत्त्व है। लज्जा नारी के सौन्दर्य का आभूषण है। श्रद्धा के लज्जागत सौन्दर्यांकन में प्रसाद ने कल्पना का सहारा लिया। प्रथम परिचय के समय उसके अधरों पर हास की एक क्षीण रेखा आकर रह जाती है। वासना में पलकें गिर जाती हैं; नासिका की नोक झुक जाती

है; मधुर ब्रीड़ा से उसका मन भर जाता है। लज्जा से कर्ण, कपोल भी ललित हो उठते हैं। इस अवसर पर स्वयं अपनी मनोदशा का चित्रण करती हुई कामायनी कहती है कि ''मेरा अंग-प्रत्यंग रोमांचित हो उठता है। मेरा मन अनायास ढीला हो जाता है। मेरी आँखों में स्नेह की बूँदे छलक आती हैं। मैं बरबस किसी के बाहुपाशों में उलझ जाती हूँ।'' लज्जा सौन्दर्य की रक्षा करती है। हेलेन के अपार सौन्दर्य से विभूषित होकर भी कामायनी किसी संघर्ष का कारण नहीं बनती। वह साधारण नारी से किंचित् भिन्न रूप में प्रस्तुत की गयी है। उसके चरित्र-चित्रण में प्रसाद का दृष्टिकोण अधिक उदात्त है। लज्जावती नारी की सुन्दरता लेकर भी वह केवल नायिका बनकर नहीं रह गयी। कामायनी के शारीरिक सौन्दर्य का चित्रण करते हुए प्रसाद ने उदात्त उपमाओं का प्रयोग किया, जिससे उसका आन्तरिक वैभव प्रकट हो जाता है। उसका रूप कल्याणकारी है :

नित्य यौवन छवि से ही दीप्त
विश्व की करुण कामना मूर्ति
स्पर्श के आकर्षण से पूर्ण
प्रकट करती ज्यों जड़ में स्फूर्ति।

समस्त सौन्दर्यांकन आलम्बन रूप में प्रस्तुत हुआ है, केवल मनु की वासना के अवसर पर ही वह उद्दीपन प्रतीत होता है। कामायनी जीवन की सम्पूर्ण शोभा से समन्वित है। उसके पास अपार 'सौन्दर्य जलधि' है। इसमें से केवल अपना गरलपात्र भरने के कारण ही मनु को अनेक कष्ट हुए। आन्तरिक और बाह्य दोनों दृष्टि से श्रद्धा अत्यन्त सुन्दर है। उसके दया, क्षमा, शील आदि गुण उसे काव्य के सर्वोत्कृष्ट चरित्र रूप में प्रस्तुत करते हैं। मनु अन्तिम समय में श्रद्धा की सहायता से उच्च भावभूमि पर पहुँचते हैं। वह समस्त कथानक की व्याख्या-सी करती चलती है और अन्त में आनन्द की प्रतिष्ठा।

कामायनी की चरित्र-सृष्टि में प्रसाद ने समरसता और आनन्द की रूपरेखा का ध्यान रखा है। वास्तव में श्रद्धा इसी का उदात्त स्वरूप है। जीवन में वह समन्वय और सन्तुलन की दृष्टि लेकर आगे बढ़ती है। एक ओर यदि वह मनु को कर्म का सन्देश देती है, तो साथ ही हिंसात्मक कर्मों के लिए रोकती भी है। कर्म के विषय में उसकी धारणा नितान्त व्यापक है। प्राणिमात्र के सुख के लिए कार्य करना ही श्रेयस्कर है। व्यक्तिगत सुख के लिए अन्य को कष्ट देना उचित नहीं। वह 'बहुजन हिताय, बहुजन सुखाय' का सिद्धान्त मानती है :

औरों को हँसते देखो मनु
हँसो और सुख पाओ
अपने सुख को विस्तृत कर लो
सब को सुखी बनाओ ।

जिस त्याग और दया का सन्देश वह सभी को देती है, उसी का पालन भी जीवन में उसने किया। आजीवन वह त्याग करती रही। अपने बलिदान से वह दूसरों का हित करती है। सुख-दुख, आशा-निराशा, जय-पराजय में सर्वत्र उसकी सन्तुलित दृष्टि रहती है। समरसता उसका मूल मन्त्र है। आनन्दवाद की अधिष्ठात्री रूप में वह वेदों की 'श्रद्धानाम ऋषिका' के समीप आ जाती है। मानव के पूरक रूप में वह आधुनिक नारी की भाँति प्रतीत होती है। प्रसाद ने कामायनी का चरित्र उदात्त रूप में प्रस्तुत किया। मनु के मुख से कवि ने इसकी अभिव्यक्ति करायी है। श्रद्धा 'पूर्ण आत्मविश्वासमयी' है। निर्वेद के अवसर पर मनु कृतज्ञता से भर जाते हैं। वे श्रद्धा से कहते हैं : "तुमने अपनी मंगलमयी मधुर स्मिति से ही जीवन में नवरस का संचार किया। तम्हीं ने मुझे स्नेह सिखाया", और :

हृदय बन रहा था सीपी-सा
तुम स्वाती की बूँद बनी
मानस शतदल झूम उठा जब
तुम उसमें मकरन्द बनीं।

जीवन के सूखे पतझर में श्रद्धा ने हरियाली भर दी थी। उस भगवती की 'पावन मधुधारा' पर अमृत को भी लोभ हो सकता है। उस रम्य सौन्दर्य से जीवन धुल जाता है। श्रद्धा के संगीत में जग-मंगल का स्वर है। वह आशा की आलोककिरण की भाँति है। वह जलद-सी रिमझिम बरसकर मन की वनस्थली को हरा-भरा कर देती है। मनु ने उसी से हँस-हँस कर विश्व का खेल खेलना सीखा। प्रसाद ने मानवता के प्रतीक को कामायनी के चरणों में नत कर दिया है। मनु कहता है :

कितना है उपकार तुम्हारा
आश्रित मेरा प्रणय हुआ
कितना आभारी हूँ इतना
संवेदनमय हृदय हुआ ।

अपार मधु से भरी श्रद्धा के सम्मुख मनु झुक जाते हैं। काव्य का नायक नायिका के आश्रय में पलता है। जब कामायनी मनु को दूसरी बार खोजने के लिए चलती है तब भी उसके हृदय में विश्वास है। इस बार श्रद्धा को पाकर मनु उसे 'निर्विकार', 'मातृमूर्ति' और 'सर्वमंगले' से सम्बोधित करते हैं। मनु की भाँति इड़ा भी उसके महत्त्व को स्वीकार कर लेती है। वह क्षमा-याचना करती है। काव्य में श्रद्धा का व्यक्तित्व सभी के आकर्षण का केन्द्र बना हुआ है। वह दान्ते की 'डिवाइन कामेडी' की बियेट्रिस की भाँति अपने नैसर्गिक रूप को लेकर प्रस्तुत हुई। श्रद्धा 'कल्याण-भूमि', 'अमृतधाम' है।

अपनी उदात्तता के आधार पर श्रद्धा 'कामायनी' की प्रमुख नायिका रूप में

आयी है, जो नायक को भी अपनी महानता से दबा-सा देती है। उसके व्यक्तित्व के सम्मुख नायक मनु कुछ धूमिल पड़ जाते हैं। ऐसा प्रतीत होता है कि श्रद्धा के अभाव में नायक अधिक समय नहीं चल पायेगा। उसके जीवन की सुख-शान्ति का मूलाधार ही नायिका है। कथानक, नायक सभी पर उसके महान् व्यक्तित्व की छाया है। हिन्दी की साहित्यिक परम्परा में कामायनी का यह उदात्त, महान् चित्रांकन एक नवीन प्रयोग है। नायक की सहचरी बनकर आने वाली नायिका से श्रद्धा का स्वरूप भिन्न है। वह नायक के उदात्त रूप को स्वयं पा गयी है। प्रसाद ने श्रद्धा की चरित्र-सृष्टि में भारतीय मातृत्व कल्पना तथा बौद्धदर्शन की करुणामयी नारी से भी प्रेरणा ग्रहण की। कवि ने उसे अत्यधिक सम्मान दिया और काव्य का नामकरण भी उसी के नाम पर किया। हृदय की समस्त उदार वृत्तियाँ उसमें संग्रहीत हैं। व्यक्ति-समाज, अहं-इदं, जड़-चेतन का वह समन्वय करती चलती है। स्वयं कामगोत्रजा होने के कारण काम का वास्तविक स्वरूप भी वही प्रस्तुत कर सकती है। काम मानव को जीवन-पथ पर अग्रसर करता है। श्रद्धा काम को केवल एक साधारण कामना बनकर नहीं रह जाने देती, वह जिजीविषा है। जीवन के व्यापकत्व का भोग और कर्म का व्यापक स्वरूप काम है। प्रसाद के सम्पूर्ण साहित्य में श्रद्धा सर्वोत्कृष्ट रूप में चित्रित हुई हैं।

इड़ा

इड़ा का चरित्रांकन बुद्धिवादिनी के रूप में हुआ है। आरम्भ में जो चित्र कामायनी में प्रस्तुत किया गया, उससे उसके बुद्धिवादी स्वरूप का आभास मिलता है; तर्कजाल की भाँति बिखरी अलकें, शशिखंड-सा स्पष्ट भाल। प्रथम परिचय में ही वह मनु से कहती है कि बुद्धि की बात न मानकर मनुष्य और किसकी शरण जाएगा। सम्पूर्ण ऐश्वर्य से भरी प्रकृति के रहस्यों को खोलकर उसका उपभोग करना ही श्रेयस्कर है। विज्ञान से जड़ता में चेतनता भरी जा सकती है। उसकी बुद्धिजीवी प्रवृत्तियाँ 'चलने की झोंक' में रहती हैं, उन पर किसी प्रकार का नियन्त्रण नहीं। वह सुन्दर आलोक किरण की भाँति जिधर भी देखती है, तम से बन्द पथ खुल जाते हैं। मनु के नियमन के पीछे उसकी बुद्धि कार्य करती है। सारस्वत प्रदेश की भौतिक समृद्धि उसके मस्तिष्क की उपज है। चारों ओर ज्ञान-विज्ञान का विकास हो रहा है। धातु गलाकर नये आभूषण और अस्त्र बनाये जाते हैं। नवीन साधनों से नगर सम्पन्न होता जाता है। व्यवसाय की वृद्धि हो रही है। सारस्वत प्रदेश वैज्ञानिक सभ्यता का प्रतीक बन गया है। वह स्वयं स्वीकार करती है : **प्रकृतिसंग संघर्ष सिखाया तुमको मैंने।**

वास्तव में अतृप्त और विलासी मनु अपने प्रजापति रूप में इड़ा के अनुगामी हैं। समस्त संचालन वह स्वयं करती है। इस भौतिकता की अतिशयता, विज्ञान के बाहुल्य से ही संघर्ष होता है। इड़ा का बुद्धिवाद स्वयं अपनी अपूर्णता का परिणाम

देख लेता है। इसके पूर्व परिचय के समय उसने मनु के सामने स्वीकार किया था कि 'भौतिक हलचल' से ही मेरा प्रदेश चंचल हो उठा था। वह मनु को राष्ट्रनीति समझाती है। उसकी बुद्धि परिस्थिति के अनुकूल कार्य करना जानती है। प्रजा भी 'मेरी रानी' कहकर चीत्कार मचाती है। वह उस पर किये गये अत्याचार को कदापि सहन नहीं कर सकती। बुद्धिवाद से इड़ा प्रत्येक कार्य सम्पन्न नहीं कर पाती। वह भौतिक सुख से तो सारस्वत प्रदेश को भर देती है, किन्तु विद्रोह और संघर्ष को रोक देना उसकी सामर्थ्य के बाहर है। विज्ञान एक सुन्दर सेवक है, किन्तु एक अनाचारी, निरंकुश स्वामी! बुद्धिवाद की अपूर्णता पर मनु कह उठते हैं : **देश बसाया पर उजड़ा है, सूना मानस देश यहाँ।**

इड़ा सम्पूर्ण सारस्वत प्रदेश की रानी होकर भी मनु के हृदय पर शासन न कर सकी। वह अपने प्रेम से उन पर विजय न प्राप्त कर पायी, उन्हें केवल अपने नगर का संचालक बना सकी। हृदय की भूख-प्यास को शान्त कर देने की शक्ति उसमें नहीं। उसमें बुद्धि पक्ष का प्राबल्य है। वह आसव ढालती चलती है। पर प्यास नहीं बुझती। मनु के जीवन की अतृप्ति अन्त में प्रजा से संघर्ष करती है। इड़ा अपने अभाव को नम्रतापूर्वक श्रद्धा के सम्मुख स्वीकार कर लेती है। उसे अपनी अपूर्णता, अज्ञानता का बोध हो जाता है। संघर्ष के पश्चात् वह ग्लानि तथा पश्चात्ताप से भर जाती है। उसे अपनी वास्तविक स्थिति का ज्ञान होता है। वह अपनी दुर्बलताएँ मान लेती है। अनुशासन और भय की उपासना पर उसे स्वयं क्षोभ होता है। इड़ा अपनी एकांगी बौद्धिक प्रवृत्तियों के होते हुए भी मानवीय गुणों से सम्पन्न है। निराश और उद्विग्न मनु को उसने आश्रय दिया। जीवन की अतृप्ति लेकर भटकने वाले प्राणी को नगर का स्वामी बनाया। अन्तिम समय तक वह उन्हें समझाती रही। प्रजापति के समस्त कर्तव्य उन्हें बताती है। मनु के प्रति वह सदय रहती है, कहती है :

आह न समझोगे क्या मेरी अच्छी बातें
तुम उत्तेजित होकर अपना प्राप्य न पाते।

इड़ा स्वयं को 'शुभाकांक्षिणी' कहकर मनु को समझाती है। वह विश्वास करने की प्रार्थना करती है। भीषण रण के समय वह जन-संहार रोक देने के लिए अनुनय-विनय करती है। बुद्धिजीविनी होते हुए भी वह किसी रौद्र रूप में 'कामायनी' में नहीं प्रस्तुत की गयी। संघर्ष के समाप्त होने पर निर्वेद के कारण इड़ा की मानसिक स्थिति सजल हो उठती है। उसे एक-एक कर सभी बातें याद आती हैं कि कैसे उस दिन एक दुखी परदेशी आया था। वह श्रद्धा, मानव को देखकर द्रवीभूत हो उठती है। स्नेह और ममत्व से वह श्रद्धा को रोक कर उसका दुःख पूछती है। उसे ढाढस देती है कि जीवन की लम्बी यात्रा में खोये भी मिल जाते हैं। जीवन में कभी-न-कभी मिलन अवश्य होता है और दुःख की रातें भी कट जाती हैं। श्रद्धा, मनु के मिलन-अवसर पर वह केवल संकोच और ग्लानि से गड़ जाती है। मनु के पुनः भाग जाने पर तो

वह मलिन छवि की रेखा-सी लगती है, जैसे शशि को राहु ने ग्रस्त कर लिया हो। अत्यधिक विषाद में भरकर वह अपनी पराजय श्रद्धा के सम्मुख स्वीकार करती है। जनपद कल्याणी और सारस्वत प्रदेश की रानी होकर भी वह अपूर्ण है। स्वयं को अवनति का कारण बताते हुए वह कहती है :

मेरे सुविभाजन हुए विषम
टूटते, नित्य बन रहे नियम
नाना केन्द्रों में जलधर सम
घिर हट, बरसे ये उपलोपम।

वह बारम्बार क्षमा-याचना करती है, क्योंकि उसने सुहाग छीनने की भूल की। वह अपनी अकिंचनता लेकर नतमस्तक हो जाती है।

इड़ा अपनी बौद्धिकता में भी 'कामायनी' का उच्छृंखल पात्र नहीं है। सामाजिक, राजनीतिक व्यवस्था में वह निपुण है। राजनीतिक नियामक के रूप में वह प्रजापति मनु से अधिक सफल हुई। सम्पूर्ण सारस्वत प्रदेश की जनता उसे 'रानी' कहकर पुकारती है, उसे स्नेह करती है और उस पर अत्याचार देखकर विद्रोह कर उठती है। भौतिक उत्कर्ष के साथ ही वह मनु से 'राष्ट्र की काया में प्राण सदृश' रमने के लिए कहती है, ताकि समस्त प्रजा स्नेह-छाया में विश्राम कर सके। वह यह भी बता देती है कि नियामक यदि स्वयं नियम न मानेगा तो विनाश हो जाएगा। विवादी स्वरों से समस्त सुख-शान्ति विलीन हो जाती है। राजनीति के क्षेत्र में इड़ा की सफलता को देखकर श्रद्धा अपने मानव को उसकी छाया में छोड़ जाती है। 'तर्कमयी' के पास राष्ट्र का भी नियामक राज्यनीति की शिक्षा प्राप्त करता है। वास्तव में श्रद्धा इड़ा का वास्तविक मूल्यांकन करती है। उसे 'तर्कमयी' के 'शुचि दुलार' पर विश्वास है, जो उसके पुत्र का समस्त व्यथा-भार हर लेगा। अन्तिम रूप में इड़ा सारस्वत प्रदेश की निवासियों का नेतृत्व करती दिखाई देती है। गैरिक-वसना सन्ध्या-सी नीरव, कोलाहलविहीन इड़ा 'पथ प्रदर्शिका' बनकर सभी की जिज्ञासा शान्त करती चलती है। वह कहती है कि 'जगती की ज्वाला से विकल एक मनस्वी किसी दिन आया। उसकी अर्द्धांगिनी उसे खोजती हुई आयी और उसी की करुणा ने जगती के ताप को शान्त कर दिया। अब वे दोनों मनु-श्रद्धा संसृति की सेवा करते हैं। वहाँ मन की प्यास बुझ जाती है। इस प्रकार अपने अन्तिम स्वरूप में इड़ा की बुद्धि में श्रद्धा का भी आंशिक समावेश हो जाता है। वह जीवन की सुख और शान्ति के लिए मनु, श्रद्धा के पथ का अनुसरण करती है। वह व्यर्थ रिक्त जीवन-घट को पीयूष-सलिल से भर लेना चाहती है। श्रद्धा, मनु के निकट पहुँचकर वह स्वयं को धन्य समझती है। उन दोनों को देखकर मन-ही-मन अपने नेत्रों को, सौभाग्य को सराहती है। दिव्य तपोवन में वह अपना समस्त अघ छुटा लेना चाहती है। इस प्रकार इड़ा का अन्तिम स्वरूप विनम्र हो गया है। वास्तव में बुद्धि का अवलम्ब ग्रहण करती हुई भी वह अमानवीय, असहिष्णु तथा निर्मम नहीं है। बुद्धि रूप में वह एक शक्ति है, जिसका उचित प्रयोग मनु न कर सके। नारी के रूप में वह करुण, विनम्र तथा क्षमामयी है।

वेदों तथा ब्राह्मणग्रन्थों में वर्णित उसके स्वरूप से चरित्रांकन का सामीप्य हो जाता है जिसे प्रसाद ने आधुनिक रूप दिया।

मानव

'कामायनी' का अन्तिम चरित्र मानव है। उसके चारित्रिक विकास का पूर्ण अवसर काव्य में नहीं मिला। केवल भावी मानवता के प्रतिनिधि के रूप में वह आया है। 'अभिज्ञान शाकुन्तल' के भरत-सा वह भी एक उत्तराधिकारी है। कालिदास भावी चक्रवर्ती के बल-पौरुष का उद्‌घाटन सिंह-क्रीड़ा से करते हैं। इस अवसर पर कवि की राष्ट्रीय भावना भी जागृत है। प्रसाद ने 'मानव' के चित्रांकन में 'शाकुन्तल' का सहारा लिया है। भारत का भावी शासक सिंह के मुख में बारम्बार हाथ डालकर उसके दाँत गिनता है।[9] मनु मानवता के जन्मदाता हैं और मानव उत्तराधिकारी रूप में संसार का नियमन, संचालन करेगा। आरम्भ में वह एक चंचल शिशु के रूप में प्रस्तुत होता है। उसकी खुली अलकें, रजधूसर बाहें हैं। वह माँ कहकर श्रद्धा से लिपट जाता है। श्रद्धा उसे 'पिता का प्रतिनिधि' कहकर पुकारती है। वह चंचल बनचर मृग की भाँति चौकड़ी भरता फिरता है। सरल बाल-स्वभाव के अनुसार कहता है कि माँ मैं रूठूँ और तू मनाये। पिता को पाकर वह अपनी बुद्धि के अनुसार उन्हें जल पिलाने के लिए कहता है, क्योंकि वे प्यासे होंगे। मनु उसे अपने जीवन का 'उच्च अंश', 'कल्याणकला' मानते हैं। बढ़ता हुआ बालक प्रतिभा-सम्पन्न है। सन्ध्या समय वह माँ से कहता है कि 'इस निजन में क्या सौन्दर्य है? साँझ हो गयी, अब घर चल।'' श्रद्धा की उदासी उसे अच्छी नहीं लगती। वह कहता है—माँ, मैं तेरे पास हूँ, फिर भी तू दुखी क्यों है? माँ की वेदना से उसे दुख होता है; भोला बालक अपनी जिज्ञासा की शान्ति चाहता है। माँ के विदा लेने पर वह आदर्श पुत्र की भाँति कहता है :

> **तेरी आज्ञा का कर पालन**
> **वह स्नेह सदा करता लालन**
> **मैं मरूँ जिऊँ पर छूटे न प्रण**
> **वरदान बने मेरा जीवन।**

मानव के चरित्र-निरूपण के दो-चार स्थल ही उसके व्यक्तित्व का परिचय देते हैं। बालक की चपलता, सारल्य के साथ उसमें आज्ञाकारिता और ममत्व की भावना है। वह मर-जीकर भी अपनी माँ की आज्ञा का पालन करने की बातें करता है। 'आनन्द' तक पहुँचते-पहुँचते मानव यौवन को प्राप्त कर लेता है। इस अवसर पर उसका पौरुष मनु की भाँति प्रतीत होता है। उसके मुख पर 'अपरिमित तेज' था। कवि ने उसके भावी उत्कर्ष की ओर संकेत किया है।[10]

'कामायनी' में थोड़े-से पात्रों के द्वारा कथावस्तु का विस्तार किया गया है।

चरित्र-चित्रण के लिए उनमें व्यक्तिगत विशेषताओं को रखकर रसनिष्पत्ति में विशेष सहायता नहीं ली गयी। समस्त पात्र अपनी व्यक्तिगत भावनाओं का परित्याग कर अन्त में एक केन्द्रबिन्दु पर पहुँचते हैं। यह समीकरण, सामंजस्य ही आनन्द का सृजन करता है। कोई चरित्र अन्त में प्रधानता पाकर सम्पूर्ण कथानक का समाहार नहीं करता। सभी चरित्र एक स्थल पर एकत्र होकर आनन्द-लाभ करते हैं। बुद्धि जीविनी इड़ा भी अपने कोरे बुद्धिवाद का परित्याग कर देती है। श्रद्धा इच्छा, ज्ञान, कर्म के समन्वय के पश्चात् मनु को सूत्रधार बना देती है। स्वयं मनु अपनी व्यक्तिगत सुख-दुख की भावनाओं का परित्याग कर देते हैं। उनका मानसिक झंझावात समाप्त हो जाता है। समस्त सारस्वत प्रदेश के नगर-निवासी उन्हें 'आत्मवत्' प्रतीत होने लगते हैं। इस प्रकार कवि ने 'कामायनी' का चरित्र-चित्रण जीवन में आनन्द तक पहुँचने के लिए किया है। अन्तिम स्वरूप में सभी चरित्रों का कुछ-न-कुछ सहयोग इनमें अवश्य रहता है। यदि श्रद्धा का स्थान सर्वोपरि है, तो इड़ा की भी पूर्णतया अवहेलना नहीं की जा सकती। वह भावी नियामक को राष्ट्रनीति की शिक्षा देकर अन्त में सारस्वत नगर-निवासियों की पथ-प्रदर्शिका बन मानसरोवर पहुँचती है। वह सामूहिक आनन्द का कारण बनती है। उत्थान-पतन से भरा मनु अन्त में एक आदर्श रूप में प्रस्तुत होता है। वह सार्वभौमिकता, विश्वबन्धुत्व का सन्देश देता है।

'कामायनी' के चरित्र अपने स्थान पर महत्त्वपूर्ण हैं तथा जीवन के आनन्द में सहायक हैं। 'कामायनी' के चरित्रचित्रण की प्रणाली कवि की अपनी है। प्राचीन ग्रन्थों में प्रायः सम्पूर्ण चरित्रों का विभाजन दो वर्गों में कर दिया जाता है। असुर वर्ग देवताओं को कष्ट देता है। अन्त में देवताओं की विजय होती है। देवत्व की इस विजय तथा दानवत्व के पराभव से आनन्द, आदर्श, सत्य की प्रतिष्ठा होती है। रामायण, महाभारत में देवासुर-संग्राम के मूल में यही भावना निहित है। मिल्टन के 'पैराडाइज, लॉस्ट' में भी यही प्रवृत्ति मिलती है। 'कामायनी' में देव-दानव संघर्ष अन्तर्मुखी हो गया है। वह मनु के मन में निरन्तर चलता रहता है। उसमें समन्वय स्थापित होते ही आनन्द का सृजन होता है। बाह्य रूप में जब मनु और सारस्वत प्रदेश की प्रजा में संघर्ष होता है तब अवश्य ही वह प्राचीन देवासुर संग्राम का एक आभास देता है, क्योंकि उसका नेतृत्व पुराण-प्रसिद्ध किलात-आकुलि असुर कर रहे थे। प्रसाद ने 'कामायनी' के चरित्रांकन में एक समन्वय दृष्टि रखी है। आदर्श-यथार्थ के मिलन द्वारा वे जीवनानन्द को ले आते हैं। वर्णन के स्थान पर व्यंजना का ग्रहण उन्होंने अधिक किया। पात्रों की विशेषताओं का बखान अधिक नहीं होता। कार्य स्वयं उद्घाटन करते चले जाते हैं। अनेक स्थलों पर कवि ने केवल संकेत से काम लिया है। नीचे गिरकर भी मनु की सदा ऊँचे उठने की भावना उनकी महानता की परिचायक है। इड़ा का पश्चात्ताप, अपराध की क्षमा-याचना में उसका शील निहित है। चरित्रों के मार्मिक अंश का ग्रहण अधिक किया गया है। 'कामायनी' का चरित्र-चित्रण नवीन परम्परा पर निर्मित है। प्राचीन सामग्री का पालन करते हुए भी वह जीवन्त और आधुनिक है।

रस की स्थिति

काव्य का लक्ष्य आनन्द है। भारतीय विचारकों ने इसी में 'ब्रह्मानन्द सहोदर' की कल्पना की। रस काव्य की आत्मा है और रसनिष्पत्ति उसका मूल्यांकन करती है। 'रसायन' की भूमिका के अनुसार, ''रस अलौकिक चमत्कारकारी उस आनन्द विशेष का बोधक है जिसकी अनुभूति सहृदय के हृदय को द्रुत, मन को तन्मय, हृदय व्यापारों को एकतान, नेत्रों को जलाप्लुत, शरीर को पुलकित और वचन रचना को गद्‌गद्‌ रखने की क्षमता रखती है। यही आनन्द काव्य का उपादेय है और इसी की जागृति वाङ्मय के अन्य प्रकारों से विलक्षण काव्य नामक पदार्थ की प्राणप्रतिष्ठा करती है।"[11] रस अथवा काव्यगत आनन्द का साधारणीकरण तथा समाजीकरण होता है। रसनिष्पत्ति के लिए विभाव, अनुभाव, स्थायी भाव, संचारी भाव आदि अंगों का पुष्ट होना अनिवार्य है। विभाव के अन्तर्गत आलम्बन, आश्रय, उद्दीपन, अनुभाव आदि का समावेश होता है। भाव पक्ष स्थायी, संचारी को लेकर चलता है। भारतीय रसदृष्टि समस्त काव्यगत उपादानों को साथ लेकर चलती है। प्रसाद ने काव्य के रस और दर्शन के आनन्द को एक दूसरे के समीप प्रस्तुत किया। काव्य को 'आत्मा की संकल्पनात्मक मूल अनुभूति' तथा 'श्रेयमयी प्रेय रचनात्मक ज्ञानधारा' कहकर वे भारतीय दर्शन और साहित्य का समन्वय रस में मानते हैं। यह साहित्यिक रस दार्शनिक आनन्दवाद से अनुप्राणित है।[12] काव्य का अखंड व्यापार रस, आनन्द दोनों का सृजन करता है। पाश्चात्य विचारधारा की भावना और सौन्दर्य भारतीय अनुभूति से अधिक भिन्न नहीं, दोनों ही मत अन्त में आनन्द की स्थिति में पहुँचते हैं। सत्य, शिव, सुन्दर के समन्वय को सर्वोत्तम साहित्य स्वीकार करने वाले रवीन्द्र की धारणा है कि "सत्य के आनन्द और अमृत रूप को देखकर उसी आनन्द को अभिव्यक्ति करना काव्य साहित्य का लक्ष्य है। जब सत्य को एकमात्र आँखों से देखते हैं, वृत्ति द्वारा प्राप्त करते हैं, तब हम उसे साहित्य में अभिव्यक्त नहीं कर सकते, परन्तु जब हम उसे हृदय के द्वारा प्राप्त कर लेते हैं तभी हम उसे साहित्य में अभिव्यक्त कर सकते हैं।"[13] रस-विधान एवं आनन्द-सृजन महान् काव्य के निर्णायक हैं। जीवनमूल्यों के आधार पर निर्मित काव्य जब अपने व्यापकत्व में प्रस्तुत होता है तब उसे महान् काव्य की संज्ञा दी जाती है। सच्ची अनुभूति, उसका व्यापक प्रसार, सशक्त अभिव्यंजना, स्वस्थ जीवन दर्शन, कलात्मक अभिव्यक्ति श्रेष्ठ काव्य के उपादान हैं। मानवीय भावनाओं से उसका आरम्भ होता है और अन्त में मानव की परितृप्ति, विकास ही उसका लक्ष्य रहता है।

'कामायनी' का रस-संचार, आनन्द-सृजन केवल विभाव-अनुभाव के साधारण समन्वय पर आधारित नहीं है। लक्षणग्रन्थों के आधार पर उसका निर्माण नहीं हुआ। जीवन के व्यापक धरातल को लेकर समस्याओं का समाहार करते हुए 'कामायनी'

कलात्मक रूप में सम्मुख आती है। उसका भाव-निरूपण, वस्तुवर्णन, चरित्र-चित्रण रसनिष्पत्ति में सहायक हुआ है। इसी के अन्तर्गत रसों का विधान स्वाभाविक रीति से प्रस्तुत हो सका। केवल गणना के लिए ही रस कामायनी में नहीं प्रयुक्त हुए, वे क्रमशः सहज रीति से आते गये। आरम्भ के 'चिन्ता' सर्ग में करुणा का स्वर दिखाई देता है। देव-सृष्टि के विनाश का स्मरण करते हुए मनु शोकाकुल एकाकी बैठे हैं। वैभव का अन्त हो गया, केवल जलराशि फैली हुई है। मनु का शोक, दुःख, कष्ट, करुणा का संचार करने के लिए पर्याप्त है। मनु भविष्य की चिन्ता से उद्विग्न हो उठता है। स्थायी भाव शोक-विस्मृति, निराशा आदि संचारियों को लेकर करुणा का सृजन करता है। करुणा से काव्य का आरम्भ वाल्मीकि के 'मा निषाद' के समीप प्रस्तुत किया जा सकता है। आरम्भ की यह करुणा पर्याप्त समय तक कथानक के साथ दौड़ती दिखाई देती है। श्रद्धा का परित्याग कर इड़ा को पाने के पूर्व तक मनु का हृदय एक विचित्र ग्लानि और पश्चात्ताप से भरा रहता है। उनकी इस दशा पर इड़ा को दया आ जाती है। वियोग की अवस्था में श्रद्धा करुणा की मूर्ति बन जाती है। करुणा का अन्त आनन्द के आरम्भ के साथ होता है। भवभूति के इस प्रमुख रस की क्षीण रेखा कामायनी में अन्तःसलिला-सी बनकर आयी है।

शृंगार के अन्तर्गत प्रेम, रति, सौन्दर्य आदि वस्तुएँ आती हैं। श्रद्धा के प्रवेश के साथ संयोग शृंगार का आरम्भ होता है। आते ही वह मनु के जीवन में तरलता-सरसता ला देती है नित्य-यौवना कामायनी पुरुष के जीवन में मधुमास भर देती है। और काम के प्रवेश के साथ शृंगार की भावना प्रबल होती है। कोकिल, कलिका, प्रसून, सुरभि उद्दीपन बनकर आते हैं। मनु-श्रद्धा का मिलन सम्भोग शृंगार की सीमा तक जाता है। प्रकृति का मादक रूप उद्दीपन का कार्य करता है! रागरंजित चन्द्रिका, शिशिर की रजनी, झुरमुट की छाया आदि। काँपती-सी विधु-किरण मधु बरसाती है। पवन मधु-भार से पुलकित मन्थर गति से जा रहा है। मनु के प्राण अधीर हो उठते हैं।[14] मधुर मिलन के साथ पुलक, स्पर्श, लज्जा आदि अनुभाव प्रस्तुत हुए हैं। 'कर्म' सर्ग में भी शृंगार की रेखाएँ दिखाई देती हैं, किन्तु स्वयं नायिका की करुणा के कारण उसका पूर्ण आवेग नहीं आने पाता। यही स्थिति मनु-इड़ा मिलन के अवसर पर होती है। लज्जा का भाव-निरूपण शृंगार रस का संकेत करता है। संयोग के साथ विप्रलम्भ शृंगार भी कामायनी में प्रस्तुत हुआ है। श्रद्धा के मन में एक तीव्र उन्माद और मन मथने वाली पीड़ा थी। मनु के भाग जाने के साथ वियोग का आरम्भ होता है। मनु केवल एक क्षण के लिए पश्चात्ताप करके रह जाते हैं, किन्तु श्रद्धा के लिए वियोग की घड़ियाँ दुःसह हो उठती हैं। विरहिणी के जीवन में एक घड़ी भी विश्राम नहीं। 'कामायनी' में श्रद्धा के रूप को सन्ध्या की उदासी के वातावरण में प्रस्तुत किया गया :

कामायनी कुसुम वसुधा पर पड़ी, न वह मकरन्द रहा
एक चित्र बस रेखाओं का, अब उसमें है रंग कहाँ

वह प्रभात का हीन कलाशशि, किरन कहाँ चाँदनी रही
वह सन्ध्या थी, रवि शशि तारा ये सब कोई नहीं जहाँ।

वियोग के क्षणों में कामायनी विजन की मौन वेदना, जगती की अस्पष्ट उपेक्षा, साकार कसक, विरह नदी बनकर रह जाती है। प्रकृति का धूमिल, उदास वातावरण वियोग का साथ देता है। स्वप्न में आने वाले भाव स्मृति, अवसाद, अभिलाषा वियोग को और भी बढ़ा देते हैं। इसी अवसर पर बालक मानव की किलकारी मनु की याद दिला देती है। मनु को पाकर जब कामायनी उन्हें पुनः खो देती है, तब वियोग की रेखाएँ आती हैं। वियोग-वर्णन में प्रसाद ने संचारी भावों के द्वारा अभिव्यक्ति की, उद्दीपन का अवलम्ब अधिक नहीं लिया। केवल विप्रलम्भ के लिए रीतिकालीन बारहमासा अथवा षड्ऋतु वर्णन को नहीं अपनाया गया। कालिदास के कुमार सम्भव में अपनी व्यथा खोलती हुई पार्वती कुछ-कुछ श्रद्धा की भाँति प्रतीत होती हैं। पार्वती कहती हैं : "जल का प्रवाह बन्धन तोड़कर कमलिनी को वहीं पर छोड़कर निकल जाता है। तुम भी, प्राणों को तुम्हें ही समर्पित कर देने वाली, मुझ अभागिनी से सम्बन्ध तोड़कर न जाने कहाँ अनायास ही रुष्ट होकर चले दिए।"

'कामायनी' में अन्य रस अंगी रस को सहयोग प्रदान करते हैं। निर्वेद भाव से शान्त रस की उत्पत्ति होती है। प्राचीन संस्कृत काव्यों में अन्तिम रूपरेखा निर्वेद भाव से अनुप्राणित प्रतीत होती है। नाटकों के उल्लासपूर्ण आनन्द और उसके शान्त रस में अधिक अन्तर नहीं रह जाता। वाल्मीकी के राम अन्त में सरयू में विलीन होते हैं। महाभारत में भी पांडव हिमालय में खो जाते हैं। कालिदास के रघुवंश के अन्त में राजा सुदर्शन वृद्धावस्था में अपने तेजस्वी पुत्र अग्निवर्ण को राजा बनाकर स्वयं नैमिषारण्य में निवास करने लगते हैं। सुशिक्षित जनता के लिए रचे जाने वाले श्रव्य काव्यों के अन्त में जीवन की दार्शनिक परिणति के रूप में शान्त रस की व्यवस्था प्राप्त होती है। सामान्य व्यक्तियों के आनन्द का नाटक सुखान्त को लेकर चला। चतुर्वर्ग प्राप्ति की दृष्टि से भी अन्तिम रूप मोक्ष है। 'कामायनी' के मनु में निर्वेद की भावना श्रद्धा के आ जाने पर जागृत होती है, किन्तु वह केवल एक भाव बनकर रह जाती है। यदि रस-दशा को प्राप्त होती तो मनु का पलायन सम्भव न था, कथानक की गति न बढ़ती। निर्वेद का परिपाक दर्शन, रहस्य आदि में आरम्भ होता है। अन्त में आनन्द की स्थिति में वह घनीभूत होता है। कैलास पर्वत की नीरवता में शान्ति का सृजन होता है तथा सम्पूर्ण सारस्वत नगर-निवासी तृप्ति का अनुभव करते हैं। 'कामायनी' के शान्त रस और आनन्द का एक सुन्दर समन्वय काव्य के अन्त में प्रस्तुत हुआ, जहाँ दोनों में अधिक अन्तर नहीं रह जाता। काव्य और नाटक दोनों के उद्देश्य एक साथ मिल जाते हैं। देव-दानव संघर्ष के रूपक का अनुसरण न होने के कारण 'कामायनी' में वीर, भयानक, रौद्र, वीभत्स आदि रसों का अधिक समावेश न हो सका। 'स्वप्न' तथा 'संघर्ष' में प्रखर भावों का अंकन हुआ है। कथानक को गतिमान करने तथा परिणाम-निरूपण का उद्देश्य

इसमें निहित है। 'चिन्ता' के प्रलय-वर्णन में भयानकता का आभास मिलता है। आँधियाँ, बिजलियाँ तथा दूर-दूर तक प्रसरित जलराशि इस ओर संकेत करती हैं। 'कर्म' के हिंसात्मक कार्यों में वीभत्सता है और स्वयं श्रद्धा को इससे जुगुप्सा होती है। दारुण दृश्य, रुधिर के छींटे भयानकता भरते हैं। रौद्र रूप में स्वयं रुद्र तांडव नृत्य करते हैं, समस्त सृष्टि काँप जाती है। रणक्षेत्र में भी प्रखर भाव दृष्टिगोचर होते हैं। सर्वत्र भयानकता-ही-भयानकता छायी रहती है। युद्ध के अवसर पर मनु की वीरता का भी साधारण आभास मिलता है। अद्‌भुत रस कुतूहल और जिज्ञासा के भावों में ही निहित रह गया। इच्छा, ज्ञान, कर्म का रहस्यमय लोक अद्‌भुत रस का आभास-सा देता है। हास्य को 'कामायनी' की गम्भीर मर्यादा सम्भवतः स्थान न दे सकी। वात्सल्य बालक मानव के स्वाभाविक अंकन में प्राप्त होता है। उसकी किलकारी इसका आभास देती है। मनु-श्रद्धा दोनों का ममत्व, वात्सल्य उस पर रीझता है। इस प्रकार 'कामायनी' में करुण, शृंगार के सहायक रूप में अन्य रस प्रतीत होते हैं। प्रसाद ने प्राणवान आलम्बन, सजीव चित्रण, उचित विस्तार के द्वारा रसों का सामाजीकरण भी किया। वे साधारणीकरण की स्थिति तक जाकर, सामूहिक रसोद्वेग में सहायक होते हैं।

अलंकार आदि

रस के साथ अलंकार काव्य में सौन्दर्य की वृद्धि करते हैं। छायावादी काव्य के प्रसंग में अलंकारों की चर्चा प्रायः नहीं होती। 'कामायनी' का कवि आनन्दवादी है और वह रस को काव्य का प्राण स्वीकार करता है। 'कामायनी' में सहज रीति से अलंकारों का समावेश हो सका। अप्रस्तुत योजना के अन्तर्गत सुन्दर उपमान प्राप्त होते हैं। भाव-निरूपण के लिए सजीव उपमानों, प्रतीकों और रूपकों का ग्रहण किया गया। इसी कारण भाव स्वयं मूर्तिमान हो उठे। उपमा अलंकार में मूर्त, अमूर्त सभी के उदाहरण प्राप्त हो जाते हैं। श्रद्धा का रूप-वर्णन सूक्ष्म अमूर्त उपमानों से सम्पन्न है :

रचित परमाणु पराग शरीर
खड़ा हो ले मधु का आधार

'कामायनी' के अलंकार रस की आत्मा बनकर आये हैं और रस-निष्पत्ति में सहायक होते हैं, उनका समावेश काव्य के बाह्य संवर्द्धन के लिए नहीं किया गया। अलंकार से विभिन्न प्रकार के प्रयोजन भी सिद्ध होते हैं। उससे रचना में चमत्कार आते हैं। शाब्दिक चमत्कार बुद्धि को और भावगत चमत्कार हृदय को प्रभावित करते हैं। प्रसाद में अनुभूति की अधिकता होने के कारण भागवत अलंकारों की प्रधानता है। 'कामायनी' में अर्थालंकारों का अभाव नहीं है और साम्य से वैषम्य पक्ष का अधिक प्रयोग हुआ है। उपमा और उत्प्रेक्षा की भरमार भी दिखाई देती है। उपमाओं में कवि की मौलिक उद्‌भावनाओं को देखा जा सकता है। सम्पूर्ण लज्जा वर्णन में नवीन

उपमाएँ मिलती हैं। 'इड़ा' सर्ग के मनोरम सांग रूपकों में नयी उत्प्रेक्षाएँ हैं :

यह उजड़ा सूना नगर प्रान्त
जिसमें सुख दुख की परिभाषा विध्वस्त शिल्प-सी हो नितान्त
निज विकृत वक्र रेखाओं से, प्राणी का भाग्य बना अशान्त।

उपमा, उत्प्रेक्षा और रूपक के द्वारा 'कामायनी' में सुन्दर चित्रों की योजना की गयी। सौन्दर्य-वर्णन के अतिरिक्त वस्तु-निरूपण में भी कवि ने इनका अवलम्बन ग्रहण किया। चिन्ता आदि भावों का अंकन प्रसाद की नवीन योजना द्वारा ही सम्भव हो सका। नूतन कल्पना की ओर प्रवृत्ति होने के कारण असम्भावित चित्र अधिक आ गये हैं, किन्तु इसी प्रयास में कवि स्थूल से सूक्ष्म की ओर जाता दिखाई देता है। 'कामायनी' के आलंकारिक चित्रों में कालिदास की-सी आभिजात्य भावना है। प्रसाद दृश्यों में भी हृदय तत्त्व की खोज कर लेते हैं और इनके अलंकार परिश्रमसाध्य न होकर सहज हैं।

शाब्दिक अलंकार 'कामायनी' में अपेक्षाकृत कम मिलते हैं। कहीं-कहीं नाद-सौन्दर्य में अनुप्रासों को खोजा जा सकता है, पर वह बलात्कृत नादोत्पत्ति नहीं है, उसका स्वरूप स्वाभाविक है। तुलसी के 'कंकण किंकिंण नूपुर धुनि सुनि' की भाँति ही 'कामायनी' में अनुप्रास आया है :

कंकण क्वणित रणित नूपुर थे
हिलते थे छाती पर हार।

इसी प्रकार 'है भीड़ लग रही दर्शन की' के दर्शन शब्द में श्लेष भी मिल जाता है। शब्द-सौन्दर्य की अपेक्षा भाव-प्रकाशन और अर्थ-अभिव्यंजना की ओर उन्मुख रहने के कारण कामायनी में अलंकार रस के सहायक होकर आये हैं। कहीं-कहीं इसी कारण दो अलंकारों का मिश्रण भी हो गया। 'नीरव निशीथ में लतिका-सी तुम कौन आ रही हो बढ़ती' में रूपक और उत्प्रेक्षा का अद्‌भुत मिश्रण है। 'कामायनी' में शास्त्रीय अलंकारों को ठूँस-ठूँस कर रखने का प्रयत्न नहीं किया गया। भाव, अनुभूति और रस के ही सहकारी होकर अलंकार आये हैं। कामायनी के प्रिय अलंकार उत्प्रेक्षा और रूपक हैं जिनके द्वारा काव्य में मार्मिकता आयी है।

भाषा-शिल्प

'कामायनी' की भाषा उसे काव्य की सर्वोत्कृष्ट बिन्दु तक ले जाती है। भावना उसी माध्यम से व्यक्त होती है। कामायनी में भावों के अनुसार भाषा का स्वरूप प्राप्त होता है। शृंगार और करुणा से भरा काव्य प्रांजल, सरस भाषा को लेकर चला है। प्रसाद का शब्द-चयन उनके प्रौढ़ शिल्प का परिचायक है। भाव का अंकन करने के

लिए वे अनुकूल शब्दों को चुनते हैं। भावों के वहन, उनकी अभिव्यंजना में भाषा सफल होती है। 'चिन्ता' के शोक की अभिव्यक्ति अन्धकार, कालिमा, उल्का, भीषण रव, गर्जन आदि से हो जाती है। भयानक परिस्थिति के चित्र खुरदुरे शब्दों द्वारा कवि ने प्रस्तुत किये। संघर्ष, कर्म आदि के अवसर पर प्रखर शब्दों का अधिक उपयोग हुआ। तुमुल रणनाद, ज्वाला, तीक्ष्ण जनसंहार, उत्पात आदि अनेक शब्द स्थिति की भीषणता का आभास देते हैं। काम, लज्जा के सरस वर्णन में 'कामायनी' की भाषा वेगवती दिखायी देती है। काम, लज्जा का सूक्ष्म अंकन कवि के भाषा-कौशल के कारण सरस रूप में प्रस्तुत हुआ। वासना का आभास सांकेतिक शब्दों द्वारा किया गया। भाषा, भाव 'कामायनी' में एक-दूसरे के पूरक बनकर आये हैं। भाषा भावों का आवरण नहीं बनती और न वह उनके पीछे ही रह जाती है। अपने सहज माधुर्य, प्रसाद गुण से भरकर वह भावों को ले चलती है। 'कामायनी' की शब्दशक्ति में लक्षणा, व्यंजना का ग्रहण अधिक है। भारतीय साहित्यशास्त्र में ध्वनि का महत्त्वपूर्ण स्थान है। आनन्दवर्द्धनाचार्य ने शब्द, अर्थ का समन्वय प्रस्तुत करते हुए ध्वनि की प्रतिष्ठा की। स्वयं प्रसाद ध्वनि के अन्तर्गत रस और अलंकार का अन्तर्भाव स्वीकार करते हैं।[15] 'कामायनी' में अलंकार, वस्तु, भाव, रस आदि ध्वनियों के उदाहरण सहज प्राप्त हो जाते हैं। अलंकार ध्वनि :

इस ग्रह कक्षा की हलचल री तरल गरल की लघु लहरी
जरा अमर जीवन की और न कुछ सुनने वाली बहरी।

वस्तु ध्वनि :

आँसू से भीगे अंलच पर मन का सब कुछ रखना होगा।
तुमको अपनी स्मित रेखा से यह सन्धि-पत्र लिखना होगा।

रस ध्वनि :

अब न कपोलों पर छाया-सी पड़ती मुख की सुरभित भाप
भुज मूलों से शिथिल वसन की व्यस्त न होती है अब माप।

भाषा की व्यंजना-शक्ति तथा ध्वन्यात्मकता के साथ उसमें चित्रमयता तथा मूर्तिमयता का समावेश भी अनिवार्य है। विद्वान कविता और चित्रकला में भी साम्य मानते हैं। साधारण शब्दों द्वारा जिन भावों को प्रस्तुत करना सम्भव नहीं, उन्हें चित्र से प्रकट किया जाता है। सफल कवि सुन्दर शब्द-शिल्पी भी होता है और शब्दों के द्वारा चित्र बनाता है; किसी भाव अथवा वस्तु को मूर्तिमान करता है। भावों की साकारता भाषा की चित्रमयता पर निर्भर है। 'कामायनी' में चित्रों की प्रधानता है; समस्त मनोवृत्तियों को साकार रूप में चित्रित किया गया है। चिन्ता, काम सभी सजीव, मूर्तिमान हो उठे हैं। जड़ता में चेतनता का आरोप कर कवि ने उनका मानवीकरण भी कर लिया। सम्पूर्ण चित्र भाव को केन्द्रित रूप में प्रस्तुत करता है। कामायनी की मनोवृत्तियाँ भाव-चित्र बनकर आयी हैं। भाषा की सजीव चित्रमयता उन्हें प्रतिष्ठित

करने में सफल हुई। लज्जा का सूक्ष्म भाव इसी कारण चित्रित हो सका :

कोमल किसलय के अंचल में
नन्ही कलिका ज्यों छिपती-सी
गोधूली के धूमिल पट में
दीपक के स्वर में दिपती-सी।
मंजुल स्वप्नों की विस्मृति में
मन का उन्माद निरखता ज्यों
सुरभित लहरों की छाया में
बुल्ले का विभव बिखरता ज्यों।
वैसे ही माया में लिपटी
अधरों पर उँगली धरे हुए
माधव के सरस कुतूहल का
आँखों में पानी भरे हुए।

काम का भी मानवीकरण कर प्रसाद ने सजीव रूप खींचा है। वास्तव में प्रसाद की भाषा की चित्रमयता अत्यन्त शक्तिसम्पन्न है। मनोवांछित चित्र वे अपनी तूलिका से प्रस्तुत कर सकते हैं। हिन्दी का यह शब्द शिल्पी इस दृष्टि से विश्व के विशिष्ट कवियों के समकक्ष है। भाव के साथ वस्तु और रूप के भी सजीव चित्र कामायनी में मिलते हैं। समस्त भाव-वर्णन वस्तु-रूप में रेखांकित हो उठता है। पात्रों के सौन्दर्यांकन में भी चित्र शैली का सहारा लिया गया। 'कामायनी' जीवन के विविध सुन्दर चित्रों से सज्जित है, जो उसका काव्य-वैभव है। कालिदास यदि उपमा में सर्वोपरि हैं, तो प्रसाद चित्रांकन में। 'कामायनी' की भाषा में लयात्मकता है और उसमें गीत तत्त्व की प्रधानता है। भाषा का माधुर्य संगीत, लय तत्त्व से मिलकर और भी बढ़ जाता है।

सरस-मधुर शब्दों से संगीतमयता लाने के साथ ही प्रसाद ने छन्दक्रम से भी सहायता ली। शृंगार, रूपमाला, सार आदि पिंगलशास्त्र के छन्दों का प्रयोग करने के अतिरिक्त कवि ने सोलह तथा चौदह मात्राओं के विराम से बनने वाला तीस मात्रा का ताटंक छन्द भी लिया है। 'चिन्ता', 'आशा', 'स्वप्न', 'निर्वेद' आदि में इसका प्रयोग हुआ। श्रद्धा के प्रत्येक चरण में सोलह मात्रा का शृंगार छन्द है। क्रम में ऽ। के स्थान पर ऽ भी मिल जाता है। 'काम', 'लज्जा' सर्ग का छन्द सोलह मात्राओं का पदापादकुलक है जिसके अन्त में ऽ है। वासना में प्रसिद्ध छन्द रूपमाला अथवा मदन है। चौदह और दस के विराम से चौबीस मात्राएँ तथा अन्त में ऽ। का समावेश इसमें होता है। 'कर्म' में सार छन्द है। 'संघर्ष' में ग्यारह-तेरह के विराम की चौबीस मात्राओं का रोला प्रयुक्त हुआ। 'इड़ा' में गीतों का समावेश है। 'रहस्य', 'ईर्ष्या' और 'दर्शन' के छन्द में कवि ने मौलिक प्रयोग किया; दो छन्दों को समन्वित कर दिया

गया। 'आनन्द' में 'आँसू' का ही प्रिय छन्द आया है। प्रत्येक सर्ग में एक छन्द प्रायः प्राप्त होता है, किन्तु भाव-प्रवाह के लिए कवि ने उसमें परिवर्तन भी किया। 'निर्वेद' में श्रद्धा का गीत अन्य से भिन्न है। भाषा की दृष्टि से कामायनी गीतात्मकता, लाक्षणिकता, चित्रमयता, माधुर्य से सम्पन्न है जो काव्य की सौन्दर्य-वृद्धि में सहायक होते हैं। संस्कृत शब्दों के होते हुए भी भाषा अपने माधुर्य को बनाये रखती है।

प्रतीकों के सहारे भाव-प्रकाशन की प्रणाली किसी दार्शनिक प्रतिपादन में भी अपनायी जाती है। कवि किसी दर्शन अथवा सिद्धान्त को प्रतीकों के माध्यम से व्यक्त करता है। धार्मिक तथा उपदेशक कवि इन्हीं के द्वारा सत्य का निरूपण करते हैं। कबीर ने आत्मा-परमात्मा के सम्बन्ध की व्याख्या बहुरिया-दुलहा तथा अन्य प्रतीकों द्वारा प्रस्तुत की। प्रतीक की भाँति रूपक, समास, अन्योक्ति आदि की शैली भी काव्य के रूप पर एक प्रकार का आवरण डाल देते हैं। डिक्सन अन्योक्ति को महाकाव्य के अनुरूप नहीं मानता।[16] काव्य-वैभव अपने नैसर्गिक स्वरूप में प्रस्तुत नहीं हो पाता। भावों पर आरोपित बौद्धिकता उसके रस-संचार को मन्थर कर देती है। कविता का सुन्दर सरस रूप स्वाभाविक शैली में ही देखने को मिलता है। रिचर्ड्स के अनुसार महान् कवि अपने काव्य को सहज और स्वाभाविक शैली के माध्यम से प्रस्तुत करते हैं।[17] कालिदास के रघुवंश की महान् कल्पना, मेघदूत की घनीभूत भावना काव्य को उच्चतम भावभूमि पर ले जाती है। कामायनी महान् काव्य की भाँति भावभूमि की प्रसाद शैली से निर्मित है। काव्य अपनी सरसता को लेकर प्रवाहित होता है; दर्शन और चिन्तन अन्तःसलिला की भाँति उसी के साथ चलते हैं। 'कामायनी' का शिल्प किसी परम्परागत पद्धति का अनुसरण नहीं करता। प्रसाद ने अपनी उदात्त कल्पना, प्रांजल अभिव्यक्ति से उसकी सम्पूर्ण योजना का निर्वाह किया। काव्य में गीतिमयता का ग्रहण 'कामायनी' में अधिक मिलता है। गीत और लय तत्त्व का उसमें समावेश है। माधुर्य, प्रसाद गुण-सम्पन्न भाषा भावों की अभिव्यक्ति करती है। उसमें नाटकीय शैली का भी पर्याप्त अवलम्ब ग्रहण किया गया। मनु और श्रद्धा के मन में उठने वाली भावनाएँ और विचार मूर्तिमान होकर संवाद रूप में प्रस्तुत हुए। इसके अतिरिक्त पात्रों के पारस्परिक कथोपकथन कथानक को गतिमान करते हैं। श्रव्यकाव्य होकर भी 'कामायनी' की नाटकीयता उसके सौन्दर्य-संवर्द्धन में सहायक हुई। महान् कलाकारों की-सी स्वच्छन्दता कामायनी में दिखाई देती है। कवि की कल्पना और कारयित्री प्रतिभा अपनी सहज स्वतन्त्र गति से चलती है। कथावस्तु से लेकर भावाभिव्यक्ति तक प्रसाद की 'कामायनी' अपने इस काव्याधिकार का प्रयोग करती है। उसमें कवि के व्यक्तित्व की छाया है। मनु का स्वाभाविक रूप, श्रद्धा की उदात्त कल्पना, काम, कर्म आदि की व्यावहारिक परिभाषा उनकी स्वतन्त्र कल्पना का परिणाम है। अभिव्यक्ति के क्षेत्र में सुन्दर उपमानों का बाहुल्य दिखाई देता है। भाव, भाषा, शैली में 'कामायनी' एक मौलिकता से अनुप्राणित है। उसकी काव्यात्मक

शैली में छायावाद की अधिकांश प्रवृत्तियों को कवि ने एक महान् कलाकार की भाँति संगृहीत कर दिया। उसे छायावाद की प्रतिनिधि कृति कहा जा सकता है।

महाकाव्य/महान काव्य

महाकाव्य विशेष काव्य-रूप तथा शैली का बोधक है। पश्चिम में महाकाव्य का स्वरूप सर्वप्रथम संकलनात्मक प्रणाली पर आरम्भ हुआ। परम्परा से बिखरी हुई सामग्री का उपयोग रचनाकार महाकाव्य में कर लेता था। यूनान में होमर के इलियड और ऑडिसी महाकाव्यों में राष्ट्रीय जीवन को एक सूत्र में बाँधा गया। दो जातियों और संस्कृतियों के संघर्ष को उसमें प्रधानता मिली। वीरगाथा युग से दोनों महाकाव्य अनुप्राणित हैं। ट्राजन युद्ध की परम्परागत कथा का प्रयोग होमर ने किया। इलियड से ऑडिसी में अनेक परिवर्तन दिखाई देते हैं। प्रथम दुखान्त नाटक के अधिक समीप है, तो द्वितीय वर्णनात्मक उपन्यास की भाँति है। इलियड, ऑडिसी के रूप में महाकाव्य का प्राचीनतम वैभव सुरक्षित है। आगे आने वाली महाकाव्य-परम्परा को उसने प्रभावित किया। 'यूनान की भाँति लैटिन में भी महाकाव्य राष्ट्रीय गीत के रूप में स्वीकृत हुआ।[18] वर्जिल का महाकाव्य 'इनीड' सुन्दर महाकाव्य के रूप में प्रस्तुत किया गया। दान्ते अपनी 'डिवाइना कामेडिया' में इसी को अपना गुरु स्वीकार करता है। कामेडिया की विशद योजना, वर्णन-विदग्धता सराहनीय है। यमपुरी, वैतरणी और स्वर्ग के अन्तर्गत अनेक वस्तुओं का वर्णन तथा कार्य-परिणाम दिखाया गया। मनुष्यात्मा की स्वर्ग-यात्रा ही उसका उद्देश्य है। सभ्यता के विकास के साथ महाकाव्य के स्वरूप में भी परिवर्तन होता गया। होमर के संकलनात्मक तथा जातीय महाकाव्यों के स्थान पर वर्जिल का 'इनीड' आगे आने वाले कवियों का आदर्श बना। अंग्रेजी में 'ब्यूबुल्फ' वीर-युग से प्रभावित महाकाव्य है। जर्मनी में 'नेबुलनगेनलीड', स्कैन्डीनेविया में 'वाल्संगा सागा', स्पेन में 'सिड' आदि अनेक महाकाव्य वीरयुग से प्रभावित हैं।

यूरोप के इतिहास में सभ्यता के केन्द्रों में परिवर्तन देखा जाता है। यूनान, रोम से होती हुई संस्कृति बर्तानिया पहुँची। वहाँ के केल्ट्स ने रोमन-सभ्यता लगभग अंगीकार कर ली। कुछ समय तक आयरलैण्ड में एक ही कथावस्तु को लेकर अनेक कहानियाँ चलती रहीं। अंग्रेजी में 'ब्यूबुल्फ' की वीरता के स्थान पर एक परिवर्तित धार्मिक दृष्टिकोण कैउमन की रचनाओं में प्राप्त हुआ। 'जेनेसिस', 'डेनियल' आदि उसकी रचनाओं में धार्मिक प्रवृत्तियाँ कार्य करती हैं। देवदूतों का पतन आदि भी उसमें वर्णित हुआ। जर्मनों के प्रवेश के साथ ब्रिटेन पर फ्रांस का भी प्रभाव पड़ा। रोमांस की प्रवृत्तियों का समावेश काव्य में होने लगा। वर्णनात्मक प्रणाली का स्थान भावदर्शन को प्राप्त हुआ। नारी-प्रेमकाव्य नवीन विषय के रूप में गृहीत होने लगा। धर्म, वीरता के साथ नारी को भी स्थान मिला।[19] यशस्वी सम्राट् आर्थर के व्यक्तित्व

ने कवियों को अनुप्राणित किया। फ्रांस की रचनाएँ अंग्रेजी में अनूदित होकर आयीं। सभ्यता के विकास के साथ साहित्य की सीमाएँ व्यापक होती गयीं। यूनानी और लैटिन प्राचीन महाकाव्यों के अनुवाद प्रकाशित हुए। विद्वानों को होमर की 'ऑडिसी' में भी रोमांस की प्रवृत्तियाँ दिखाई दीं। यूनानी महाकाव्य के वैभव ने कवियों को नवीन प्रेरणा दी। 'इनीड' और 'डिवाइन कामेडी' का अलौकिक तत्त्व रहस्यमय उद्भावनाओं में भी सहायक हुआ।

अंग्रेजी की महाकाव्य-परम्परा एक ओर यदि होमर, वर्जिल, दान्ते तथा रोमांस से प्रभावित हुई, तो साथ ही उसने नवीन जीवन-दर्शन को भी स्थान दिया। चौदहवीं शताब्दी में कवि-पिता चासर ने साहित्य में नवीन उपकरणों के साथ प्रवेश किया। 'कैन्टरबरी टेल्स' महाकाव्य की नवीन प्रवृत्तियों का परिचायक था। मध्ययुगीन वातावरण और परिस्थिति का अंकन करते हुए कवि ने उसमें कलात्मक सौष्ठव को प्रतिष्ठित किया। प्रत्येक चरित्र में उसने युग की नयी चेतना निहित कर दी। भाषा की दृष्टि से उसने अंग्रेजी को सम्पन्न बनाया। यूनान, इटली और फ्रांस के प्रभावों के होते हुए भी चासर ने अंग्रेजी काव्य को प्रथम बार मौलिकता से सम्पन्न किया और उसका 'कैन्टरबरी टेल्स' स्वतन्त्र पद्धति पर निर्मित हुआ। इसके पश्चात् स्पेन्सर सोलहवीं शताब्दी के प्रमुख कवियों में आता है। उसकी अपूर्ण कृति 'फ्येरी क्वीन' महाकाव्य की रूपरेखा के अधिक समीप है। इतालवी कवि ऐरिआस्टो, टैसो से भी उसने प्रेरणा ली। रोमांटिक काव्य के रूप में 'फ्येरी क्वीन' कला की अपेक्षा भाव तथा विचार का प्रतिपादन अधिक करती है। कवि उसके द्वारा एक उदात्त भावना का प्रसार चाहता था। स्पेन्सर ने 'भूमिका' में ही अपने लक्ष्य का संकेत कर दिया है। उसकी संश्लिष्ट योजना में पात्र ऐतिहासिक तथा आध्यात्मिक अर्थ से समन्वित हैं। सम्पूर्ण रूपक-विधान के मूल में विचार-प्रकाशन की भावना है।[20]

सत्रहवीं शताब्दी के मध्य में मिल्टन का 'पैराडाइज लॉस्ट' महाकाव्य का एक उदात्त स्वरूप सम्मुख प्रस्तुत करता है। यूनान की प्राचीन परम्परा से यह महाकाव्य किसी सीमा तक प्रभावित है। वर्जिल की 'आलौकिक शक्ति' को मिल्टन ने भी ग्रहण किया। उसके प्रमुख पुरुष और नारी पात्र सम्पूर्ण शक्ति तथा सौन्दर्य में अंकित हुए।[21] आदम-ईव में उसने मानवीय भावनाओं को चित्रित करने का प्रयत्न किया। एक 'सर्वशक्तिमान' उन दोनों का पथ-प्रदर्शन करता है। शैतान बीच में व्यवधान प्रस्तुत करता है। 'पैराडाइज लॉस्ट' क्लासिक परम्परा की अन्तिम कृतियों में है। इसके पूर्व ही शेक्सपियर ने अपने मनोवैज्ञानिक विश्लेषण तथा मानवतावाद से सम्पूर्ण साहित्य को प्रभावित किया था। महाकाव्य की परम्परा पर उसका पर्याप्त प्रभाव पड़ा। जर्मनी में गेटे के 'फ़ाउस्ट' ने नाटक के द्वारा एक नवीन आदर्श प्रस्तुत किया। 'पैराडाइज लॉस्ट' के पश्चात् महाकाव्यों का एक अधिक स्वतन्त्र, भावात्मक स्वरूप अंग्रेजी साहित्य में आया। उसमें वर्णन की अपेक्षा भाव-प्रकाशन का अधिक आग्रह था।

व्यापकत्व की अपेक्षा घनीभूत विचारणा पर जोर दिया गया। महाकाव्य की रूपरेखा के समीप होने वाली इन प्रबन्ध-कविताओं में जीवन के तत्त्व अधिक मात्रा में आते गये। कीट्स की 'एन्डिमियन', शेली की 'प्रोमेथियस अनबाउंड', कॉलरिज़ की 'दि ऐनशिएन्ट मैरिनर' आदि कविताएँ महाकाव्य के समीप आकर प्रस्तुत हुईं।

पश्चिम में काव्यशास्त्र के प्रमुख विचारक अरस्तू ने दुखान्त नाटक तथा महाकाव्य में एक साम्य स्थापित किया। उसने होमर को अपना आदर्श बनाया। उसके अनुसार महाकाव्य में क्रिया-व्यापार की एकता आवश्यक है। उसमें आदि, मध्य और अन्त की अपेक्षा है। महाकाव्य की महानता के विषय में अरस्तू का विचार है कि कवि को स्वयं अधिक न बोलना चाहिए। उसमें अलौकिक तत्त्व का समावेश भी सम्भावित रूप में किया जाय। किसी महान् सत्य का उद्‌घाटन महाकाव्य का विषय हो सकता है। अपने काव्यशास्त्र के अन्त में दुखान्त नाटक और महाकाव्य का समन्वय करते हुए उसने दोनों को काव्य का सर्वोत्कृष्ट रूप निर्धारित किया। दोनों अनुकरण पर आश्रित हैं। दुखान्त नाटक का क्षेत्र जन-सामान्य के मनोरंजन की दृष्टि से अधिक विस्तीर्ण है। महाकाव्य का आनन्द सुशिक्षित वर्ग ही उठा सकता है। यदि महाकाव्य अधिक परिष्कृत सृष्टि है, तो दुखान्त नाटक में महाकाव्य के समस्त तत्त्व विद्यमान रहते हैं।[22] अरस्तू महाकाव्य को महान्, उदात्त व्यापक व्यापार मानता है जिसमें गाम्भीर्य, वर्णनात्मकता, सरस, सजीव शैली, एक छन्द, सम्पूर्ण कार्य, आदि, मध्य, अन्त, गौरवान्वित चरित्र, सम्भाव्य कथा तथा जीवन की व्यापक अभिव्यंजना हो। अरस्तू के पश्चात् लांजाइनस केवल रमणीयता के निकट आकर रह गया। लैटिन में सिसरो ने अलंकार पर ध्यान दिया। होरेस ने कार्य को महत्त्व प्रदान किया। स्वयं कवि दान्ते अभिव्यक्ति का समर्थक था। आगे आने वाले काव्यशास्त्र-विचारकों ने महाकाव्य पर विशेष दृष्टिपात नहीं किया। क्रोचे, हीगेल, कॉलरिज, स्पेन्सर, शेली, टॉलस्टाय आदि काव्य के आन्तरिक स्वरूप पर अधिक विचार करते रहे।

आधुनिक युग में अंग्रेजी के प्रसिद्ध विचारक एबरक्राम्बी ने महाकाव्य की विवेचना प्रस्तुत की। उसके अनुसार महाकाव्य की कथावस्तु बिखरी हुई होती है जिसका प्रत्येक अंश सुन्दर होता है। महाकाव्य इनका संग्रह कुशलता से करता है। होमर की ट्राय-घटनाएँ इसका प्रमाण हैं। महाकाव्य युग की सामाजिक स्थिति की अवहेलना नहीं कर सकता। महाकाव्य के रचयिता के लिए शक्तिशाली किन्तु सन्तुलित, नियन्त्रित कल्पना, रचना-शक्ति, वस्तुओं के महत्त्व की अन्तर्दृष्टि का होना अपेक्षित है। शब्दों पर उसका अधिकार होना चाहिए।[23] एबरक्राम्बी की धारणा है कि प्रत्येक युग में महाकाव्य की धारा लगभग समान ही रही, यद्यपि उसमें विकास होता गया। जीवन के सार्वभौमिक चिरन्तन सत्य का ग्रहण महाकाव्य की प्रमुख विशेषता है। महाकाव्य का रचयिता किसी भी विषय को लेकर उसमें जीवन की समस्याओं को प्रतिपादित कर लेता है। उसने महान् नाटक तथा महाकाव्य के उद्देश्य में अधिक

अन्तर नहीं माना। दोनों जीवन के विस्तृत रंगमंच पर अपना निर्माण करते हैं। नाटक की घनीभूत भावना तथा महाकाव्य का व्यापकत्व एक ही लक्ष्य तक जाते हैं। उसने साहित्यिक और प्रामाणिक दो विभाजन भी किये। संसार के सभी महान् महाकाव्य अपने समय की चेतना से सम्बद्ध होते हैं। मनुष्य की प्रवृत्ति, समस्या का विश्लेषण उनमें रहता है।[24] एबरक्राम्बी के मत से विषय की वास्तविकता, कथा की एकता, अनुभूति का केन्द्रीकरण, व्यापक दृष्टि, उदात्त चरित्र, परिष्कृत शैली, सार्वभौमिक उद्देश्य महाकाव्य के प्रधान गुण होते हैं। डब्ल्यू. एम. डिक्सन ने महाकाव्यों का स्वरूप सर्वत्र प्रायः एक समान माना। मानवीय भावनाओं की एकरूपता के कारण संसार के विशिष्ट महाकाव्य वर्णनात्मक, प्रौढ़ होते हैं। उनमें महान् कार्य, उदात्त चरित्र, सुन्दर शैली होती है।[25] पश्चिम में महाकाव्य के रचयिता और महाकवि को एक-दूसरे के समीप प्रस्तुत किया गया। माना गया कि सच्चा महाकाव्य महान् काव्य का परिचायक होता है।

वेदों को भारतीय ज्ञान के उत्स रूप में स्वीकार किया जाता है। महाकाव्य का आभास भी वेद-पुराण आदि के वर्णनात्मक, संवादपूर्ण, सरस आख्यानों में प्राप्त होता है। विशेषतया पुराणों में सृष्टि का विनाश-निर्माण, मनु का कथानक आदि महाकाव्य की रूपरेखा के अधिक समीप हैं।[26] महाकाव्य का सर्वोत्कृष्ट स्वरूप 'रामायण' और 'महाभारत' में प्रस्तुत हुआ। आदिकवि वाल्मीकि की करुणाधारा का समापन निर्वेद, शान्ति में होता है। देवासुर संग्राम के रूप में राम-रावण का युद्ध प्रस्तुत किया गया। जीवन में दैवी और आसुरी वृत्तियों का यह द्वन्द्व निरन्तर चलता रहता है। कवि अन्त में दैवी प्रवृत्तियों की विजय घोषित करता है। अन्ततः सत्य, करुणा, धर्म, न्याय जीतते हैं; रामराज्य की स्थापना होती है; इहलोक में अपना कर्तव्य कर राम परलोक को प्रस्थान करते हैं। सात सर्गों की कथा लगभग चौबीस हजार श्लोकों में सुसम्बद्ध रूप में प्रस्तुत हुई। रामायण एक ऋषि के जीवन-मन्थन की अभिव्यक्ति है। इसी के पश्चात् 'महाभारत' अधिक व्यावहारिक रूप का प्रतिपादन करता है। भौतिक समस्याएँ प्रबल हो उठती हैं; भाई-भाई संघर्ष करते हैं। कथा का रूप ऐतिहासिक अधिक हो गया। आरम्भ में ही पात्रों का परिचय प्राप्त हो जाता है। अठारह पर्व अनेक अध्यायों में विभाजित हैं। अपने विशाल आकार में महाभारत ने सम्पूर्ण इतिहास को एक सूत्र में बाँधने का प्रयत्न किया। वर्णनात्मक शैली के साथ 'स्वर्गारोहण पर्व' के द्वारा महाकाव्य की समाप्ति मुक्ति-स्थापना के अनुरूप हुई है।

लौकिक संस्कृति में अश्वघोष का बुद्धचरित आता है। कालिदास में महाकाव्य का कलात्मक विकास अपनी सर्वोत्कृष्टता को पहुँचा। पूर्व कवियों का-सा जीवन के प्रति केवल दार्शनिक अथवा धार्मिक दृष्टिकोण उनमें न था। शृंगार और प्रेम से भरा काव्य सौन्दर्योन्मुख प्रतीत होता है। जीवन के आदर्श की अपेक्षा सौन्दर्यवादी कालिदास आनन्द का अधिक निरूपण करते हैं। 'रघुवंश' के उन्नीस सर्गों की

कथायोजना; 'मेघदूत' की आन्तरिक अभिव्यंजना, 'कुमारसम्भव' के देवत्व का मानवीय प्रतिपादन सम्पूर्ण कला-कौशल में प्रस्तुत हुए हैं। यदि वाल्मीकि में काव्य के आदर्श का चरमोत्कर्ष था, तो महाभारत में कथा योजना का, तथा कालिदास में कला का। देश का परिवर्तित नागरिक जीवन, कला के इसी रूप को अंगीकार कर रहा था। भारवि का 'किरातार्जुनीय', माघ का 'शिशुपाल वध', श्रीहर्ष का 'नैषधीयचरित' आदि अनेक काव्य लौकिक संस्कृत की नवीन रूपरेखा के समीप हैं। कालिदास की परम्परा ने आगे आने वाले कवियों को प्रभावित किया। श्रीकृष्णमाचार्य ने अनेक महाकाव्यों की सूची प्रस्तुत की है। क्रमशः देश में धार्मिक पुनरुत्थान के साथ महाकाव्यों का निर्माण चरित्र-प्रतिपादन के लिए होने लगा। जैन कवियों ने इसमें प्रमुख योग दिया। इसी के समानान्तर ऐतिहासिक महाकाव्यों की धारा चलती रही। इस प्रकार आदिमहाकाव्य के अन्तर ही महाकाव्य की रूपरेखा में पर्याप्त परिवर्तन होते रहे। देवासुरसंग्राम, अलौकिकता, वर्णनात्मकता, विशाल कलेवर के स्थान पर चरित्र-निरूपण, कलात्मक सौष्ठव, सौन्दर्याभिव्यंजना को प्रमुखता मिली।

संस्कृत काव्यशास्त्र में महाकाव्य प्रबन्ध-श्रेणी के अन्तर्गत आते हैं। पर्याप्त काल तक संस्कृत में नाटक की दृष्टि से अधिक विचार किया गया। भामह ने काव्य के पाँच भेदों में 'सर्गबन्ध' को महाकाव्य कहा। उसमें धर्म, अर्थ, काम, मोक्ष चतुर्वर्ग प्राप्ति का विधान होता है। नाटक की संधियाँ भी उसमें रहती हैं। महान् चरित्र, अलंकार, रस आदि उसके कलेवर को सौन्दर्य देते हैं। वर्णन में आक्रमण, युद्ध-प्रकृति, राजदरबार आदि आ जाते हैं। लोकस्वभाव को लेकर महाकाव्य नायक की विजय भी प्रदर्शित करता है।[27] भामह की महाकाव्य-परिभाषा कुछ समय तक प्रचलित रही। स्वयं छठी शताब्दी में दंडी ने अपने 'काव्यादर्श' में अधिक परिवर्तन नहीं किये। सर्गबन्धता, चतुर्वर्ग प्राप्ति, चतुर उदात्त नायक, नगर, समुद्र, पर्वत, ऋतु, चन्द्रोदय का प्रकृति वर्णन, उसने भी स्वीकार किया। उसने काव्य के आरम्भ में आशीर्वाद, देवनमस्कार, कथावस्तु-सूचक पदों का समावेश किया। पर्याप्त आकार, अलंकार, रस, भाव के साथ ही भामह ने 'लोकरंजन' महाकाव्य का प्रधान गुण बताते हुए उसे कल्पनान्तरस्थायी कहा।[28]

रुद्रट का 'काव्यालंकार' (16/7) हेमचन्द्र का 'काव्यानुशासन' तथा 'अग्निपुराण', 'सरस्वती कण्ठाभरण' आदि में लगभग इन्हीं लक्षणों की पुनरावृत्ति प्राप्त होती है। पन्द्रहवीं शताब्दी में आचार्य विश्वनाथ ने साहित्यदर्पण में महाकाव्य पर विस्तार से विचार किया। उनके अनुसार सर्गबन्ध महाकाव्य में नायक कोई देवता, उच्चकुलीन क्षत्रिय, धीरोदात्त गुणसम्पन्न हो। वंश का कुलीन राजा हो तो नायक अधिक भी हो सकते हैं। शृंगार, वीर अथवा शान्त का अंगी रस होकर आना अनिवार्य है, अन्य रस सहायक होकर आयें। इसमें नाटक की सन्धियों का भी विधान रहे। कथानक ऐतिहासिक हो अथवा सज्जन का चरित्र हो। चतुर्वर्ग फल उसका लक्ष्य हो। आरम्भ

में नमस्कार, ईश्वर-प्रार्थना, आशीर्वाद तथा कथावस्तु का निर्देश भी हो जाय। कहीं खल-निन्दा तथा साधु का गुण-कीर्तन भी किया जा सकता है। एक वृत्ति में एक ही पद्य का प्रयोग उचित है। न अत्यन्त अल्प, न अति दीर्घ, कम-से-कम आठ सर्ग रहें, जिनके अन्त में ही छन्द का परिवर्तन किया जाय। वहीं पर आगामी कथा तथा भावी सर्ग की सूचना दे देनी चाहिए। सन्ध्या, सूर्य, इन्दु, रजनी, प्रदोष, अन्धकार, दिवस, प्रातः, मध्याह्न, मृगया, शैल, वन, सागर, संयोग, विप्रलम्भ, मुनि, स्वर्ग, पुर, यज्ञ, रण, प्रयाण, विवाह, मन्त्रणा, पुत्रजन्म आदि का वर्णन सांगोपांग हो। अन्त में महाकाव्य का नामकरण कवि, कथानक, नायक अथवा किसी अन्य पात्र के नाम पर रहे, किन्तु सर्ग का नामकरण वर्णित वस्तु के आधार पर ही हो।[29] इस प्रकार महाकाव्य के प्रमुख लक्षणों के विषय में अधिकांश लक्षणकार एकमत हैं। संस्कृत काव्यशास्त्रियों के आधार पर सर्गबद्धता, उदात्त नायक, प्रसिद्ध कथा, रसनिष्पत्ति, सरस शैली, महान् उद्देश्य, सजीव वर्णन तथा अलंकार आदि को महाकाव्य का लक्षण स्वीकार किया जा सकता है।

हिन्दी महाकाव्य का प्रथम स्वरूप 'पृथ्वीराजरासो' में प्राप्त होता है। विश्व महाकाव्य के प्राचीनतम रूप की भाँति वह भी संकलनात्मक है। 'रासो' की सम्पूर्ण काव्य-परम्परा में 'पृथ्वीराजरासो' प्रबन्धात्मकता के सबसे अधिक समीप है। सम्पूर्ण कथा प्रसिद्ध ऐतिहासिक पुरुष पृथ्वीराज को केन्द्र मानकर चलती है। नायक अपने प्रतिद्वन्द्वी की हत्या भी कर देता है। कवि इतिहास और काव्य का निर्वाह साथ ही करना चाहता है। उसके विशाल कलेवर में वर्णनों का बाहुल्य है। छन्दों के अनेक रूप उसमें मिलते हैं और आरम्भ में वन्दनाएँ भी। भाषा में सम्मिलित स्वरूप है। वीरकाव्य की परम्परा का पालन करते हुए चन्दबरदाई ने पृथ्वी-राजरासो में पृथ्वीराज का गुणगान ही अधिक किया। उनका प्रतिपाद्य विषय महिमा-वर्णन अधिक है, काव्य कम।

इसके पश्चात् जायसी के 'पद्मावत' में काव्य के अधिक तत्त्वों का समावेश हुआ। सूफ़ी मसनवी पद्धति पर लिये गये इस प्रबन्ध में चरित्र-चित्रण के साथ सिद्धान्त-निरूपण भी कवि का लक्ष्य रहा है। वह सूफ़ियों के दर्शन से पर्याप्त मात्रा में प्रभावित था। कवि ने प्रचलित प्रेमाख्यान को काव्य का विषय बनाया। प्राचीन प्रणाली पर प्रासाद, उद्यान, सागर, युद्ध, संयोग, वियोग, बारहमासा आदि का समावेश हुआ। प्रकृति में आध्यात्मिक संकेत भी मिलते हैं। कथा को मोड़ देकर उसके शरीर की वृद्धि की गयी। वर्णन की दृष्टि से कवि का निरीक्षण सूक्ष्म दिखाई देता है। भारतीय और फ़ारसी शैली के समन्वय रूप में 'पद्मावत' आया। भारतीय परम्परा का अनुसरण करते हुए भी जायसी ने सूफियों की प्रेम-पद्धति का निरूपण किया। नायक रत्नसेन तथा नायिका पद्मावती प्रमुख रूप में आते हैं। नागमती, अलाउद्दीन, हीरामन सुग्गा आदि उन्हीं के चरित्र-विकास में सहायक सिद्ध होते हैं। प्रतीकों का

प्रयोग कवि की विशेषता है। प्रबन्धकाव्य के अन्त में सम्पूर्ण घटना को अलौकिक रूप जायसी ने प्रदान किया। कथानक के मुख्य पात्र आत्मा-परमात्मा आदि के प्रतीक रूप बनते हैं। 'पद्मावत' हिन्दी साहित्य की प्रबन्ध-काव्य परम्परा के अधिक समीप होकर आया और उसके लोक उपादान विशेष उल्लेखनीय हैं।

मध्यकाल में 'रामचरितमानस' के रूप में हिन्दी को महाकाव्य का आदर्श रूप प्राप्त हुआ। प्रत्येक दृष्टि से वह महाकवि का प्रतिनिधि है। कवि के आदर्श, मर्यादा, आत्मसमर्पण उसमें प्राप्त होते हैं। कवि ने वाल्मीकि से अधिक प्रेरणा ग्रहण की। राम के 'लोक-मंगलकारी' चरित्र का उन्होंने अंकन किया और उन्हें 'मर्यादा पुरुषोत्तम' रूप में प्रतिष्ठित कर दिया। कथा की योजना अत्यन्त सुसम्बद्ध रीति से हुई। कांड के आरम्भ में संस्कृत का छन्द प्रयुक्त किया गया और काव्य के आरम्भ में देवी, देवता, गुरु, ब्राह्मण आदि विभूतियों की वन्दना है। 'मानस' जीवन की व्यापक और उच्च भावभूमि को लेकर प्रस्तुत हुआ। संस्कृत से अधिक प्रभावित होने के कारण भाषा की मंजुलता उसमें आ गयी। अवधी की सम्पूर्ण सरसता उसमें विद्यमान है। अधिकांशतया दोहा-चौपाई का प्रयोग करते हुए भी सोरठा, सवैया आदि भी बीच में आये हैं। शैली की दृष्टि से सुन्दर उपमाओं, स्वाभाविक अलंकारों की उसमें योजना है। चरित्र-निरूपण और रस-निष्पत्ति तो मानस का प्राण है। जीवन की अनेक परिस्थितियों में उठने वाली मानवीय भावनाओं को तुलसी ने चित्रित किया। राम का आदर्श, भरत का भ्रातृत्व, सीता का सतीत्व, लक्ष्मण का त्याग सभी उसमें सन्निहित हुए। संस्कृत का देवासुर संग्राम भी अपनी छाया लेकर आया। तुलसी ने स्वयं इसे विचित्र प्रबंन्ध कहा : **'सो सब हेतु कहब मैं गाई। कथा प्रबन्ध विचित्र बनाई।'** महान् आदर्श, सार्वभौमिक सत्य, सुन्दर अभिव्यंजना, उदात्त चरित्र को लेकर मानस ने राम के आलम्बन में भक्ति का नवीन आदर्श प्रस्तुत किया। हिन्दी महाकाव्य का उत्कृष्ट रूप उसमें सम्मुख आया।

रीतिकालीन युग में केशव की 'रामचन्द्रिका' अलंकारों को लेकर आयी। अपने आचार्यत्व का प्रकाशन उन्होंने काव्य में किया। काव्यशास्त्र की परम्परा और लक्षण का अनुसरण करने का प्रयत्न उसमें देखा जा सकता है। राम के प्राचीन आख्यान को आधार बनाकर भी उन्होंने राजनीतिक पुट दिया। उन्तालीस प्रकाश छन्द और अलंकार की विदग्धता से परिपूर्ण है। रीतिकाल में राजाश्रय में पल्लवित होने वाली काव्यधारा जीवन के विस्तृत रंगमंच पर निर्मित महाकाव्य की ओर अधिक ध्यान न दे सकी। उसके पश्चात् सम्पूर्ण साहित्य में एक क्षणिक अवरोध आया।

आधुनिक हिन्दी काव्य ने भाव, भाषा, शैली सभी दिशाओं में एक परिवर्तन देखा। बदलती हुई सामाजिक, राजनीतिक परिस्थितियों ने साहित्य को प्रभावित किया। 'प्रियप्रवास' के रूप में आधुनिक महाकाव्य सम्मुख आया। नवीन युग की मानवीय भावनाएँ उसमें लक्षित हुईं। हरिऔध ने कृष्ण-राधा के अधिक लौकिक स्वरूप का

चित्रण किया। यशोदा की पुत्र-विह्वलता, कृष्ण की लोकरक्षण भावना, राधा का त्याग अपने युग की सामाजिक स्थिति से प्रभावित हैं। संस्कृत की कोमलकान्त पदावली को काव्य में अपनाया गया। कथावस्तु के बियोग के समीप घूमते रहने पर भी काव्य का क्षेत्र किंचित् व्यापक हो सका। प्रियप्रवास में खड़ी बोली की प्रबन्धकाव्य-परम्परा की आरम्भिक रेखाएँ मिलती हैं। मैथिलीशरण गुप्त का 'साकेत' आधुनिक युग के अधिक समीप है। राम के प्रख्यात नायकत्व के स्थान पर काव्य की उपेक्षिता उर्मिला का चित्रांकन अधिक हुआ। नवम सर्ग में तो उर्मिला ही उर्मिला दिखाई देती है। परिवर्तित परिस्थिति 'साकेत' में अधिक स्पष्ट होने लगती है। पात्रों को सामान्य रूप से प्रस्तुत कर 'साकेत' अहिंसा आदि का समावेश भी कर लेता है। रामकाव्य की प्रचलित परम्परा से गुप्त जी की कल्पना नव-उद्भावना की दृष्टि से भिन्न है। एक भावपूर्ण आदर्शवादिता का आभास समस्त काव्य के मूल में दिखाई पड़ता है, जो कवि के द्विवेदीयुगीन व्यक्तित्व का परिचायक है। विषय के अतिरिक्त शैली भी साकेत में किंचित् गीतात्मकता लिये हुए है। संस्कृत की समासबहुला भाषा उसमें अधिक नहीं आने पायी। परम्परापालन के रूप में सर्ग का आरम्भ रामकाव्य के आदिकवि वाल्मीकि, भवभूति, तुलसी आदि की वन्दना से होता है। इसी भाँति ऋतु-वर्णन, प्रकृति-निरूपण का भी उसमें समावेश है। युगचेतना से प्रभावित 'साकेत' हिन्दी का नया महाकाव्य है, जिसमें आधुनिक युग का आभास प्राप्त होता है। द्विवेदी युग में कुछ अल्पख्यात अन्य प्रबन्ध भी लिखे गये, पर उनमें अधिक व्यापक दृष्टि न थी।

हिन्दी में पर्याप्त समय तक संस्कृत के लक्षण ग्रन्थों का अनुकरण हुआ। 'मानस', 'रामचन्द्रिका' आदि महाकाव्य किसी-न-किसी रूप में संस्कृत लक्षणों से प्रभावित हैं। आधुनिक हिन्दी-महाकाव्य-परम्परा पर स्वतन्त्र रीति से अधिक विचार नहीं किया गया। तुलसी को आदर्श प्रबन्धकार रूप में चित्रित करते हुए आचार्य रामचन्द्र शुक्ल ने जीवन के नाना व्यापारों की अभिव्यक्ति को उनकी महानता माना। जायसी के पद्मावत प्रबन्धकाव्य को महाकाव्य रूप में स्वीकार कर जीवन के पूर्ण रहस्य को ही उसकी कसौटी स्वीकार किया।[30] शुक्ल जी की धारणा बहुत कुछ प्राचीन प्रबन्धों पर निर्भर है, इसी कारण वे 'कामायनी' में कोई 'समन्वित प्रभाव' नहीं पाते। तुलसी का आदर्श उनके सम्मुख था और जीवन की संश्लिष्ट परिस्थितियों को वे न ले सके। श्यामसुन्दर दास विषयप्रधान अथवा विषयात्मक कविता के अन्तर्गत महाकाव्य को रखते हैं। उनके अनुसार उसकी रचना 'आत्मा के किसी उदात्त आशय, सभ्यता या संस्कृति के किसी युगप्रवर्तक संघर्ष अथवा समाज की किसी उद्वेगजनक स्थिति को लेकर होती है। रामायण, महाभारत, रामचरितमानस आदि की कोटि के सच्चे महाकाव्य शताब्दियों में दो-एक लिखे जाते हैं।[31] यह परिभाषा पश्चिम की उस धारणा के भी अनुकूल है जब वीरयुग में बिखरी हुई सामग्री को एकत्र कर महाकाव्य

की रचना की जाती थी। आधुनिक युग में आचार्य नन्ददुलारे वाजपेयी ने 'साकेत' की आलोचना करते समय प्रबन्धात्मकता अथवा सर्गबद्धता, गम्भीर शैली तथा वर्णित विषय की व्यापकता और महत्त्व को महाकाव्य के प्रमुख उपादन स्वीकार किया। उनकी धारणा है कि इन्हीं के अन्तर्गत अन्य तत्त्व भी समाविष्ट हो जाते हैं। उन्होंने महाकाव्य में जीवन के अनेक स्वरूपों की स्थिति, चरित्र के विभिन्न आदर्श, विविध वस्तु-चित्रण तथा प्रौढ़ शैली को अनिवार्य विषय माना। उनकी धारणा नवीन जीवन-दर्शन, मनोवैज्ञानिक विश्लेषण तथा परिवर्तित परिस्थितियों के अधिक अनुरूप है। वे आधुनिकतम प्रवृत्तियों को लेकर महाकाव्य की व्याख्या करते हैं।[32] आचार्य विश्वनाथप्रसाद मिश्र ने महाकाव्य को 'सर्वांगीण प्रभावान्वित' से युक्त बताया और सानुबन्ध कथा, वस्तुवर्णन, भावव्यंजना, संवाद को उसके प्रमुख तत्त्व रूप में स्वीकार किया। प्राचीन प्रणाली को स्वीकार करते हुए भी वे उसके अक्षरशः अनुकरण को आवश्यक नहीं मानते। उन्होंने आधुनिक प्रबन्धकाव्य—साकेत, कामायनी आदि को 'एकार्थकाव्य' के अन्तर्गत रखा, जिसमें जीवनवृत्त का अत्यधिक विस्तार नहीं है।[33] उनकी शास्त्रीय व्याख्या में प्रतिबन्ध अधिक हैं और साधारण प्रतिभा का कलाकार महाकाव्य के निर्माण में सफल नहीं हो सकता। वे उसकी नितान्त उच्च गरिमा के पोषक हैं। महाकाव्य के विषय में रवीन्द्र ने अपनी कविता 'क्षणिका' में लिखा है : "मेरे मन में नव महाकाव्य रचना की इच्छा थी। अनायास ही तुम्हारे कंकण किंकिणि से टकराकर कल्पना सहस्र गीतों में फूट पड़ी। इस दुर्घटना से महाकाव्य कण-कण होकर तुम्हारे चरणों में बिखर पड़ा है। महाकाव्य-रचना की इच्छा मन में ही रह गयी!"

महाकाव्य की परम्परा में क्रमशः परिवर्तन होते गये। होमर के वीरयुग की वर्णनात्मक प्रणाली से आधुनिक आन्तरिक भाव-प्रकाशन तक महाकाव्य अनेक स्वरूप ग्रहण कर चुका है। समाज की बदलती हुई परिस्थितियों ने उस पर प्रभाव डाला। वास्तविक रूप में महाकाव्य एक उदात्त और गम्भीर काव्यरूप की संज्ञा है। सच्चे और सुन्दर महाकाव्य की रचना कोई महाकवि ही कर सकता है, किन्तु केवल किसी भी महाकाव्य की रचना के सहारे महाकवि हो जाना सम्भव नहीं है। महाकाव्य की प्रमुख आवश्यकता एक विशाल रंगमंच है। कथा के रूप में किसी अनिवार्य समस्या का प्रतिपादन अपेक्षित है। आवश्यक नहीं कि वह घटना पौराणिक अथवा ऐतिहासिक ही हो, किन्तु उसका सम्बन्ध जीवन के व्यापकत्व से होना अनिवार्य है। चरित्र-सृष्टि भी जीवन के व्यापक दृष्टिकोण को लेकर होनी चाहिए। पात्रों में मानवता का स्वर रहे इसके लिए कवि को उनमें प्राण-प्रतिष्ठा करनी पड़ेगी। आदर्श और उदात्त दोनों रूपों में इसका अंकन हो सकता है। कथा तथा चरित्र-समन्वय में स्वाभाविकता अपेक्षित है, जिससे सामाजीकरण सहज ही हो सके। शैली की प्रौढ़ता के अभाव में महाकाव्य की अभिव्यंजना सुन्दर नहीं हो सकती। महान् कल्पना, व्यापक दृष्टिकोण के साथ

मार्मिक अभिव्यंजना सक्षम प्रकाशन भी आवश्यक है। महाकाव्य का लक्ष्य जीवन की समस्या का साक्षात्कार तथा आनन्द-सृजन ही हो सकता है। सम्पूर्ण महान् साहित्य के उच्चादर्शों से महाकाव्य की रूपरेखा निर्मित होती है। संसार के महाकाव्यों का संकलन करते हुए संकलनकार ने कहा है—''महाकाव्य में सुख-दुख, संयोग-वियोग, गीति तत्त्व और कथातत्त्व आदि श्रेष्ठ काव्य के समस्त गुणों का हृदयहारी चित्रण, स्वाभाविक जीवन के मनोरम चित्र तथा आन्तरिक द्वन्द्व हो जिसमें प्रकृति-समन्वय उस कुशलता से किया गया हो कि कृति सदा के लिए अमर हो जाय।[34]

कामायनी का काव्य-संसार

'कामायनी' हिन्दी महाकाव्य का नवीनतम स्वरूप है। प्रसाद ने उसमें केवल बिखरी हुई कथा को ही एक सूत्र में नहीं बाँधा, वरन् उन्होंने समस्त प्राप्त सामग्री का भी उपयोग किया। कथानक के रूप में 'कामायनी' सम्पूर्ण जीवन को लेकर चलती है। मनु मानवता के प्रतीक बनकर आये हैं, श्रद्धा नारीत्व का प्रतिनिधित्व करती है। प्राचीन आख्यान किसी देश अथवा जाति का चित्र प्रस्तुत करते थे। 'कामायनी' देश, काल और जाति की सीमा लाँघ गयी। वह मानव और उसकी मानवता को अपना विषय बनाती है, यद्यपि उसके प्रमुख रंगमंच हिमालय और सारस्वत प्रदेश हैं। इस कथानक को कवि ने कल्पना के द्वारा आधुनिकतम रूप प्रदान किया। पुराण-इतिहास में बिखरी हुई कथावस्तु कल्पना से नवीन समस्याओं को ग्रहण करती है। कामायनी का रंगमंच अनेक घटनाओं का समन्वय नहीं है, उसमें कवि केन्द्रीकरण की ओर उन्मुख है। 'रघुवंश' की-सी वंश-परम्परा उसमें नहीं मिलती, किन्तु मानव के शाश्वत उपादानों को उसने दृढ़ता से पकड़ा है। 'कामायनी' की कथावस्तु में जीवन का वह व्यापकत्व निहित है जिसका प्रतिपादन सम्पूर्ण काव्य में किया गया। प्रसाद ने कथा के उस अंश को ग्रहण किया जो उद्देश्यपूर्ति में सहायक हो। चरित्र-सृष्टि के रूप में कामायनी अन्य प्राचीन महाकाव्यों की भाँति किसी ऐसे प्रसिद्ध पात्र को ग्रहण नहीं करती जो वीर हो; वह मनु के रूप में मानव को लेती है। मनु जीवन के स्वाभाविक उत्थान-पतन में बँधा मनुष्य है जो अपने लक्ष्य तक जाने के लिए व्यग्र है। प्रसाद ने युगों से चलनेवाले देवासुर संग्राम तथा अलौकिक तत्त्व को नहीं ग्रहण किया। देवासुर का बाह्य रूप मनु में आन्तरिक स्वरूप धारण करता है। मनु की आसुरी वृत्तियों पर दैवी वृत्तियों की विजय नहीं होती; दोनों में समन्वय स्थापित होता है। "महाकाव्य का रचयिता मानव के हेतु ही अपने संगीत का प्रकाशन करता है, वह देवताओं के लिए नहीं होता।"[35] कामायनी का आदि-अन्त मानवता से आबद्ध है। मानवता उसका रंगमंच है। मानव उसका पात्र और मानवीय भावनाओं का ही उसमें निरूपण है। श्रद्धा नारी की समस्त सुकुमारता, सहृदयता को लेकर प्रस्तुत हुई। पात्रों के चरित्र-चित्रण द्वारा कवि मानव की स्वाभाविक मनोवृत्तियों का अंकन करता है,

केवल व्यक्तिगत गुणों से अलंकृत नहीं करता। 'कामायनी' के पात्र अपना व्यक्तित्व कवि के उद्देश्य में विलीन करते दिखाई देते हैं। इससे महाकाव्य के पात्रों में एक समानता आ जाती है; वे सार्वभौम हो जाते हैं। यह नहीं, मानवता के परिवर्तित रूपों में भी वे चिरन्तन बने रहते हैं। 'कामायनी' के पात्रों की मानसिक अभिव्यक्ति, आन्तरिक प्रकाशन उसे सर्वाधिक व्यापकत्व प्रदान करते हैं।

प्राचीन काल में वस्तु-वर्णन महाकाव्य का आवश्यक अंग था। वर्णनात्मक शैली पर महाकाव्य चलते थे। प्रसाद ने बाह्य वस्तु-वर्णन को अन्तर्मुखी कर दिया। मानवीय भावों के प्रकाशन में उन्होंने सम्पूर्ण शक्ति लगा दी। सुख-दुख, आशा-निराशा के अतिरिक्त मन में उठनेवाली वृत्तियों का प्रकाशन हुआ। 'कामायनी' अपने मनोवैज्ञानिक निरूपण के कारण अधिक भावात्मक तथा अन्तर्मुखी हो गयी, उसका बाह्य पक्ष अपेक्षाकृत कम वर्णित हुआ। बाह्य संघर्ष का केवल सांकेतिक रूप में कवि ने निर्देश कर दिया, किन्तु आन्तरिक प्रकाशन में सुन्दर व्याख्या की। मानवीय मनोभाव अधिक मुखर हो उठे हैं। जीवन की भौतिक समस्याएँ भी आभासित हैं, पर उनकी विस्तृत विवेचना न हो सकी। अन्तर्मुखी प्रवृत्तियों के कारण 'कामायनी' की शैली वर्णनात्मक नहीं है। भावाभिव्यंजना का सहज माध्यम गीतिकाव्य है। 'कामायनी' में गीतितत्त्व प्रमुखता पाता है। वर्णन-प्रधान महाकाव्य में इसका अभाव देखा जाता है। प्रसाद ने अपने भावों के अनुरूप ही इस शैली को अपनाया। गीतात्मक शैली द्वारा महाकाव्य का निर्माण कवि का मौलिक प्रयास है। वर्णनात्मकता की दृष्टि से अपर्याप्त होकर भी 'कामायनी' कलात्मक सौन्दर्य में आगे बढ़ जाती है। अरस्तू काव्यशास्त्र में महाकाव्य के जिस परिष्कृत रूप की चर्चा करता है, वह इसमें प्राप्त है।[36] आन्तरिक सूक्ष्म भावों को वहन करने के लिए प्रांजल, चित्रमय भाषा की आवश्यकता होती है। 'कामायनी' का शब्द-चयन अपनी सम्पूर्ण कुशलता में प्रस्तुत हुआ। सौन्दर्यांकन के समय वह सजीव हो उठती है, प्रतीकों को ले आती है। उसमें शिथिलता नहीं दिखाई देती, जो महाकाव्य की मर्यादा के प्रतिकूल हो। किन्तु वह अलंकरण से भरी हुई भी नहीं है कि भाव-प्रकाशन में व्यवधान प्रस्तुत करे। भारतीय साहित्यशास्त्र महाकाव्य में कतिपय नाटकीय तत्त्वों के समावेश की आवश्यकता भी स्वीकार करता है। विश्वनाथ ने 'साहित्यदर्पण' में नाटकीय सन्धियों की चर्चा की है। 'कामायनी' में कथा-विकास की दृष्टि से मनु की मुमूर्ष अवस्था काव्य का अन्त हो सकती थी; ऐसी दशा में वह दुखान्त होती। प्रसाद ने अपने दार्शनिक प्रतिपादन तथा आनन्द-निरूपण के लिए अन्तिम सर्गों की उद्भावना की। श्रद्धा का महत्त्व भी बढ़ जाता है। 'कामायनी' की यह कल्पना 'अभिज्ञानशाकुन्तल' के अधिक समीप है। कालिदास दुख का चरम विकास दिखाकर अन्त में मिलन से नाटक की परिसमाप्ति करते हैं। कामायनी में नाटक की संवाद शैली का पर्याप्त समावेश है। महाकाव्य में सत्य का अग्रह अधिक होता है।[37] प्राचीन महाकाव्यों में इसी कारण

इतिहास अथवा पुराण की किसी प्रसिद्ध घटना को काव्य का विषय बनाया जाता था। पूर्वपरिचित कथानक के प्रति एक पूर्वानुराग भी बना रहता है। 'कामायनी' की पौराणिक, ऐतिहासिक कथा वेद, पुराण, ब्राह्मण आदि ग्रन्थों में बिखरी हुई मिलती है और कवि ने उसका नया संयोजन किया है।

महाकाव्य की परम्परा स्वयं प्रमाणित करती है कि इस माध्यम से कवि अपने समस्त चिन्तन और अनुभव का प्रकाशन चाहता है। छोटे-छोटे गीत-खंडों में एक ही भावोच्छ्वास गूँजता है। खंडकाव्य जीवन के किसी अंश का चित्रण करता है, किन्तु महाकाव्य की व्यापक सीमा में समग्र जीवन को लिया जा सकता है। जीवन की प्रहेलिका का उत्तर साधारण हिन्दी पाठक तुलसी के 'मानस' में खोजता रहा है। महाकाव्य की यह सामाजिक उपादेयता उसके विस्तृत प्रचार में सहायक होती है, वह जन-जन का काव्य बनता है। महाकाव्य का अन्य रूप कलात्मक दृष्टि से अधिक परिष्कृत महाकवि निर्मित करते हैं। वाल्मीकि, कालिदास अथवा प्रसाद की कला इसी प्रकार की है कि सामान्य धरातल पर उसका प्रचार सम्भव नहीं। यूरोप में दान्ते की 'डिवाइन कामेडी' की विलक्षण कथाओं का आनन्द सामान्य जनता भी उठा लेती है, किन्तु मिल्टन सुशिक्षित वर्ग का कवि है। महाकाव्य के अधिक कलात्मक रूप का निर्माण युग के अनुकूल होता है। प्रसार की दृष्टि से महाकाव्य के इन दो स्वरूपों में अन्तर हो सकता है, किन्तु दंडी का कथन है कि सभी महाकाव्य के रचयिता लोकरंजन करते हुए कल्पान्तर-स्थायी होते हैं। 'कामायनी' वाल्मीकि, कालिदास की परम्परा के अधिक निकट है।

भावाभिव्यंजना के आधार पर यूरोप में महाकाव्य के समीप आने वाले अनेक काव्यों की रचना हुई। संस्कृत के 'शिशुपालवध' आदि छोटे वातावरण में निर्मित होने वाले ऐतिहासिक प्रबन्धों की भाँति इनका रूप न था। इनमें कवि की कल्पना का स्वच्छन्द प्रवाह अधिक प्राप्त होता है। शेली के 'प्रोमेथियस अनबाउन्ड' का नायक प्रोमेथियस नैतिक, बौद्धिक उच्चता का प्रतीक है। कवि ने मानवीय भावनाओं के प्रकाशन का प्रयास किया है। प्रोमेथियस स्वयं संसार में सुख-शान्ति के राज्य की स्थापना की कामना करता है। वह पृथ्वी से अनुनय करता है : मेरी कामना है कि किसी भी जीवित वस्तु को कष्ट न हो। महान् उद्देश्य के होते हुए भी उसमें घटना, पात्र का व्यापक प्रसार नहीं प्राप्त होता। वास्तव में प्रोमेथियस अनबाउन्ड में मनुष्य नहीं, निसर्ग प्रकृति का अमर स्वरूप, अप्सराएँ, किन्नरियाँ तथा आत्माएँ हैं, किन्तु सभी मानवीय इच्छा के सेवक हैं। पृथ्वी, सागर, चन्द्रमा, काल आदि का भी निर्माण कवि ने किया। आनन्द और सुख का प्रतिपादन करते हुए काव्य छोटी सीमा में कार्य करता है। सुन्दर उपमाएँ, सरस अभिव्यंजना के होते हुए भी वह विस्तृत विवेचन में असमर्थ है। उसमें महाकाव्य का केवल उद्देश्य मात्र है, सम्पूर्ण स्वरूप नहीं। रिवोल्ट आफ इस्लाम, एन्डिमियन, दि एनशियेन्ट मैरिनर आदि महाकाव्य का आभास भर

देकर रह जाते हैं। निराला की प्रबन्ध कविताओं की तरह उनमें कलात्मक सौष्ठव, महान् आदर्श अवश्य हैं, किन्तु जीवन के विविध रूपों का चित्रण नहीं मिलता। 'कामायनी' अपने कलात्मक सौष्ठव में इन स्वच्छन्द प्रबन्धों के निकट होकर भी व्यापार-भूमि के कारण महाकाव्य की सीमा छू लेती है।

महाकाव्य का उद्देश्य आदर्श तथा सुख-शान्ति की स्थापना होती है। चरित्रों का अंकन आदर्श-स्थापना तथा कथानक का विन्यास उद्देश्य-प्रतिपादन में सहायता करता है। महाकवि अपनी रचना के द्वारा संसार को कुछ देना चाहता है। उसके मूल में जीवन-दर्शन की भावना निहित रहती है। महाकाव्य के रचयिता के सम्मुख एक निश्चित कार्य रहता है। वह अपनी प्रतिभा से युग की परिस्थितियों का समावेश कर लेता है। 'कामायनी' अपने अत्यन्त प्राचीन कथानक में भी युग की समस्याओं का समाधान करती है। अतिरिक्त बौद्धिकता, भौतिकवाद का दुष्परिणाम दिखाकर कवि ने समन्वय से समरसता का प्रतिपादन किया। गाँधी-युग की यह कृति सत्य, अहिंसा को भी न भूल सकी। मनु संघर्षों के मध्य जाता हुआ आधुनिक मानव ही है। सारस्वत प्रदेश नगर का वैभवशाली वर्णन है, जिसमें विज्ञानवादी भौतिक प्रगति हो रही है। भावात्मक प्रकाशन के कारण युग की परिस्थिति पर विस्तारपूर्वक विवेचना करने का अवसर कवि को न मिल सका, किन्तु उसने अपने युग की चेतना को उसमें स्थान दिया। महाकवि युग और काल का स्वर न भूल सका; सभी पर किसी-न-किसी रूप में उसने संकेत कर दिया। यदि इलियड में यूनानी सभ्यता का सम्पूर्ण चित्र मिल जाता है, तो कामायनी भी आधुनिक युग का प्रतिनिधि महाकाव्य है। समय के साथ चलने वाली यह कृति कतिपय समस्याओं का समाधान भी प्रस्तुत करती है। व्यापक दृष्टिकोण के साथ महाकाव्य के आदर्श में भी महानता होती है। समस्त क्रिया-व्यापार के द्वारा अन्त में किसी उद्देश्य की प्रतिष्ठा कवि का प्रयोजन रहता है। प्राचीन देवासुर संग्राम में देवताओं की विजय तथा दानवों की पराजय-भावना थी। अन्त में साधुता जीतती थी और अलौकिक शक्तियाँ भी समय-समय पर उसकी सहायता करती थीं। इसी कारण प्रायः दुखान्त महाकाव्यों की रचना नहीं की जाती थी। सुख, शान्ति और आनन्द का प्रतिपादन उसका लक्ष्य है। समस्त योजना इसी के लिए की जाती है। अपने महान् उद्देश्य के कारण महाकाव्य का रचयिता एक दुर्लभ कलाकार होता है।[38]

'कामायनी' का कवि जीवन के मूल और अन्तिम उद्देश्य आनन्द की प्रतिष्ठा करता है। सम्पूर्ण संघर्ष के पश्चात् मानवता का प्रतीक मनु जीवन में समरसता स्थापित कर आनन्द प्राप्त करता है। यह श्रद्धाजन्य आनन्दवाद प्रसाद के महाकाव्य का लक्ष्य है। संसार के समस्त ज्ञान-विज्ञान जीवन को सुखी-सम्पन्न बनाने का प्रयत्न कर रहे हैं। साहित्य का भी वही ललित प्रयोजन है। 'कामायनी' का आनन्दवाद मोक्ष अथवा विराग की भाँति नहीं है। वह कर्म, काम से प्राप्त जीवन के उपभोग

का आनन्द है। जीवन से भागकर मनु कहाँ सुखी रहता है? मानव-जीवन की सुन्दर अभिव्यक्ति 'कामायनी' में हुई है। काव्य वैभव, चिन्तन पक्ष की प्रौढ़ता, स्वस्थ जीवन दर्शन, मानवीय भावनाओं का विश्लेषण कामायनी को महाकाव्य का रूप देने के लिए पर्याप्त है। युग की परिवर्तित परिस्थितियों के अनुसार महाकाव्य की रूपरेखा भी नवीन रूप धारण करती रही है। वीर युग का शौर्य निरूपण दान्ते में आकर धार्मिक स्वरूप पा गया। सभ्यता के विकास के साथ वर्णनात्मकता के स्थान पर कलात्मकता को प्राधान्य मिला। कालिदास के महाकाव्यों का काव्यसौन्दर्य अपने समय से अनुप्राणित है। आज की संघर्षकालीन परिस्थिति में जीवन की समस्याओं का समावेश आवश्यक हो गया। 'कामायनी' प्रसाद के व्यक्तित्त्व की सम्पूर्ण अभिव्यक्ति है। उसमें कलाकार अपनी समस्त साधना को लेकर प्रस्तुत हुआ। वह उसके जीवन मन्थन का परिणाम है। लक्षणग्रन्थों का अनुसरण न करती हुई भी कामायनी अपने जीवन-दर्शन, काव्य सौष्ठव मानवीय व्यापार के आधार पर महाकाव्य का पद प्राप्त करती है। 'कामायनी' के द्वितीय संस्करण में ('आँसू' की भाँति) प्रसाद ने यत्र-तत्र कतिपय परिवर्तन भी किए थे, यह कवि की सतत जागरूकता का परिचायक है। 'कामायनी' प्रसाद की सर्वोत्तम कृति के रूप में हिन्दी में आयी और एक निधि बनकर रहेगी। छायावाद युग का वह सर्वाधिक प्रतिनिधित्व करती है।

सन्दर्भ

1. प्रसाद : काव्य और कला, पृ. 45
2. रिचर्ड्स : प्रिंसिपिल्स आफ़ लिटरेरी क्रिटिसिज्म, पृ. 245
3. प्रसाद : आँधी, पृ. 114
4. प्रसाद : काव्य और कला, पृ. 54
5. एबरक्राम्बी : द इपिक, पृ. 91
6. गेटे : फ़ाउस्ट, पृ. 49
7. वही : पृ. 33
8. प्रसाद : तितली, पृ 267
9. प्रसाद : चित्राधार, पृ. 104
10. प्रसाद : कामायनी, पृ. 277
11. रामदहिन मिश्र : काव्यदर्पण, पृ. 53
12. प्रसाद : काव्य और कला, पृ. 49
13. रवीन्द्र : साहित्य, पृ. 54
14. प्रसाद : कामायनी, पृ. 91
15. प्रसाद : काव्य और कला, पृ. 44
16. डिक्सन : इंग्लिश इपिक एंड हीरोइक पोयट्री, पृ. 312
17. रिचर्ड्स : प्रिंसिपिल आफ़ लिटरेरी क्रिटिसिज्म, पृ. 130
18. ट्रेबिल : ए बुक आफ़ नरेटिव वर्स, भूमिका, पृ. 8

19. ग्रियर्सन : ए क्रिटिकल हिस्ट्री आफ़ इंग्लिश पोयट्री, पृ. 8
20. कजामियाँ : ए हिस्ट्री आफ़ इंग्लिश लिटरेचर, पृ. 280
21. एडिसन : इंग्लिश क्रिटिकल एसेज, पृ. 283
22. बूचर (सं.) : अरिस्टाटिल्स पोयटिक्स, पृ. 109
23. एबरक्राम्बी : द इपिक, पृ. 35
24. वही : पृ. 88
25. डिक्सन : इंग्लिश इपिक एंड हीरोइक पोयट्री, पृ. 24
26. विन्टरनिट्ज : ए हिस्ट्री आफ़ इंडियन लिटरेचर, भाग 1, पृ. 314
27. भामह : काव्यालंकार, 1/18-23
28. दंडी : काव्यादर्श, 1/14-19
29. विश्वनाथ : साहित्यदर्पण, 6/315-24
30. रामचन्द्र शुक्ल (सं.) : जायैसी ग्रन्थावली, भूमिका, पृ. 84
31. श्यामसुन्दर दास : साहित्यलोचन, पृ. 115
32. नन्ददुलारे वाजपेयी : आधुनिक साहित्य, पृ. 53
33. विश्वनाथप्रसाद मिश्र : वाङ्मय विमर्श, पृ 37
34. ग्नेर्बर : द बुक आफ़ इपिक, भूमिका
35. एबरक्राम्बी : द इपिक, पृ. 55
36. बूचर (सं.) : अरिस्टाटिल्स पोयटिक्स, पृ. 109
37. एबरक्राम्बी : द इपिक, पृ. 44
38. वही : पृ. 41